钦州学院学术著作基金资助出版

法制教育的
人文价值研究

蒲鸿志 著

中国社会科学出版社

图书在版编目(CIP)数据

法制教育的人文价值研究/蒲鸿志著 . —北京:中国社会科学出版社,2015. 10
ISBN 978 - 7 - 5161 - 7189 - 9

Ⅰ. ①法… Ⅱ. ①蒲… Ⅲ. ①法制教育—研究—中国 Ⅳ. ①D920. 4

中国版本图书馆 CIP 数据核字(2015)第 283379 号

出 版 人	赵剑英
责任编辑	徐 申
责任校对	许晓徐
责任印制	王 超

出 版	中国社会科学出版社
社 址	北京鼓楼西大街甲 158 号
邮 编	100720
网 址	http://www.csspw.cn
发 行 部	010 - 84083685
门 市 部	010 - 84029450
经 销	新华书店及其他书店

印 刷	北京君升印刷有限公司
装 订	廊坊市广阳区广增装订厂
版 次	2015 年 10 月第 1 版
印 次	2015 年 10 月第 1 次印刷

开 本	710 × 1000 1/16
印 张	18. 25
插 页	2
字 数	318 千字
定 价	69. 00 元

凡购买中国社会科学出版社图书,如有质量问题请与本社营销中心联系调换
电话: 010 - 84083683

序

　　刚从国家社会科学规划办公室获悉，我主持的"全面推进依法治国与促进西南民族地区治理体系和治理能力现代化研究"，获得国家社科基金重大项目立项。恰好此时，我的首批博士毕业弟子之一，蒲鸿志打来电话告诉，他的专著《法制教育的人文价值研究》，将由中国社会科学出版社出版，叫我写个序。我想起，不久将在广西师范大学举行，祝贺周世中教授从教三十五年和"中国梦与社会主义法律实践"研讨会，弟子有所成就，老师甚感欣慰，于是连夜作序。

　　三十三年磨一剑。鸿志是四川省万源人，在终南山秦岭大巴山段的深处长大，十七岁师范毕业开始在农村教小学。那年，镇上的领导给他教的学生做法制教育讲座，几个学生吓得尿裤子。他开始思考什么是法制教育。一路走来，专科、本科、硕士、博士，人生曲折，其艰辛可想而知。他的硕士论文选题是《人文价值视域的中学法制教育创新》，博士论文选题是《法制教育的人文价值》，在专业刊物《思想理论教育》上发表的论文是《青少年法制教育方法的人文路向》。2012年6月博士毕业，他在硕士、博士论文的基础上，又花了三年，写成这本专著。如果从他参加工作的1982年的最初思考算起，到现在整整有三十三年了，为了探究法制教育的真谛，三十三年磨一剑。

　　思想政治教育学科的新发展。按照现行的学科分类，思想政治教育是马克思主义一级学科下属的二级学科，法制教育是思想政治教育二级学科的研究方向。法制教育一直是思想政治教育学科研究中的薄弱环节。思想政治教育学科要获得新的发展，需要加强对法制教育的研究。法制教育的人文价值是法制教育的基本价值，对法制教育人文价值的研究，属于学科的基础理论研究。思想政治教育研究的人学取向，是学科发展的趋势，马克思主义人学视域中的思想政治教育研究的领域极其宽广。研究法制教育的人文价值，深入思想政治教育研究的更深领域，有利于建构完整的思想政治教育学科体系，促进思想政治教育学科的新发展。鸿志博士研究法制教育的人文价值，恰好触及思想政治教育学科分化的基本问题。他在别人很少研究的基本问题上做出了贡献。这本专著，是思想政治教育学科的最新成果。

　　法制教育研究的开拓力作。长期以来，由于受法律工具价值论的影响，法制教育也把工具价值作为其核心价值，这不符合时代发展的需要。社会主义市场经济是中国基本的经济形式，市场经济强调个体作为商品交换者，必须具有独立性，交换才得以进行。我国的市场经济必然产生自由意志、独立精神。随着社会主义市场经济的发展，以人为本成为时代的主题，法制教育领域对人文价值的研究是这个时代社会经济实践提出的课题。可见，对法制教育人文价值的基本概念、哲学依据、现实基础、文化渊源、实现方式等基本问题的研究，是前沿问题。该研究具有开拓意义，属于法制教育研究的开拓力作。

　　回答了法制教育的关键问题。法制教育的人文价值是指，在法制教育实践活动中，法制教育与人的生存、发展的关系。简言之，法制教育的人文价值，就是法制教育对人的生存、发展的效用。只要是教育，出发点不仅应该而且只能是人，最后的落脚点也不仅应该而且也只能是人。教育都有人文价值。人文价值是研究法制教育的总纲。法制教育是人类的社会实践活动之一，抓住了人文价值，就抓住了问题的核心和实质。本书回答了法制教育的关键问：法制教育必须关注个体，必须关注人的生存和发展；人文价值是法制教育的核心价值；法制教育的过程，就教育者来讲，是一个关怀、引领、激励的过程；就受教育者来讲，是一个自我完善、自我发展、自我生成的过程；就教育者与受教育者平等主体间的关系来讲，是一个共同成长、共同进步的过程，这个过程既不应该存在教育者对受教育者的压抑，也不应该存在受教育者对教育者的反叛。他的这些精彩思想，不仅原创性强，而且回答了法制教育人文价值的关键问题。

　　研究的功底深厚。从价值哲学的高度研究问题，具有哲学高度。第五章法制教育的人文价值的本质，从本体论、方法论、价值论的角度研究问题，体现了作者深厚的哲学功底。第三章第三节的文化渊源一部分，打通马克思主义哲学、中国哲学和西方哲学的联系，深厚的研究功底也可见一斑。第八章第一节从法制教育的人文价值实现的全球化境遇、中国传统文化境遇、马克思主义中国化境遇、网络时代境遇入手，研究法制教育人文价值实现的背景，体现了作者广阔的研究视野。第二章法制教育的人文价值的缺失，第八章第三节实现的方法，则是作者三十三年来漫长的思索，思想深邃，力透纸背。在研究方法上，第一章第一节的第二个问题，法制教育实践的基本问题，展现的是作者的睿智。另外，专著行文流畅，逻辑严密，结构严谨，也是极为难得的。总之，不论从研究的深度、研究的广度，还是研究的方法来讲，都是一部难得的佳作。

不足和希望。科学研究是一项开拓性的事业，既然是别人很少，甚至没有走过的路，就难免有坎坷，有不足，本书也在所难免。第二章的概括性不够，普适性不强，社会的法制教育、干部的法制教育等，还需进一步研究。第八章第二节的实现规律，是在思想政治教育规律通说基础上批判、继承、创新而来，问题是，法制教育人文价值的规律应该是更精准的特殊规律，这些规律到底是什么，需要深层次的回答。另外，法制教育的人文价值与法制教育的工具价值如何协调，也需要进一步研究，本书较少涉及。最后，我谈一点希望，听说鸿志博士的另一本专著《法制教育基本原理》也构思和写作了很多年，目前也发表了这方面的相关论文，希望这本专著早日面世。这对目前干部的法制教育、高校学生的法制教育、青少年的法制教育等，有学科支撑意义，甚至作为一门新学科的奠基，也有基础意义，于此，大家翘首以望。

广西法理学会会长
广西师范大学博士生导师、教授　　周世中
广西师范大学漓江学院党委书记、院长
2015 年 9 月

目　　录

前　言

一　目的和意义

（一）目的

为了解决法制教育面临的问题。法制教育在理论和实践上面临着许多问题。这些问题集中起来就是要解决法制教育的价值到底是什么。对法制教育的价值的认识存在严重的误区：往往自觉或不自觉地把法制教育的工具价值当成法制教育的全部价值和核心价值。在这一思想指导下的法制教育，无论在理论研究、教材建设，还是在教育、教学的实践中都引起了混乱。这就需要深入研究法制教育的人文价值的有关问题。

马克思主义理论告诉我们，现实的人是法制教育的出发点，法制教育的目的是人的全面发展。因此，法制教育的人文价值是法制教育的核心价值。法制教育的人文价值并没有否认法制教育的工具价值，而是说，法制教育的人文价值是第一位的价值，法制教育的工具价值是第二位的价值，法制教育的工具价值服从于法制教育的人文价值。工具范式的法制教育无视人的现象非常严重，可以说，在法制教育中出现了人的"空场"。将法制教育的工具价值与人文价值对立，工具价值过于彰显，导致法制教育的理论和实践，没有真正契合以人为本的科学发展观的时代精神。

法律、制度、教育是产生于经济基础上的社会上层建筑。教育的目的不仅仅是追求人的社会化，同时也追求人的个性化，社会化与个性化是辩证统一的关系，如果片面地理解人的社会化，在法制教育的过程中，就会无视或贬低人的个性，忽视个体价值，把法制教育变成压抑人性的枷锁，像夸美纽斯说的变成"心灵的屠宰场"，这不仅从根本上消解了法制教育的内在魅力，而且使人的社会化失去根基。

法制教育必须关注个体，必须关注人的生存和发展，以人文价值作为法制教育的核心价值。法制教育的过程，从教育者来讲，是一个关怀、引领、激励的过程；从受教育者来讲，是一个自我完善、自我发展、自我生成过程；从教育者与受教育者平等的主体间关系来讲，是一个互动的共同成长、共同进步的过程，这个过程既不应该存在教育者对受教育者的压抑，也不应该存在受教育者对教育者的反叛。

法制教育的人文价值既有形而上的终极关怀：追求人的终极价值，对人存在的意义、人类的命运、人的解放的思考；也有形而下的现实关怀：关注人的现实需要、人的物质利益和精神利益，人的个性、人的自由、人的权利、人的责任和义务。也就是说，法制教育的人文价值，追求人之为人的尊严和价值，并把这种追求作为一切理论和实践的出发点和归宿点。

本文的目的就是从理论上和实践上探索法制教育的人文价值存在的客观必然性；分析法制教育的人文价值的本质、特征、组成和实现，为提高法制教育的实效性服务；为拓展思想政治教育学科的研究领域提供依据；为普法教育提供理论上的支撑和实践上的指导。

（二）意义

法制教育的人文价值研究，试图给现代法制教育带来生机；试图用彻底的关系思维分析法制教育的人文价值，揭示法制教育的本质规律；用法制教育的人文价值为核心价值"打通"理论和实践联系的桥梁，确立法制教育在思想政治教育中的基础地位，提高法制教育的时代性、针对性、实效性；深化思想政治教育研究的内涵，拓宽思想政治教育的实践领域。

二　思路和方法

（一）思路

本课题的理论研究，遵循从实践到理论再到实践的辩证唯物主义的认识路线。对研究问题的叙述，则是从一般的理论开始，在理论展开中结合实际。

作为研究的课题，一般而言，遵循的思路是：从实践中发现新问题；理论不能解释实践，出现了理论困惑；理论与理论之间出现了对问题解释的冲突。任何问题就其根源来讲，是实践问题，因为理论都是从实践中来，最后又回到实践中检验其正确性。这是一个无穷的过程，实践没有止境，研究没有止境，理论也没有止境。

从反思法制教育的实践，到研究法制教育的人文价值的理论，最后又回到法制教育的实践。在理论层面，从研究法制教育的人文价值的理论来源出发，到研究法制教育的人文价值的基本理论。在实践层面，从反思法制教育的人文价值的实践，到法制教育的人文价值在现实中的实现。

本文的结构采用两分法。第一部分为导论，提出法制教育是一个缘于实践的重大问题，界定概念，分析研究动态，找出研究的问题，这是研究的起点。第二部分为法制教育的人文价值的基本理论。探讨法制教育的人文价值的理论来源、实践、本质、特征、构成要素、实现，是研究的重点。

（二）方法

用理论研究与具体实践相结合、历史研究与逻辑分析相统一、抽象与具体相结合、重点研究与一般研究相结合的方法研究。

理论研究与具体实践相结合的方法。在理论上，加强对法制教育的人文价值理论的文献研究、马克思主义经典著作中有关法制教育的人文价值论述的研究、马克思主义中国化理论成果中有关法制教育的人文价值的研究。在实践上，结合法制教育的实际，解决现实问题，把法制教育的人文价值的实现作为归属。

历史与逻辑相统一的研究方法。从法制教育的人文价值理论来源的历史进程出发，研究理论的历史发展，总结历史规律，揭示法制教育的人文价值的本质，根据理论的内在逻辑规律，对历史事实作理论清理，形成法制教育的人文价值的理论体系。在辩证唯物主义的基础上，实现思维和存在、逻辑和历史的统一。

抽象与具体相结合的方法。以法制教育的实践活动为基础，以人文价值为研究的起点，从法制教育实践的感性具体出发，抽象出法制教育的人文价值的本质规定和内在联系，在此基础上，进行理论综合、抽象，再上升到思维中的具体。这是一个从感性具体到理性抽象思维再到理性具体的阶段。从抽象思维到理性具体不是对感性具体的简单重复，而是更高级的理性再现，形成了内涵丰富的法制教育的人文价值的规定，表现为概念、特征、规律等。抽象与具体相结合的方法是法制教育人文价值研究遵循的基本方法。

重点研究与一般研究相结合的方法。法制教育的人文价值研究的重点是：基本理论和法制教育的人文价值的实现问题。把一般研究和重点研究结合起来，既研究法制教育的人文价值的一般规律和特点，又在新的历史条件下，重点研究法制教育在理论和实践上的特殊规律；既拓宽思想政治教育的研究领域，又从方法上加强对实践的指导。

三　创新之处

（一）　在辩证唯物主义的基础上，以价值哲学为指导，坚持彻底的关系思维，实事求是地研究法制教育的人文价值，深化研究，拓宽研究的视野

1976 年，随着"四人帮"的粉碎，实践是检验真理的唯一标准的大讨论如同春雷在中国大地炸响，思想解放运动的浪潮席卷了每一个角落，人们的主体意识觉醒。社会实践的推动，促进了 20 世纪 80 年代人学、价值哲学的兴起。在教育领域，教育者开始关注主体性。发挥学生学习的积极性对提高教育质量的作用，日益受到重视。在 1999 年 6 月，中共中央、国务院做出了《关于深化教育改革全面推进素质教育的决定》，随之开始了对课程体系、结构、内容、教学方法的改革，在 2001 年 6 月国务院做出了《关于基础教育改革与发展的决定》，推动了素质教育的步伐。新课程、新理念、新方法，不仅影响了基础教育，而且对高等教育、社会各个行业的教育产生了广泛的影响。在法制教育中，不仅注意教师的教，而且重视学生的学，人有没有价值、个人有没有价值、如何评价法制教育等问题，受到人们的关注。

然而，长期以来，人们认为法制教育的价值就是工具价值，法律是一种统治的工具，是为统治阶级服务的。这种观念受苏联法学家维辛斯基对法律的定义的影响，今天已经不合时宜。维辛斯基强调法律的国家意志性和工具性，忽视了法律的人文性，这不符合时代发展的需要，尤其是与中国不断成熟的市场经济体制培育的个体精神不相适应。王利明已经提出要用人文关怀这一价值理念着手将民法建立在更为科学、完善的价值体系基础上[①]。这就需要在法制教育中培养人的自由意志、独立精神，重视法制

---

①　王利民：《民法的人文关怀》，《中国社会科学》2011 年第 4 期。

教育的人文价值。可见，法制教育价值的人文价值不是一种主观的构思，它源于法律、制度和教育本身的人文精神，是现实的产物。随着时代的进步和社会文明程度的提高，人们日益达成共识：法制教育不仅存在人文价值，而且人文价值是法制教育的核心价值。

在研究中出现了两种趋向：一种趋向是：过于强调人，强调人的需要，不顾法制教育活动的性质、特征。主体价值论强调教育活动中人是唯一的尺度，发挥学生的主体性、学习者的积极性是可贵的，问题是：人是关系中的人，主体性的过分张扬，反而会有害主体作用的发挥。这种趋向只能导致人在制度、法律面前的自大和虚妄，不仅会碰得头破血流，而且也因忽视法律的工具性，在现实中行不通。

另一种趋向是：片面强调法制教育的价值，不与主体的人的需要联系起来，这是理论研究和实践中的孤芳自赏，在价值学上是一种客体价值论。把教育的人文关怀、心理疏导与人文价值画等号，这种情况的出现是对价值的实质没有理解。主要原因是价值哲学本身研究的滞后。在我国20世纪90年代初，人们对价值是一种关系范畴，价值与事实不同，很少形成共识。我国价值哲学的先驱王玉樑在1992年的《哲学研究》上发表了《客体主体化与价值的哲学本质》一文，提出了"价值的本质是客体主体化，是客体对主体的效应，是对主体生存、发展、完美的效应"。[①]他实际上是坚持用彻底的关系思维的辩证唯物主义态度来研究价值，可是当时并没有得到多数人的承认，大多数人还是在为满足需要论辩护，当然，随着时间的推移，真理逐步被人认识，关系价值论逐步得到了多数人的认同，李连科、李德顺、袁贵仁的价值学专著也肯定了价值的实质是一种关系范畴，在黄枏森主编的、2011年4月由人民出版社出版的《马克思主义哲学体系的当代构建》中，就是持关系价值论。价值哲学研究的进展，推动了教育学领域价值研究的进步。

目前，少数人开始研究法制教育的价值的客体，而对法制教育的价值、法制教育的人文价值基本上没有涉及。这有两个原因：一方面，受前苏联法律工具论的影响；另一方面，思想还不够解放。"只有思想解放了，我们才能正确地以马克思主义、毛泽东思想为指导，解决过去遗留的

---

① 王玉樑：《百年价值哲学的反思》，《学术研究》2006年第4期。

问题，解决新出现的一系列问题。"① 随着社会主义市场经济的建立，以人为本成为时代的主题，法制教育领域对人文价值的研究，理所当然地提到了议事议程。法制教育的人文价值研究，不论是基本概念，还是对其内涵的进一步阐释，是前沿问题。

（二）针对我国法制教育存在的现实问题，提出法制教育的人文价值是法制教育的核心价值

从理论层面看：

确立法制教育的人文价值是法制教育的核心价值，要弄清三个问题：一是价值的分类；二是法制教育的人文价值在学科上的归属；三是法制教育的人文价值为何是法制教育的核心价值。

价值分类正如价值研究本身一样是一个复杂的问题，李连科称之为价值范畴，袁贵仁称之为价值的存在形态，他们二人从价值客体的角度把价值分为物质价值、精神价值和人的价值。而在阮青看来，客观存在的价值形态仅仅是一种客观存在物，在没有进入研究领域时，也就谈不上分类，分类是指价值范畴与客观存在的价值形态的统一，可以从价值的存在形态、价值的社会功能、实现方式来分类，他从价值客体存在形态的角度在前人分类的基础上加上了制度价值。② 这些研究成果对法制教育的价值分类提供了启示。法制教育的人文价值是按照价值的存在形态作的分类，是我们在研究法制教育的价值时，在观念上对法制教育的一种把握。法制教育的价值在存在形态上属于精神价值，是主体的人与法制教育活动的属性形成的主体与客体的关系。法制教育的价值按照功能分为工具价值和人文价值。法制教育的工具价值满足人的职业需要和社会群体人的需要。法制教育的人文价值满足尊重、肯定、提升个体人的需要。法制教育的工具价值和人文价值是法制教育不可缺少的两种价值，工具价值和人文价值是辩证统一的关系，二者统一于人的价值实现的实践中。人的价值的实现在于人的全面而自由的发展。

法制教育价值的核心价值是人文价值。这是因为：

第一，法制教育的人文价值体现了法制教育的本质联系。法制教育的

---

① 《邓小平文选》（第2卷），人民出版社1994年版，第141页。
② 阮青：《价值哲学》，中共中央党校出版社2004年版，第196页。

本质就是促进人的自由而全面的发展。法制教育的人文价值理论，孕育于人文思想和价值思想，其核心是人文思想。人文一词，从汉语的本义上讲，"人"是指理想人，"文"是指人的存在，人文就是追求理想的人。在西方文化中，人文是指培养理想的人性。人文的实质是指人的自由而全面的发展。这就是人文价值与法制教育之间内在的本质的联系。

第二，法制教育的人文价值有其现实的基础。这个基础就是自由的价值。对自由的追求是现实的人的最高价值；自由以及自由衍生的利益构成了人的现实存在。这是从人的根本上来理解法制教育。正如马克思指出："理论只要说服人，就能掌握群众；而理论只要彻底，就能说服人。所谓彻底，就是抓住事物的根本。但是，人的根本就是人的本身。"① 人是多方面的存在物，而人的自由存在是人的最根本的存在。因为，没有自由，就没有人的生存和发展。可见，法制教育的人文价值的现实基础是人的自由。自由是法制教育的根本。

第三，法制教育的人文价值反映了法制教育的发展趋势。对人的重视是世界历史发展的潮流。我国以人为本的科学发展观把人作为核心。世界上其他国家对人的自由、权利、民主和法治的高度重视说明，人文的社会发展取向，是人类发展的大趋势。法制教育作为一门学科，要培养合格的未来事业的接班人，确立人文价值是其核心价值，能反映这一发展趋势。

第四，法制教育的人文价值理论是不是正确的，是不是为当今的法制教育实践需要，还需要怎样做进一步的完善，归根结底是一个实践问题。实践是检验真理的唯一标准，只有在实践中，法制教育的人文价值理论才能丰富和不断发展。现代社会，工具价值过于彰显，人文价值极大衰微，呼唤人文价值理论的崛起；法制教育长期用工具价值压制人文价值，用社会价值遮盖个人价值的事实，昭示人文价值的回归；法制教育的低效率和逆效率，促使人们反思，从而另辟蹊径，主动寻求人文价值。因此，法制教育的人文价值是其核心价值，源于实践，是客观的，不以人的意志为转移的。

从实践层面看：

人文价值为法制教育的核心价值，有利于更新观念，提高法制宣传教育的实效性。我国近年来犯罪低龄化，青少年犯罪率呈上升趋势，法制教

---

① 《马克思恩格斯选集》（第 1 卷），人民出版社 1995 年版，第 9 页。

育的效果差，已经引起人们的注意。稳定社会局势，降低维持稳定的成本，保护改革开放的既得利益，已经成为有识之士艰苦探索的课题。法制教育在巩固社会主义制度、促进发展、维护秩序方面有重要的作用。

人文价值引领的法制教育把人的利益、人的自由、人的权利、人的生存和发展放在第一位，重视法制教育的激励、保护、肯定、支撑功能，正确地反映了法制教育的客观规律、人的成长规律和社会历史规律，能真正增强法制教育的实效性。

第一，人文价值反映了法制教育的规律。法制教育是人的教育，是由于人、为了人的教育，法制教育的工具价值是法制教育的第二位的价值，工具价值为人文价值服务。如果法制教育不把人当人看，法制教育就只能是规训和灌输，丧失教育的本来内涵。因为教育在本质上是一种善，教育的过程是人对至善的追求过程，人文价值体现了教育的至善，反映了教育的本真，因此，人文价值引领的法制教育才是真正的法制教育。

第二，人文价值引领的法制教育反映了人的成长规律。人的成长是一个自然的生长过程，这个过程需要引导、看护、关怀，拒斥抑制、压迫和打击。如果工具价值过于彰显，其结果就是，把人当成工具利用，见物不见人，只讲强化，不讲自由，只谈管理，不要民主，只见社会，不见组成社会的人，教育者似乎是天然的楷模，受教育者只能是无知的容器，这与人的成长规律相违背，是培养不出社会主义的新人的。

第三，人文价值引领的法制教育反映了社会历史的规律。马克思揭示了人类历史发展的一般进程，即从猿到人，从原始社会、奴隶社会、封建社会、资本主义社会、社会主义社会到共产主义社会。阐述了生产力与生产关系的辩证运动规律，推动了人类社会的发展。"不是人们的意识决定人们的存在，相反，是人们的社会存在决定人们的意识。社会的物质生产力发展到一定的阶段，便同它们一直在其中运动的现存生产关系或财产关系（这只是生产关系的法律用语）发生矛盾。于是这些关系便由生产力的发展形式变成生产力的桎梏。那时社会革命的时代就到来了。随着经济基础的变革，全部庞大的上层建筑也或慢或快地发生变革。"① 毛泽东指出："人类的历史，就是一个不断从必然王国向自由王国发展的历史。"②

---

① 《马克思恩格斯选集》（第 2 卷），人民出版社 1995 年版，第 32—33 页。
② 《毛泽东文集》（第 8 卷），人民出版社 1999 年版，第 325 页。

人类社会的发展是一个从低级到高级，由必然王国走向自由王国的过程。在这个过程中，随着生产力的发展和社会的进步，人的自由将越来越大，人的权利将越来越多，这是一个自我解放的过程。法制教育的人文价值理论认为，人是万事万物中最为宝贵的事物，人是最终的目的，而不仅仅是一种手段。这种认识正确地反映了社会历史发展的规律。

（三）在法制教育的人文价值的理论来源和实践的基础上，提出法律的人文价值是法制教育的人文价值的根源，全面研究法制教育的人文价值的本质、特征、组成和实现，深化认识，推进法制教育实践

法制教育的人文价值的理论来源众多，有人文主义理论、价值理论、人性理论、人的发展理论。在这些理论中，包含着丰富的辩证唯物主义和历史唯物主义的思想，是其理论的主要来源，是研究的指导思想。法制教育在实践上根源于法律实践和教育实践。因为，这些领域和其他领域都存在人文价值，否则就是社会的灾难、就没有人的自由而全面的发展。

研究法制教育的人文价值，必须研究其本质和特征。在教育领域，对教育的价值的本质，不是没有认识和研究，而是缺少认识和研究的高度和广阔的视野。法制教育的人文价值，从本体上讲：人是人的存在，这是理解法制教育的人文价值的本质的关键所在。以人是人的存在为哲学本体研究法制教育的人文价值，才能从哲学本原上确立人在法律和教育中的中心地位，正确处理人与客观世界的关系，探讨法制教育的人文价值对人的生存和发展的意义之真谛。从方法论上看，法制教育的人文价值意味着，以人的方法对人进行教育，法制教育的手段不能反对人、抑制人、压迫人。从价值论上看，人是宝贵的，是人的问题激起了对法制教育的人文价值的思考。法制教育的人文价值不仅具有客观性、历史性、阶级性、实践性，而且具有独特的特征。这些独特的具体特征，一般的教育领域也存在，但是要联系到法制教育做具体的分析，还是一个挑战，因为法制教育受法律工具论的影响甚深。结合法制教育的特点，本文提出法制教育的人文价值具有开放行、内蕴性、整体性、体验性。本文从研究的视角、内容和论述材料的选取方面，均有新的突破。

法制教育的人文价值的客体是法制教育活动。法制教育活动要以人为本。如何才能以人为本，这就需要从人性出发，在法制教育活动开始之前对人性有个预设。人性善的预设，表明对人教育的信心，这不仅是传统文化积极方面的产物，而且是社会进步的表现，体现了人本理念。具体讲，怎么才算是以人为本？没有什么比人诗意地栖居更以人为本了。人的活动如诗、如画，是讲人的社会实践的幸福指数很高，所以，①诗性是法制教育活动人本的重要维度，是对人本认识的新视角。人本还意味着，人的生存和发展是充满希望的，法制教育就是带给人希望的教育活动，是为了鼓励人、发展人，而不是为了抑制人、打击人，使人变得小心翼翼，没有开创精神。这些认识就法制教育而言，是很有新意的。

（四）法制教育的人文价值研究，有利于拓宽思想政治教育学科的研究领域，有利于深化思想政治教育学科的研究内涵，有一定的创新性、预见性和开拓性

法制教育在思想政治教育这个大家族中处于基础性的地位，这是对法律是道德的底线的社会现实的正确反映。加强法制教育的人文价值的研究，必将有利于思想政治教育学科领域的拓展，有利于加强马克思主义理论一级学科的整体建设步伐。

法制教育学科的归宿一直以来是法制教育理论研究和实践中，最困惑人的问题。普法效果不好，青少年犯罪率居高不下，对农民工的普法难点没有解决，对领导干部的普法难见成效，等等，既与法制教育实践操作层面的水平有关，也与缺乏明确的学科归宿的支撑有关。法制教育学科的归宿离不开理论研究的支撑，因此，法制教育的人文价值的理论研究，在学科上也有不可忽视的意义。

没有法制教育学科的支撑，法制教育中基本的理论问题就难以在学科内深入讨论，法制教育就难于形成特有的教育方法，法制教育的课程建设就难于准确定位，法制教育的教科书就难于上水平、上档次，法制教育的理论研究人员和实际工作者就没有归宿感。可见，法制教育要真正进课堂、进教材、进人的头脑，急需从学科层面加以研究，找到学科的归宿。

法制教育属于哪一门学科，仁者见仁，智者见智。法制教育学科的归宿，关键是要赋予法制教育以人文价值，从人文价值的角度思考，才能彻底解决问题。人的价值的实现、人的幸福的关涉是法制教育寻找学科归宿

---

① 诗性教育是教育实践中采用的一种教育方式，目前一些基础教育的学校建立了实验基地，在语文教育、学校的德育中采用较为广泛。

的目的。有了这样的理解，就不难对法制教育的学科作出科学的回答。

法制教育是实践的产物。我国现代的经济制度是社会主义的市场经济，市场经济在本质上是法制经济。契约精神、法治精神既是市场经济的产物，也是市场经济最为需要的意识形态支撑。从 20 世纪 80 年代开始，我国实行改革开放，社会发生了巨大变化，对全体公民进行法制教育成了时代提出的一个迫切任务，当前，我国社会处于深刻的转型时期，法制教育更是任务繁重、责任重大。实践催生了法制教育，实践对法制教育的学科归宿作了最有说服力的回答。2005 年《中共中央国务院关于进一步加强和改进高等学校思想政治理论课的意见》和《〈中共中央宣传部教育部关于进一步加强和改进高等学校思想政治理论课的意见〉实施方案》，根据新时代对法制教育的需要，把大学的公共课程法制教育纳入思想政治理论课的课程体系，将法制教育作为大学生的基础课程与思想道德修养合并为一门课程，定名为"思想道德修养与法律基础"，并规定该门课程为大学本科、专科阶段的必修课程，定为 3 学分。这就清楚地表明，法制教育是马克思主义理论一级学科下面的二级学科思想政治教育的重要组成部分。

终上所述，从目前的情况来看，法制教育归于思想政治教育学科是比较适宜的，在思想政治教育学科里面，法制教育还有发展的空间，而且这种空间还有扩大的趋势。法制教育是思想政治教育的重要组成部分，大学《思想道德修养和法律基础》课程，是思想政治教育的重要载体，法制教育要利用好思想政治教育这个平台来发展自己。同时，思想政治教育也要利用好法制教育的研究来丰富学科的发展内涵，增加思想政治教育学科的特色，做到既保持思想政治教育学科发展的生命力，又防止模糊思想政治教育的学科边缘、忽视学科的特点。

（五）提出法制教育的人文价值实现的途径，力求解决理论联系实际的问题

法制教育的人文价值的实现不仅关系到法制教育的理论建设，也关系到先进的法制教育理念能否在实践中体现出来，更关系到社会的稳定和社会主义法治国家的建构。法制教育的人文价值的实现，是一个复杂的系统，应整体地理解。法制教育的人文价值的实现，涉及实现的境遇、利益、教师等众多因素。不仅各个因素单独起作用，而且因素与因素之间相互影响、相互制约，共同发挥作用。

法制教育的人文价值的实现，要放在具体的环境中认识，关键是要在一些列原则、方法的指导下，建立一个有效的机制。从利益和制度入手，把利益当成基础，把制度当成保障，而目前的法制教育往往忽视了这一点。法制教育的人文价值是以人的日常生活、现实世界、眼前利益为基础的价值。这是法制教育的人文价值被人们重视的原因所在，也是其自我生成的动力所在。只不过人们要认识到这一层关系，需要教育的开启。这说明，法制教育的人文价值的实现，是很讲利益调节的。然而，从现有的研究来看，探讨教育体制和教师的专题不少，而从利益问题入手，解决法制教育的人文价值的实现还较少。

应通过制度的建构，使法制教育真正关心人，让关心人的法制教育得到全面的肯定、鼓励，让压制人性、抑制人的发展的法制教育受到惩罚，从制度层面消除急功近利、头痛医头的法制教育。同时，建立落实制度的运行机制。这样，法制教育的人文价值的实现，就由理论认识变成现实。

法制教育的人文价值的实现，与教师的教育发展有很大关系。要研究与此相适应的教师素质的培养和提高，没有一支思想和业务素质过硬的教师队伍，根本谈不上法制教育的人文价值的实现。目前的法制教育，很难谈得上有高素质的专业教师队伍，实际的情况是：法制宣传教育的人员懂法律就不错了，根本谈不上懂教育学、心理学。今后发展的方向是：法制教育的专业教师不仅要懂法律，而且必须懂教育规律。这些认识有一定的前瞻性。

法制教育的人文价值的实现，离不开体验、感悟、沟通等特有的人文价值方法，可以说，只有用人文价值的方法才能实现人文价值，这是由事物矛盾的特殊性决定的。这些认识有一定的新意。

第一章　导论:法制教育的人文价值是值得研究的课题

第一节　问题的缘起

一　思想政治教育研究的重大课题

对法制教育的人文价值的研究,有利于揭示思想政治教育学科的本质和规律,这是学科本身发展的重大问题。

首先,得回答思想政治教育是否包括法制教育,法制教育在思想政治教育中处于什么地位的问题。学者陈秉公认为:"所谓思想政治教育,就是一定阶级或政治集团,为了实现其政治目标和任务而进行的,以政治思想教育为核心与重点的,思想、道德和心理综合教育实践。"① 他还认为,思想政治教育研究的内容包括"法制观教育","加强社会主义法制教育主要包括社会主义法制教育、社会主义民主教育和纪律教育等项内容"。② "思想政治教育的重要内容之一就是法制教育,而在比较完备的法制社会里,法律也必然把一定阶级的思想政治教育列入条文,加以保护。"③ 学者王智慧也认为:"法制教育是思想政治教育的重要内容。"④ 这说明,从学科研究的内容看,思想政治教育包括法制教育。不仅如此,法制教育在思想政治教育中还处于基础的地位。这是由依法治国是我国的治国方略决定的,依法治国作为治国方略写进了我国宪法。江泽民指出:"我们在建设有中国特色社会主义,发展社会主义市场经济的过程中,要坚持不懈地加强社会主义法制建设,依法治国,同时也要坚持不懈地加强社会主义道

---

① 陈秉公:《思想政治教育教育学原理》,高等教育出版社 2006 年版,第 2 页。
② 同上书,第 247 页。
③ 同上书,第 56 页。
④ 万光侠等著:《思想政治教育的人学基础》,人民出版社 2006 年版,第 108 页。

德建设，以德治国。"① 法治和德治相辅相成，思想政治教育要反映社会生活的实际，必须加强对法制教育的研究。否则，必然失去学科的说服力。

其次，从思想政治教育学科研究的对象，对这一问题作进一步分析。一门学科存在的必要性在于它有自己特殊的研究对象，特殊的研究对象不仅决定了一门学科存在的价值，还决定了其他学科所不能取代的必要性。恩格斯指出："每一门科学都是分析某一个别的运动形式或一系列互相关联和互相转化的运动形式的，因此，科学分类就是这些运动形式本身依据其内部所固有的次序的分类和排列，而它的重要性也正是在这里。"② 个别的运动形式，就是指矛盾的特殊性，即研究的对象。毛泽东也指出："科学研究的区分，就是根据科学对象所具有的特殊的矛盾性。因此，对于某一现象的领域所特有的某一矛盾的研究，就构成某一门科学的对象。"③ 思想政治教育的特殊矛盾，就是社会发展所需要的思想素质、政治素质、品德素质、法律素质和心理素质与受教育者现有水平的矛盾。这个特殊矛盾是思想政治教育区别于其他的社会实践活动的特殊矛盾，这是思想政治教育存在的必要性。因为提高人的法律素质是法制教育的重要任务，所以，法制教育就成为思想政治教育学科的重要组成部分，而法制教育除了研究工具价值外，还必须研究人文价值。从法制教育是为了解放人的根本目的讲，人文价值是法制教育研究的核心。因此，不难理解对法制教育的人文价值的研究，是揭示思想政治教育学科本身规律的重大问题。

再次，研究学科趋势，预见学科课程建设的重大问题。为什么法制教育的人文价值的研究能揭示学科发展的趋势呢？学科发展的趋势是社会的生产方式在学科上的反映。思想政治教育的发展趋势与其他学科一样呈现"学科深度分化又高度综合的发展趋势"。④ 学科的综合是指学科之间的交叉，出现新的学科，如，有人认为，思想政治教育应重视对思想品德形成发展规律的研究"应另建立一门分支学科（作者建议叫'思想政治教育心理学'）"⑤ 注重联系和学科的深度分化是指学科分工越来越细，研究从

① 《十五大以来重要文献选编》（中），人民出版社 2001 年版，第 1587 页。
② 《马克思恩格斯全集》（第 20 卷），人民出版社 1971 年版，第 593 页。
③ 《毛泽东选集》（第 1 卷），人民出版社 1991 年版，第 309 页。
④ 张耀灿、郑永廷等：《现代思想政治教育学》，人民出版社 2006 年版，第 4 页。
⑤ 同上。

纵向不断走向深入。如，陈秉公把思想政治教育分化为世界观教育、人生观教育、政治观教育、价值观教育、道德观教育、法制观教育、健康身心教育等①。学科发展趋势的总特点是，更加注重联系和整体性，更加注重科学理论的指导，更加注重时代发展趋势和对培养未来人才的要求。学者裴娣娜认为:"现代社会，科学与人文相结合的课程文化观的确立，从根本上影响一个国家课程改革与发展的基本思路。"② 这就是说，以往的课程工具价值过于彰显，人文价值衰微，为了纠正这种偏颇，未来课程的人文价值取向是一个大的趋势。

最后，从思想政治教育研究的人学基础，可以进一步分析上述结论。思想政治教育的人文价值是建立在马克思主义人学研究的基础上的。学者万光侠、王智慧认为:"思想政治教育研究的人学取向已经启动"，"马克思主义人学视域中的思想政治教育（或思想政治教育研究的人学取向）是一个宽广的视域，它应该对思想政治教育研究的各个领域都进行透视，以期建构起一个完整的思想政治教育理论体系"。③ 也就是说，思想政治教育的人学取向也将影响到思想政治教育的学科分化，即思想政治教育各分支学科的人学取向是发展的大趋势。这种趋势，在课程建设上，表现为人学思想政治教育学。可见，研究法制教育的人文价值，将有利于思想政治教育学科的发展。

二 法制教育实践的基本问题

法制教育的人文价值是法制教育实践的基本问题在于:人文价值关注个体、追求至善、重视场域。法制教育的实践，围绕这些基本点，能从根本上提高法制教育的实效性。

第一，法制教育的人文价值关注个体。目前的法制教育的实践往往立足政府，忽视个体;重视传导，轻视接受;法制教育缺少针对性、实效性、时代性，使人逆反，是导致违法犯罪加剧的重要原因之一。其根本原因就是法制教育缺少人文关怀。正如学者林春逸指出:"现代教育使整个学校功利主义气息浓厚，人文主义气息淡薄，出现工具理性过度张扬，缺

① 陈秉公:《思想政治教育学基础理论研究》，吉林大学出版社 2007 年版，第 80—100 页。
② 裴娣娜:《多元文化与基础课程文化建设的几点思考》，《教育发展研究》2002 年第4 期。
③ 万光侠等:《思想政治教育的人学基础》，人民出版社 2006 年版，第 12—13 页。

乏对价值意义世界的关注。"① 在马克思主义看来，法制教育的人文价值的缺失，在价值意义上的体现是忽视具体的个人。它表现为法制教育偏离个体生存和发展的利益，脱离社会，脱离个人，脱离人生，脱离生活。这就导致给农民工普法，不关心农民工向老板追讨欠薪；给中小学生讲法制课，被学校领导和班主任反复叮嘱，不要把权利给学生讲多了，否则不好管理；给干部普法，不培养公仆意识，以至于打官司的是拆迁户，自焚的也是拆迁户，很少有人听说拆迁办的人找拆迁户打官司、拆迁办的人去自焚。缺失人文价值的法制教育实践，给人的印象是：法制教育的对象是老百姓，法律是用来管老百姓的。教育效果在公民个体和政府之间严重扭曲和失衡，其特征是："你给他讲法律，他给你耍流氓；你给他耍流氓，他给你讲法律。"② 在被拆迁户的眼里，政府无任何正面形象可言。这些消极现象不是社会的主流，但是对法制教育造成的负面影响是不可忽视的。要通过法制教育，重新塑造人民对政府的信心，改变政府在一部分利益已经受到伤害、正在受到伤害和可能受到伤害的部分人中的负面影响。深言之，如果法制教育失去了人文价值这个基本点，就不会真正去关心个人的利益，也不再是真正的法制教育，而仅仅是很实际、很短暂的一种工具、手段，只有工具价值，所以，人文价值是法制教育实践的基本问题。

第二，法制教育的人文价值追求至善。我国现行的法制教育的实践基础是人性恶。急功近利，功利主义盛行，注重威慑价值、禁戒价值、惩罚价值。其表现是：把人当成法制教育的工具、手段，用法制教育"物化"人、"奴化"人。一位西部的法制教育副校长③，穿着警服给学生讲法制教育课说：你们吃名牌、穿名牌，枪毙站在头一排。这种用法制教育威胁、恐吓学生的方式，只会使学生对法律抵触、逆反。久而久之，目无法纪的罪犯就"教育"出来了。其结果是，法制教育彻底走向了对法律的破坏、对教育的践踏，法制教育真正成为人生存的"囚牢"、心灵的"屠宰场"、创造的"镣铐"。"这种实然的立场注定了如此的教育必然把人看

---

① 林春逸：《论通识教育对思想政治教育发展的推动作用》，《思想教育研究》2006 年第10 期。

② 2010 年 9 月 7 日网易新闻：云南宜川县 25 人打砸县政府殴打民警被判刑·跟帖，http://comment.news.163.com/news3_ bbs/6FU86SDF00014AEE.html ［2010—10—7］

③ 法制副校长，是我国近年来在中小学广泛采用的法制教育形式。即聘请当地政法机关懂法律的有关人员担任学校的副校长，负责对学生进行法律知识的教育，有的地方也称为"综治"副校长。

作僵化、凝固的实在、实体,而看不到人的精神建构,特别是批判、创造、超越的一面。"① 这就是现行法制教育实践的悲剧。

法制教育的人文价值追求教育的至善。这就意味着法制教育实践的目的是人,是使人成为人,成为他自己,而不是成为物。法制教育的目的不是法律、教育、知识等,这是法制教育的命脉所在,离开了这一点,法制教育中的人必将沦为工具或手段的存在。法制教育是至善的,至善体现在教育的意志中,"仅仅是因为意愿而善,也就是说,它是善本身。并且,就其本身来说,它自身就尊贵无比,任何为了一种偏好而产生的东西,甚至所有这些偏好的总和都不能望其项背"。② 法制教育的人文价值,在实践中体现为希望、自由、合作、和平和信心,这种至善追求,具有超越性、本真性。

第三,法制教育的人文价值体现为一种场域。法制教育对个体的关注、对至善的追求,是在一定的场域中实现的。法制教育实践走向恶,是因为我们忽视法制教育的场域。法制教育的社会环境、教育条件,社会的政治、经济、文化、风俗、习惯、体制、个体的学习动机等,是法制教育场域的外在体现。法制教育场域的实质,就是指教育的事实求是。我国目前的法制教育为什么实效性不强?究其原因就是对什么是法制教育,为什么要进行法制教育,在什么情况下进行法制教育,还缺少实质的回答。这就是说,对这些问题不是没有回答,而是缺少透彻的、有现实穿透性和历史感的回答,即事实求是的回答。其根本原因,就是不了解我国法制教育的场域,甚至没有意识到法制教育场域的存在。

法制教育的场域是法制教育的整体性存在。场域首先体现为一种新的思维方式,超越了主、客体对立的关系,用想象让法制教育中隐蔽的东西得以敞亮,从而显示事物的本来意义。场域也可以说是在场,在黑格尔看来,"在场形而上学"是以"永恒的在场为本",不在场的东西最后要返回到"永恒的在场",即"反"回到"正"(合),即否定之否定才是最真实、最具体的真理。与黑格尔不同,"我们则强调在场的有限者以无穷的不在场者为本、为先,在场者要返回到不在场者,'正'要返回到

---

① 王啸:《教育的人学内涵探析》,《华东师范大学学报》(教育科学版)2006 年第 3 期。
② [德] 康德:《道德形而上学基础》,中国社会科学出版社 2009 年版,第 2—3 页。

'返'"。① 这也如中国古代哲学说的"返本求源",在实践中的"返本开新"。法制教育场域的实质是一种联系,在恩格斯看来,"当我们深思熟虑地考察自然界或人类历史或我们自己的精神活动的时候,首先呈现在我们眼前的,是一幅由种种联系和相互作用无穷无尽地交织起来的画面"。② 因此,法制教育场域这种联系,是一种有限的在场面向无限的不在场的无穷追寻,对在场功利的超越,不断磨炼的执着向往,恰如张载的"民胞物与"、王阳明的"一体之仁"的精神③。这就是说,法制教育的场域体现的是人文价值的本真诉求。

三 普法教育的基本理论支撑

第一,法制教育的人文价值是普法教育(或称法制宣传教育)的理论支撑。这是由时代主题决定的。当今时代的主题是以人为本为核心的科学发展。人在发展中的地位凸显,这就为人文价值作为普法的理论支撑提供了强有力的时代依据。普法效率不高,效果不显著,这与缺乏理论指导有很大关系。广东省惠州市司法局董国路同志认为:"长期以来,在开展法制宣传教育活动中,却形成了一种重实践轻理论的倾向,片面强调实践的重要性,而忽视了理论的重要性以及理论自身的深化,导致法制宣传教育缺乏理论科学系统的指导而成效不大。"④ 目前的普法教育是一种纯工具性的普法,法制宣传教育没有与个人的发展联系,忽视个体的需要。这与不重视理论有很大的关系。正如列宁指出:"没有革命的理论,就不会有革命的运动。在醉心于最狭隘的实际活动的偏向同时髦的机会主义说教结合在一起的情况下,必须始终坚持这种思想。"⑤ 缺乏理论指导的法制宣传教育,就如只拉车不看路一样,在一些单位、部门,变成了单位领导愚弄成员的工具。表现在:只讲整体需要、领导需要、上级意志,把法制宣传作为把握话语权者们牟取私利的工具。诚如列宁批评的:醉心于狭隘的活动和机会主义的结合。

第二,普法教育不仅需要理论作为依据,而且需要正确的理论作为依

---

① 张世英:《哲学导论》,北京大学出版社 2002 年版,第 66 页。
② 《马克思恩格斯选集》(第 3 卷),人民出版社 1995 年版,第 359 页。
③ 张世英:《哲学导论》,北京大学出版社 2002 年版,第 87 页。
④ 董国路:《法制宣传教育应加强理论研究提高科学水平》,《中国司法》2009 年第 2 期。
⑤ 《列宁选集》(第 1 卷),人民出版社 1995 年版,第 311 页。

据。有同志认为:法制宣传教育的理论依据是:哲学理论,政治学理论、科学发展观理论。"开展法制宣传教育是坚持正确思想意识形态的需要"、"开展法制宣传教育是建设社会主义政治文明的需要","开展法制宣传教育工作是落实科学发展观、促进人的全面发展的需要"。① 这种理解看到了理论的作用,这是法制宣传教育实践中产生的真知灼见。这种见解与不要理论指导和没有意识到理论指导的重要性的法制宣传教育相比,是认识上质的飞跃。但是,这种看法还需要深入研究。以上见解仅仅看到了社会的需要,政党、政治的需要,忽视了个体、个人的需要,其实质是坚持工具价值论的法制教育指导思想,忽视了法制宣传的核心价值是人文价值。学者张楚廷认为:"不能笼统地谈社会需要,更不能糊里糊涂去适应需要,满足需要。不能认为凡见诸于报端的需要,或者从哪里说出的需要,或某位发言者道出的需要,都是可以不加鉴别地称之为社会需要的。"② 法制宣传教育的出发点是人,落脚点也是人,因此,人文价值理论是法制宣传教育的根本的理论支撑。

第三,人文价值对普法的理论支撑,在宏观、中观、微观三个层面得到体现。以人的全面发展为目标,将带来普法理论的更新和普法实践的根本改变,从宏观层面看,普法以马克思主义为指导,马克思主义揭示了人类历史发展的规律,是我们认识世界和改造世界的理论武器,因此,普法实践离不开马克思主义的指导,普法要全面贯彻马克思主义的指导思想,用马克思主义的世界观、历史观、人学、认识论、价值论、方法论作为指导。从中观上看,普法需要法制教育哲学、法制教育学、法制教育心理学、法制教育社会学、法制教育历史学、法制教育学科课程学的指导。这是由于,普法是法制教育的重要组成部分,法制教育是一门学科,对普法应该从学科的高度来认识。普法如果有一系列与之相配套的学科作为理论支撑,这对培养普法师资、提高普法的实效性、系统研究普法理论,都具有重大意义。从微观上讲,普法需要法制教育学的指导。法制教育学是普法最直接的理论支撑,它适应科学发展观的时代要求,把人的价值放在第一位,有利于克服法制教育中的工具价值过于彰显的弊端。

---

① 吴军、丁琳芳:《法制宣传教育工作体系建设研究》,《中国司法》2009 年第 11 期。
② 张楚廷:《课程与教学哲学》,人民教育出版社 2003 年版,第 373 页。

第二节　概念的界定

一　人文价值

（一）人文价值的称谓

马克斯·韦伯提出人文价值和工具价值的概念，他把人文价值称为价值理性，价值理性是相对于工具理性而言的。人们常把人文价值称为人文理性、价值理性、理性价值、目的价值、实质价值。这需要从人的理性开始谈起：

人的理性是对神性的否定，人从神秘的中世纪走出，脱离神性才有人的理性，人的理性促进了科学的发展，科学带来的人类技术的进步，技术的高度发达，造成技术的异化，人反过来受技术的奴役，所以，从人类科技发展的本源上看，理性包括了人文和工具的含义。人文的中心是人，而价值的本质含义是客体对人的效用，客体与人形成的关系，其关键还是离不开人。理性有科学和民主的意思。日常生活中讲的理性是推理、有常识的意思。从人是目的的意义上讲，理性的内涵等于价值的内涵。可见，在这里，人文、价值、理性、目的、实质等几者的含义是在同一层意义上使用的。

语言仅仅是一种符号，不同的语境、不同的历史条件、不同的民族，由于在语言的翻译上、生产实践上的差异，存在不同的称谓并不奇怪。看到上述几种称谓上的一致性，一是为了在分析问题时便于话语的转换，二是为了学术上的对话和沟通。

（二）人文价值的本质

人文价值是事物或活动与人的发展构成的关系。这种关系事关人的生存和幸福。人文价值是人有意识地对特定的行为（不管这种行为是伦理的、美学的还是宗教的或其他行为），所存在的本然的、固有的、纯粹的信仰。它是一种绝对价值，不论目标是伦理的也好，还是美学的或者宗教的也好；是出于忠诚也好，还是出于荣誉感或使命感也好，人文价值均不管实际目标的达成。也就是说，人文价值注重和关心人的发展中行为本身所体现出来的价值。比如，是否有利于社会的公平、正义、仁爱、道德、诚信等。人文价值不关心和看重人选择行为的结果。人文价值是从价值理念的角度来衡量人发展行为的合理性。

人文价值体现的是人对人的本身、人之为人的目的的理性考量,它所表示的是物对人的意义。人文价值从本质上讲是一个人性的世界、一个意义的世界,它并不在乎客观的实体,而是主体与客体的统一,这就是王阳明在《大学问》中所言的"一体之仁"。所谓"一体之仁"也就是"万物一体":人与人一体相通,人与自然一体相通。当然,相通并没有否认差别、相异,而是说万物不同而相通。相当于张载在《西铭》所谓的"民胞物与"。这就是天地万物为一体,人与物为同类,人要有博爱、有博大的胸襟。

人文价值的基础是人本和人本文化。"人有气有生有知亦有义,故最为天下贵也。"(荀子《王制》)但是,以人为本,并不等同于西方哲学中所言的人类中心主义,即,主体与客体绝对分离,人与物是不平等的关系、人对自然处于支配地位、统治地位。也就是说,人文价值不是西方从笛卡儿到黑格尔的近代哲学主张的"主体性",即主体与客体分离的思维方式所持的人类中心主义立场。人文价值的人本和人本文化,不仅强调主体性,而且更关心如何发挥人的主体性,这一点,"前法兰克福学派"并没有从哲学上说明和解决,到是"后法兰克福学派"的哈贝马斯由对"主体性"的强调转到"互主体性"的强调有了较好的说明和解决。也即是:现代西方的人文价值重视人与人之间的关系、交往与协调。

人文价值是以合目的性的形式存在的意义世界。人对意义的追问,人对价值的寻求,人的最终的归宿在哪里,人的终极关怀又是什么,这些问题构成了人文价值的核心问题。

(三) 人文价值的几层含义

第一,人文价值是以人为主体的价值。它的旨趣是人是万物的尺度,为人而忧虑、呐喊、谋划,关注客体世界对人的主体世界的意义,执着于人的普遍幸福至上。但人文价值并不陷于人的主体世界的偏执和虚妄,而是主体与客体的统一,讲究主体与客体的对话、沟通与协作。

第二,人文价值是一种建设性的价值。它不仅致力于对现实世界的反思、批判,更注重在现实社会中,为人的发展开辟道路,为人的发展欢呼、鼓励、提神、助威。"世界不会满足人,人决心以自己的行动来改变世界。"① 人文价值积极解决现实与理想、实然与应然的矛盾,通过批判

———————

① 《列宁全集》(第38卷),人民出版社1959年版,第229页。

人的发展的现实障碍，引领人去变革现存的世界，创造更加美好的明天。

第三，人文价值是一种反思价值。面对人的发展的种种际遇，人文价值不是现存世界和现实社会的守护神和辩护者，而是积极地反思现实社会的种种缺陷，针砭时弊，担心人的发展面临的种种现实处境和命运。在人文价值的视域里，人的发展是一个现实的、具体的历史过程，总是处于是与应当的矛盾之中，人的任何发展阶段、方式都不可能没有缺陷，因此，人的发展、社会的和谐都是需要反思的。

第四，人文价值是一种实质理性。人是手段与目的的统一，出发点与归属点的统一。要尊重人、维护人、发展人、凸显人、提升人、实现人。人文价值并不回避工具价值，而是在肯定功利的基础上又超越功利，在满足人的当下利益、暂时利益的同时，又关注人的未来利益、长远利益；既关心个体利益、个人需要，又关注人与人、人与社会的和谐和共赢。

（四）人文价值与工具价值的辨析

人的发展历史表明：人的理性的宗旨在于求真和求善，工具价值是为了求真，导向认知和真理；而人文价值是为了求善，导向人的判断和行为。人文价值的旨趣在于回答人自身与世界的关系应该怎样；而工具价值以认识事物的本来，回答人与世界的关系是怎样。人文价值高于工具价值，因为人文价值为工具价值规定目标导向提供精神动力，能进入工具价值不能进入的意义世界。意义世界是人存在的标志，是人区别于其他存在的本质。同时，也要看到这种区别仅仅在人的认识上有逻辑的意义。

从发生学上讲，人文价值和工具价值是不可分割的。在人的发展的实践中，人文价值与工具价值不仅互相联系、相互交织、相互渗透；而且相互转化、相互作用、相互提升。失去工具价值的人文价值是蒙昧的、没有现实支撑的人文价值；而工具价值没有人文价值的引领，就会失去精神支持，导致盲目的行为，是对人没有意义的工具价值。所以，人文价值和工具价值是人类理性的两个维度，共同统一于人的发展的伟大实践中。

二　法制教育的人文价值

法制教育的人文价值的概念，是在对一系列的相关概念的理论辨正中明晰的。在现代的时空境遇中，经过萌芽、产生、发展，不断丰富内涵和不断拓展外延。在学者鲁洁看来，法制教育"主要是指在一个法治的国家里，对一个公民进行应具备的民主与法制观念和法律规范的教育，使公民具有依法行使民主权利、履行义务,依法管理各项工作的素质。"① 这里强调法制教育的主要内容是法制观念和法律规范,落脚点在于提高公民的法律素质和管理素质。法制教育作为思想政治教育的基本组成部分,是以树立正确的权利和义务观为基本任务的。权利与义务问题是法制的基本问题。权利和义务是人的权利和义务,而不是别的什么东西的权利和义务,这就与人的利益、人的尊严、人的生存和发展联系起来了。也就是说,法制教育在逻辑上本身就存在着一个自身的人文价值的问题。

只要是教育,出发点就是人,最后的落脚点也是人,都有人文价值。即使不与教育联系起来,也离不开人,法律、法学等直接或间接反映人的要求,为人服务。所以,人文价值是研究法制教育价值的总纲。法制教育作为一种社会实践活动,抓住了人文价值就抓住了问题的实质和核心。

那么,法制教育的人文价值究竟是如何可能的呢?法制教育的人文价值的上位概念是法制教育的价值,法制教育价值的上位概念是教育的价值和法制的价值,它们共同的上位概念是价值。这就是法制教育的人文价值概念的系谱来源。它同样遵循特殊是普遍的特殊,普遍离不开特殊的辩证原理。正如价值哲学研究的价值不等于哲学的价值一样,法制教育研究的人文价值也不等于法制教育的人文价值。价值体现的是一种主体与客体的关系,法制教育的人文价值也同样体现了主体与客体的关系。哲学上研究的价值的主体是人,而不是哲学,客体是物的性质、属性,法制教育研究的人文价值的主体也是人而不是法制、教育或者法制教育,客体是法制教育活动(而这种活动主要又是研究其人文属性)。因此,法制教育的人文价值要成为可能必须有三个条件:主体、客体、主体与客体之间构成的需要与满足需要之间的关系。

完成了理论上的一般考察即逻辑推导,还需要社会实践的确证。在实践活动中,主体是指具有一定的思维能力并运用一定的物质和精神手段认识和改造世界的人。法制教育的人文价值的主体是人。人可以有不同的表述,类的人(一般的人)、类别的人(特殊的人),类的分子(个体人)。一定社会历史中的人,人的群体(集体)、社会、国家、全人类。这些都是人存在的不同形态。人是社会中的人,社会是人的社会。马克思在《1844 年经济学哲学手稿》中认为:"首先应当避免重新把'社会'当作

---

① 鲁洁、王逢贤:《德育新论》,江苏教育出版社 2002 年版,第124 页。

抽象的东西同个体对立起来。个体是社会存在物。"① 马克思恩格斯在《德意志意识形态》中指出："我们开始要谈的前提不是任意提出的，不是教条，而是一些只有在想象中才能撇开的现实前提。这是一些现实的个人，是他们的活动和他们的物质生活条件，包括他们已有的和由他们自己的活动创造出来的物质生活条件。"② "全部人类历史的第一个前提无疑是有生命的个人的存在。"③ 马克思批判了以往的唯心主义和费尔巴哈抽象的人的概念，科学地对现实的人做了解释，现实的个人是历史唯物主义的前提，也是我们理解法制教育的人文价值主体的基本立足点。

　　法制教育的人文价值的客体是物的属性。客体的精神属性和物质属性满足具体的人的需要，形成的主体与客体之间的关系，称为价值关系。客体的人文属性满足了主体的人文需要，形成人文价值关系。主体、主体客体的关系是价值客体产生的条件。也就是说，客观事物有很多属性，但是，如果不与具体的人联系，与人没有关系，还不是价值。法制教育的人文价值是一种评价的价值关系。客体是否具有人文属性，是否能满足主体的需要，这依赖于主体的自我意识作出评价。评价包括直接评价和间接评价两种方式。无论哪种方式的评价，主体评价的主观性并没有否定评价内容和评价本身存在的客观性。法制教育的人文价值的本质是客体的人文属性是否按照主体的评价标准满足主体的人文需要，是否与主体的生存和发展相一致。

　　在讨论法制教育的人文价值时，依据对人的多种理解，或许有人将法制教育的人文价值与社会构成的主体与客体的关系，称为社会的人文价值，与特定群体构成的人文价值称为集体的人文价值。其实，这种理解只能使问题变得复杂、不清楚，其结果是把法制教育的人文价值悬置起来，变得没有意义。这正是我们以往认识的误区。价值是具体的，而不是抽象的，法制教育的人文价值只能是具体的人的人文价值，从这个角度上讲，社会价值、集体价值在本质上可以还原为个体价值，即通过个体价值才能实现社会价值和集体价值。

　　法制教育的工具价值也属于具体的人的价值，只不过它在本质上是对

---

① 马克思：《1844 年经济学哲学手稿》，人民出版社 2000 年版，第 84 页。
② 《马克思恩格斯选集》（第 1 卷），人民出版社 1995 年版，第 66—67 页。
③ 同上书，第 67 页。

人的忽视，以社会、集体、他人、制度、体制作为借口对具体的人进行挤压，相当于马克思所指的人的异化。在法制教育中，工具价值具有反人文价值的属性，它常体现为震撼、警戒、威慑、惩罚、抑制等。而人文价值则体现为希望、人性、诗性、信心、权利、自由、和平等。法制教育的工具价值和人文价值都是法制教育必不可少的价值，只不过从本质上讲，法制教育的人文价值是法制教育价值的核心价值。

法制教育的人文价值，不仅仅满足于提高主体的人文素质，满足主体的人文需要（当然，主体的人文需要是重要的需要），而是从人的生存和人的发展，尤其是从人的发展的角度来考量，取一种宏大的视野和超出一般的素质教育的高度。法制教育的人文价值，从本质上讲是一个关系范畴。对法制教育的人文价值的本质的理解，应结合时代特征、时代任务、人的发展和社会发展，分析组成价值关系的各个要素，坚持彻底的关系思维。对法制教育的人文价值的研究，既要避免犯单纯主体研究的错误，也要避免犯单纯客体研究的错误。在实践中往往容易犯客体研究的错误，把教育部门领域的价值研究等于客体属性的研究。这种错误主要是对价值范畴没有准确把握。法制教育的人文价值存在于组成法制教育的人文价值的各个关系的要素之中，它包括两个主要的方面，一是法制教育活动的人文性对人的生存和发展的效用，二是法制教育活动对人的人文素质需要的满足。这里以第一个方面为研究的基础和重点。

到此，法制教育的人文价值可以界定为，在法制教育实践活动中，法制教育的人文性对人的生存和发展的关系。简言之，法制教育的人文价值，就是指法制教育的人文性对人的生存和发展的效用。

第三节　研究动态

我国对法制教育的人文价值的研究，肇端于20世纪80年代末期兴起的价值哲学和人学，源于教育哲学领域对人的价值研究的突破。人文价值研究，在法制教育领域呈扩散趋势。在研究中，以价值哲学和人学为指导，由法制教育的客体为切入点，逐步走向对构成法制教育的人文价值的各个组成要素的人文性的综合研究。同时，法制教育的人文价值的研究，受学科建设的影响和社会深刻转型时期科学发展观的互动。

一　概念的研究凸显多元化

什么是人文价值，什么是教育的人文价值，这是法制教育的人文价值的研究首先要回答的问题。目前研究人文精神、人文关怀的文献不少，而专门对人文价值和教育的人文价值的概念作出探讨的文献就很稀少，但是，并不是没有这方面的文献。谭家善在《对英语教育人文价值的思考》一文中指出："人文价值是指某物或活动能满足人的人文素质发展的需要，或具有促进人文素质发展的作用和功能。教育的人文价值是指教育具有促进学生人文素质发展的作用和功能。它是人文精神的体现。"① 他从需要价值论的角度对人文价值的概念做了定义，把需要理解为教育的作用和功能，也就是说，价值与作用和功能等同。在该文中他还对人文和人文精神做了阐释，"人文就是人类创造的人类文化和文明"，人文精神具有普遍性，"人文精神是一种以人生、人性、人格为本位的价值意向，以追求真善美等崇高的价值理想为核心，珍视人的自由而全面发展的人们内在的价值观念。"② 这是典型的需要价值论，需要价值论在我国的影响很广。

刘文在《试论现代教育技术的人文价值》一文中认为："所谓人文价值，一般来说就是指对人的思维方式、道德修养、能力培养等的关注。现代教育技术的人文价值是由其本身产生、发展及应用等诸多因素决定的。现代教育技术在开发应用过程中，将信息交流、开发智能与培养素质有机地统一起来，为创造性人才的培养提供了一种理想的学习环境。"③ 他所认为的现代教育客体的属性是，"现代教育提倡以人为本、尊重个性、提倡人的主体意识和主动精神、而现代社会需要的正是这种具有自主精神、创造精神以及个性鲜明的人才"。④ 他对人文价值概念的理解受主体论价值观的影响，而现代教育技术的人文价值的概念则把主体价值观与客体价值观结合，既看到了客体现代教育技术的作用和功能，也看到了主体的人的素质，从主体价值论和客体价值论结合的角度定义概念。

张顺华、陈怡在《论知识经济的人文价值》一文中认为："所谓人文

---

① 谭家善：《对英语教育人文价值的思考》，《零陵学院学报》2004 年第 25 卷第 3 期。
② 同上。
③ 刘文：《试论现代教育技术的人文价值》，《辽宁师范大学学报（哲学社会科学版）》2001 年第 24 卷第 5 期。
④ 同上。

价值,是指某一种文化(如科学文化、人文文化等)对人及人的文化的全面发展所具有的意义和价值,特别是对人的生存、发展、自由和解放等所其有的意义和价值。"① 对人文价值的理解涉及人文是什么的问题,这又引发新的视角对人文价值的理解,他们对知识经济的人文价值还作了分析:"在知识经济时代,生产劳动过程同时也是劳动者自身发展的过程,而随着劳动者自身素质的不断提高,其所拥有的信息和知识资源必将有力地促进知识经济的思想发展。这就是知识经济的人文价值所在。"② 这里,从主体价值论的角度来定义人文价值,而对知识经济时代人文价值的分析则是持客体价值论,这说明人文价值是一种关系范畴,只有从主体与客体关系的角度才能准确理解概念。

石磊在硕士论文《试论中国当代法律教育的人文价值》一文中,认为人文价值"可以定义为客体的存在、属性及其变化同人文原则要求相符合、相一致的性质"。③ 他指出,人文中的人文要以人为中心,把人放在首位,人的品格、人的潜能、人的尊严是实践活动的价值,他反对放弃人的人文性。他实际上重点分析的是人文价值客体的属性是以人为本,在此基础上认为,"法律教育的人文价值可以看作是:以对人本性的理性反思为基础,融合西方人文传统中的'以人为本'之主旨,在塑造优秀的法律家群体的过程中,充分关注该群体的职业技能素质与职业道德素质的全面发展,以期在中国法治进程中成功地完成法律的本土化,最终实现法治国的目标"。要到达这个目标,必须使"'正义、公平、平等、人权、友爱'等价值观念深入人心,才是真正实现了法律教育的人文价值"。④可见,他对人文价值的理解是典型的关系价值论,但是,他对法律教育的人文价值的理解,把价值与客体的功能、作用等同,又是一种典型的需要价值论。

二　人文价值客体的属性研究走向成熟

在众多的领域,对人文价值客体的研究,用的题目是人文价值,实际

① 张顺华、陈怡:《论知识经济的人文价值》,《情报杂志》2002 年第 9 期。
② 同上。
③ 石磊:《试论中国当代法律教育的人文价值》(硕士论文),《首都师范大学》2003 年 5 月,第 6 页。
④ 同上书,第 78 页。

上并不研究人文价值，论题分析题目所涉及的客体的人文关怀问题，显然，是从心理、道德层面来研究。也即是：人文价值就是人文关怀、心理疏导、安慰的意思。作者还没有意识上升到价值哲学的高度来看问题。但是，对客体的人文性，对主体的人文关怀的认识，却到达了相当的程度，为法制教育的人文价值的研究奠定了坚实的基础。

第一，从法律教育的视角来研究人文价值的客体。蔺宇哲在《浅论法律教育的人文价值》一文中提出："重视法律教育的人文价值，不断提高法律教育的受教育者的人文素质，以期他们在进入法律职业领域中更切实地把正义、公平等价值层面的理念落实到法律运作的功能层面，将是事关中国法治工程大局的长期而艰巨的任务。""但在现实状况中，由于过分强调职业中的技术素养，而忽视了职业中的人文素养，人们不能不遗憾地看到，在有些法院，出现了不通人性、而又时时与人打交道的法官。""核心的问题在于要保证法律教育模式自身具备完善的人文关怀的机制，在这种机制中既包括对悠久历史文化积淀下来的文化传统的继承（如儒家的'仁'、'义'、'信'），还要吸纳外来文化中的积极因素（如个人本位中的权利意识、法治观念）。"① "更重要的是只有充分重视它的人文价值，才可以找到这项事业的核心所在。"② 这些观点，论及法律教育人文价值的重要性、人文价值的传统资源、人文价值的地位，有较高的思想价值，但该文对法律教育的人文价值没有明确的界定和分析。

第二，从思想政治教育的视角来研究人文价值的客体。王梅仙在《新时期思想政治教育的人文价值》一文中指出："长期以来，人们在探讨思想政治教育的价值问题时，往往重其社会价值，轻其个体价值，特别是在促进人的全面发展这一思想政治教育的根本目标问题上，重视不够。"③ 她认为，新时期思想政治教育的人文价值主要体现在：尊重个体需要，确立人的主体性；塑造独立人格，培养人的创造性；提升人的道德境界，促进人的可持续发展等三个方面。相比而言，她比较注重思想政治教育的个体价值研究。她对个体需要这一点的研究，最能说明思想政治教育的人文价值特征，她认为应从三个方面入手来满足个体需要：确立主体

①　蔺宇哲：《浅论法律教育的人文价值》，《教育艺术》2007 年第 8 期。

②　同上。

③　王梅仙：《新时期思想政治教育的人文价值》，《现代教育管理》2009 年第 4 期。

性，关心、满足人的多种需求；丰富人的内心世界，提高人的精神品位；增强人的主体意识，培育人的主体精神。这些思想，对法制教育的人文价值的研究提供了较好的启示。

邓福庆在《关于思想政治教育人文价值的思考》一文中认为："在现实中，一些高校对思想政治教育的社会功能、社会价值比较看重，而对其内蕴的促进大学生身心全面发展、关注大学生终极追求的人文价值则重视不够。"① 这种现象在法制教育中也严重存在。他认为："以马克思主义为指导的高校思想政治教育，本身就应该集中体现马克思主义理论所内蕴的人文关怀思想，其价值理性本来就内蕴着马克思主义的人文关怀。"② 他从教育的本身看到人文价值，这是非常独特的视角，并且从马克思主义理论的高度来分析人文关怀的性质，这是许多人在人文价值的研究上所不及的。问题是，现实的思想政治教育活动是否就体现了这种内蕴的人文关怀呢？如果没有体现，这与自然内蕴了人文关怀似乎有矛盾。其实，这是讲的应然的人文关怀与实然的人文关怀还有一段距离。这个距离，正是我们的理论研究和教育实践要努力解决的问题。在他看来，"我们所指的人文关怀，是指以人文精神为思想内核，以充分尊重人、理解人、肯定人、丰富人、发展人、完善人，即以促进人的全面发展为内在尺度的一种价值取向"。③ 他对人文关怀的理解是深刻的，体现了新的教育理念。在他看来，人文关怀就是人文价值。从基本精神上是可以这样讲的，但是严格来说，二者是有区别的，价值在多数学者看来是一个关系范畴，不能完全等同于人文关怀。他认为，"高校的思想政治教育必须适应新的时代要求，赋予该学科'以人为本'的人文关怀和价值定位，积极倡导以人文关怀为核心的新的思想政治教育观"。④ 现实呼唤思想政治教育必须关注人文关怀，具体讲：思想政治教育的着重点应从过于理想化的宏观目标转向现实的生活世界，与受教育者的实际生活和自身的成长需要结合；思想政治教育的价值取向应从单纯强调集体转向与集体与个人相结合的"人我合一"的范式，他把人文价值作为高校思想政治教育的核心价值，这是理论认识上的突破，这对高校思想政治教育的学科建设、对思想政治教育实践活动的

---

① 邓福庆：《关于思想政治教育人文价值的思考》，《光明日报》2006 年 7 月 29 日。

② 同上。

③ 同上。

④ 同上。

指导，具有重大意义。这些思想是研究法制教育的人文价值较为直接的理论认识资源。邓福庆，孙慧玲在《关于思想政治教育学科人文价值定位的思考》一文中，肯定地回答了思想政治教育的人文价值的定位问题，他们认为："应该明确这样一个基本结论，即思想政治教育必须回到以人为核心的人文价值定位。"① 在他们看来，得出这样的结论是遵循马克思开辟的人学道路。思想政治教育的职能在于服从人的目标，按照受教育者的主体意愿，对各种内外关系进行人性化的认识和把握，使其处于最和谐、最优美的状态。他们还认为，思想政治教育是一门形而上的、非功利的学科，思想政治教育应致力于全面人性的培养。他们的这些思想，不但比过去的研究更为深刻、清晰和准确，而且也更为全面。这不仅对推动思想政治教育的理论和实践具有重要意义，而且对隶属于思想政治教育学科的法制教育研究也具有重要启示。

第三，从哲学的视角来研究人文价值的客体。王勤在《当代哲学的人文价值》一文中，对哲学的人文价值作了阐述。"哲学必须紧密地与人类的世俗生活世界结合起来，这是马克思主义哲学应用的基点，但哲学并不因此就局限在世俗层面，哲学的价值恰好需要超越于世俗层面，于人们熟知的日常事务中，追问更加深远的人文价值，寻找意义世界，为人类提供健全的人文价值导向。这就是哲学的人文价值。"② 这个界定的含义是清楚的。哲学的人文价值就是哲学的人文效用，这种效用表现在哲学超越世俗、寻求意义世界的价值导向上。他认为，21 世纪，人类的日常生活世界丰富多彩，哲学应承担起，使人超越人的日常琐事，启发人的灵性，向着符合人性的方向发展的任务。人类是灵与肉的统一，可是人类在生产技艺上的进步和物质财富上的进步，并没有普遍带来精神生活世界的完美和发达，一些人甚至精神极度空虚、畸变，物质与精神失衡是现代社会严重的问题。中国社会转型的大变革时期，对世俗的物质生活世界的追求是最迫切的任务，与此相适应的各种实用性、直接性、短期性的"文化快餐"应运而生，如商场成功、冒险刺激、情场风云、暴力崇拜等成为人们的追求。市场机制的引入，产业结构的调整，造成就业压力加大，人们

---

① 邓福庆、孙慧玲：《关于思想政治教育学科人文价值定位的思考》，《思想理论教育》（上半月．综合版）2006 年第 12 期。

② 王勤：《当代哲学的人文价值》，《江西社会科学》2001 年第 11 期。

不得不把生存问题放在第一位,人除了遵循交换价值规律和优胜劣汰的
"铁律"别无选择,再加之,随着过去的与计划经济相适应的主流文化的
消解,于是,精神的放逐就成为必然。人的心态严重不平衡、矛盾重重,
客观地呼唤人文价值的回归,重建人的精神家园。哲学人文价值的作用凸
显。这些认识见解深刻,对于研究法制教育的人文价值的宏观社会背景具
有参考价值。

　　第四,从文化的视角来研究人文价值的客体。张应凯在《马克思主
义视域下中国传统文化的人文价值》一文中认为,我们用马克思主义审
视现代人的精神世界,发现当今世界物质文明高度发达,人的精神世界却
陷入危机,表现为自我失落,价值观崩溃,人文精神枯竭。中国的传统文
化有助于缓解目前的价值失范、道德危机。他认为:"中国传统思想文化
的中心在人文,这可以说是中国传统思想文化思维方式的一大特质,这一
点以儒家表现最为典型。儒家以仁作为最高价值取向,仁既是儒家人文精
神的内核,也是中国传统思想文化人文精神的集中体现。"① 他认为,"仁
者,爱人"、"泛爱众"、"忠恕之道",是儒家文化影响的中华民族基本心
态的重要体现。儒家以人为贵、以民为本。中国传统的"人文主义"思
维,有利于化解科学主义给人类带来的伤害与困惑。儒家"和谐"、"中
庸"的世界观有利于化解世界矛盾,促进世界的互通、融合、和谐、统
一。儒家的人格价值观有利于人与人之间的理解与尊重。他的研究,很有
时代意义。但是,我们应看到,儒家的人文价值与今天的人文价值在时代
背景上有本质的不同,因此,如何赋予新的时代意义、如何与市场经济下
的当代中国的实际结合,还有很长的路要走。不过,对法制教育的人文价
值的研究具有借鉴意义是不可否认的。

　　第五,从"范式"的视角来研究人文价值的客体。孙鹏宇在《库恩
"范式"的人文价值》中指出:"功利主义的科学观关注的是人的物质生
活,却忽视了人的精神生活。它将科学仅仅看作一种工具,并从工具的角
度来强调科学对于人的物质生活的意义和价值,而看不到科学是一种文
化。"② 在她看来,库恩重视科学史研究中人的因素,库恩的范式是指置

① 张应凯:《马克思主义视域下中国传统文化的人文价值》,《武汉大学学报(人文科学版)》2008 年第 5 期。
② 孙鹏宇:《库恩"范式"的人文价值》,《哈尔滨学院学报》2006 年第 11 期。

于科学技术发展历史背景中的某一时代的科学理论系统，用范式作指导的科学研究，意味着科学团体在一段时间里事实上所承诺的特殊信念的组合是很重要的，范式作为行为规范，它是科学家取得科学家共同体成员资格、有效地实现科研目标所必须遵守的思路、思维方式、实验设计方式、设备操作方式。① 因此，她认为范式的人文价值是建构了科学主体即人的心理价值，科学家之所以是科学家，就在于他们有特定心理价值意义的信念。范式的人文价值还在于，范式不仅规定科学家从事的科学活动，而且范式的转变也同时带来从事科学活动的主体人的变化。科学不仅具有技术价值和经济价值，而且还有重要的文化价值和精神价值，科学在精神层面促进人的全面发展，给人的生存、发展、自由和解放，赋予更为完整而深刻的意义。所以，科学的技术价值和人文价值是辩证统一的。这些论述有助于提升法制教育研究的层次，带来法制教育研究的革命。给人的启示是：法制教育研究的范式是什么？怎样建立法制教育研究的范式？同时，她的观点，有助于我们更好地理解法制教育的工具价值和人文价值的关系。

第六，从德育的视角来研究人文价值的客体。朱丽翔在《德育的人文价值》中指出："德育指广义的道德文化教育或道德教化；人文指广义的人类文化成果。人文价值从哲学层面包括三层含义：其本体价值、相对主体的需要体现的功能即工具价值以及人们认识基础上的价值。"② 她关于人文价值的定义起点高，有哲学高度；人文价值包括了工具价值，包容性强；此外，还包括了认识本身的价值。她认为德育本体就有人文的特性，本体就是终极存在，表示事物的根本属性，本体具有普遍性、绝对性、永恒性，具有本原、本真等含义。在她看来，当前德育功能的实效低下，德育的实际地位消解，德育的内心认同可有可无。面对如此的德育困境，应更新观念，彰显德育之人文价值。"德育的人文价值对人具有不可或缺的化人功能，是人之为人的必要条件和重要条件，这也是德育所具有的工具性价值。"③ 因为，社会需要真正意义上的人的构筑，上层建筑的意识形态对德育重视的目的就缘于此。没有拒绝成为人的人，只不过由于

---

① 孙鹏宇：《库恩"范式"的人文价值》，《哈尔滨学院学报》2006 年第 11 期。
② 朱丽翔：《德育的人文价值》，《湖南科技学院学报》2006 年第 3 期。
③ 同上。

自觉的程度不同,而完成由自然人向社会人转化的程度也就不同。"真正意义上的人应该是有人性、有理性、有个性的人,要成为这样的人,人文教养和道德教化不可或缺。"① 德育的人文价值就是尊重人、理解人、为了人、解放人,体现在对人性的充分肯定,对人的潜能和智慧的信任,对人的自由和民主的追求。这些认识,对提炼法制教育人文价值的理念能提供很好的启示。

第七,从法制教育的视角来研究人文价值的客体。蒲鸿志的硕士论文《人文视野中的中学法制教育创新》认为:法制教育是对人的教育。法制教育应真正尊重学生,把学生当成有价值、有人格、有尊严的生命个体。学生是积极的和值得信任的。法制教育不能抑制学生的主体性,千万不能变成绳索、囚牢和心灵的屠宰场,法制教育的过程是生命主体在成长过程中的不断超越。法制教育实效性差的原因是,没有充分注意法制教育中的人。法制教育要取得实效,唯有回到生命的原点,唯有回到生命的本真。② 他的这些认识是法制教育研究领域,对人文价值客体问题比较系统的认识,对研究法制教育的人文价值有一定的启示。蒲鸿志的《中学法制教育的人文引领》一文指出,法制教育的人文引领就是用人文精神、人文思想、人文方法指引法制教育。人文精神、人文思想体现在确立法制教育主体的地位上,人文方法体现在法制教育策略的选择上,要以人文精神、人文思想为指导。我们的出发点是人,我们的落脚点还是要回到人,人的幸福、快乐、健康、需要,人的特征、灵性、思想、行为、境界是法制教育不能不关注的。③ 他的这些看法,对目前严重忽视法制教育主体地位的现状,是较有针对性的。目前,在众多的教育领域,对人文关怀、人文价值的研究如雨后春笋,而在法制教育领域,该问题的研究,还是个较新的东西;其他领域对人文、人本问题的研究不可能长期不影响到法制教育的研究;科学发展观的以人为本为第一要义的时代精神,不可能长期不对法制教育的理论和实践有所触动;教育领域轰轰烈烈的发挥学生的主体性的改革实践,不可能长期遗忘法制教育这个领域;更重要的是,市场经济的功利追求与人的精神家园的人文守护永远如影相伴。这就是法制教育

---

① 朱丽翔:《德育的人文价值》,《湖南科技学院学报》2006 年第 3 期。

② 蒲鸿志:《人文视野中的中学法制教育创新》(硕士论文),《北京师范大学》2006 年 4 月。

③ 蒲鸿志:《中学法制教育的人文引领》,《思想政治课教学》2005 年第 7—8 期合刊。

的人文价值研究的重大意义所在。

对人文价值的研究，还有：侯新杰的《论科学教育的人文价值及其实现》（《河南师范大学（哲学社会科学版）》2002 年第 3 期），张爱淑的《试论高等教育中的人文价值教育》（《煤炭高等教育》2001 年第 6 期），敖刚的《关于教育人文价值失落的思考》（《教学与管理》，2001 年 5 月 15 日），宋淑英的《关注中学哲学课教学的人文价值取向》（《山东教育》，2003 年 6 月（中旬）），王云刚的《发掘当代职业教育自身的人文价值》（《科技创业月刊》，2005 年第 4 期）。常修泽的《人文价值取向与基础制度规范》（《中共天津市委党校学报》2006 年第 4 期）。也有一些研究人文价值的文献，虽然对人文价值一词在表述上有异，但实质上是一样的。石中英的《人文世界、人文知识与人文教育》（《教育理论与实践》2001 年第 6 期），关艳、杨玉艳的《论人文教育、价值教育与人文价值教育》（《兰州学刊》2009 年第 3 期），周婷的《人文关怀：思想政治教育社会认同的必要支撑》（求实，2008 年 10 月），北京市社会科学院哲学所编著《中外人文精神钩沉》（河南大学出版社 2005 年版），唐君毅著《中国人文精神之发展》（广西师范大学出版社 2005 年版），石亚军、赵伶俐等著《人文素质教育：制度变迁与路径选择》（中国人民大学出版社 2008 年版），马抗美主编《中国公民人文素质比较研究》（中国人民大学出版社 2008 年版）。

三　人学、价值哲学和其他相关研究的影响

人学研究的主旨在于肯定人、赞美人、发展人，实现人的价值，而价值哲学研究的是价值关系中的人，所以，法制教育的人文价值的研究必然受人学、价值学的影响。人学、价值哲学中的一些经典论述、分析问题的视角、高度、视野和研究方法，是法制教育的人文价值研究的宝贵文献。黄楠森主编的《人学原理》（广西人民出版社，2000 年版），韩庆祥、张洪春著《论以人为本——从物到人》（江苏人民出版社，2006 年版），韩庆祥著《马克思主义人学思想发微》（中国社会科学出版社，2004 年版），袁贵仁著《马克思的人学思想》（北京师范大学出版社，1996 年版），袁贵仁著《价值学引论》（北京师范大学出版社，1991 年版），项久雨著《思想政治教育价值论》（中国社会科学出版社，2003 年版），李连科著《价值哲学引论》（商务印书馆，1999 年版），李德顺著《价值

论》(中国人民大学出版社,1987 年版),王立仁著《德育价值论》(中国社会科学出版社,2004 年版),万光侠等著《思想政治教育的人学基础》(人民出版社,2006 年版),徐复观著《中国人性论史》(华东师范大学出版社,2005 年版),庞世伟著《论"完整的人"——马克思人学生成论研究》(中央编译出版社,2009 年版),侯晶晶著《关怀德育论》(人民教育出版社,2005 年版),薛晓阳著《希望德育论》(人民教育出版社,2003 年版),刘惊铎著《道德体验论》(人民教育出版社,2003 年版),刘慧著《生命德育论》(人民教育出版社,2005 年版)。

此外,马克思的《1844 年经济学哲学手稿》、《关于费尔巴哈的提纲》、《资本论》、《人类学笔记》、《历史学笔记》;马克思、恩格斯合著的《德意志意识形态》、《共产党宣言》;恩格斯的《共产主义原理》、《反杜林论》、《家庭、私有制和国家的起源》等经典著作,也有大量的有关人文价值的论述,是研究法制教育的人文价值的的宝贵文献。

四　国外人本主义思想的影响

国外没有法制教育的人文价值的专门研究,也没有思想政治教育一词,但是并不是说没有实质上的思想政治教育,而是说思想政治教育主要是通过公民教育、社区教育、道德教育和宗教活动来完成,法制教育蕴含在这些教育中。

人文价值的研究深受人本主义的影响,对人文价值的研究就是对人的本质和人的价值的研究。人本主义从上世纪 20 年代开始出现,发端于叔本华和尼采的唯意志论,经过狄尔泰、柏格森的生命哲学和弗洛伊德主义迅速发展,尤其以海德格尔以及萨特的存在主义发展最为充分,后又经过法兰克福学派和人格主义不断延续。人们对两次世界大战给人类造成的苦难的反思,是人本主义思潮发展的社会基础,科学和技术的高度发达造成的负效应加剧了人们的反思。于是,在学术上出现了与传统理性对立的人本主义。它既是世界观或者本体论,也是认识论。在人本主义看来,人是本体的存在,人的基本特征是主观的,人的生存方式是个体的。在海德格尔看来,世界在本体上是"此在",即"当下在此的人"。霍克海默认为,人是全部生活的生产者,人是批判理论的出发点。萨特认为人是"自我创造"的,雅斯贝尔斯认为人是"自我超越"的,马斯洛认为人是"自我实现"的,弗洛伊德则认为人的本质是无意识的本能。其共同点是崇尚个人自由，发展人的个性，强调个体的存在。

然而，新托马斯主义、新正统派神学、存在主义神学、过程神学等新神学，主张以神为中心的人道主义，人具有信仰，追求永恒的精神，为此，马利坦认为，人要正确对待现实生活，以人为中心将给人带来灾难。格林和布拉雷德抛弃以个人的生活经验为道德研究的出发点，继承黑格尔的"观念辩证法"，在康德的"道德形而上学基础"上研究道德，不从个人的经验和情感出发解释道德。在格林看来道德就是"整体自我"和"社会自我"的实现。

思想的梳理，缘于浩繁的文献。在灿若星河的理论宝库里，围绕人本主义哲学上下求索，正所谓一千个人眼里，就有一千个哈姆雷特。这里选择文献的标准：一是对教育的人文价值研究有重大影响，二是经典文献。既便如此，也只能挂一漏万。

马尔库塞所著《单向度的人——发达工业社会意识形态研究》，对发达工业社会进行了批判，阐述了人文价值存在的必要性。在他看来，人类防止灾难的努力，掩盖了人类对当代工业社会的潜在原因的探究，这些原因还没有被揭露和批判。很明显的是，我们"必须进行战争准备，必须生活在战争的边缘，必须面对挑战"。[①] "发达工业社会在使这种危险永恒化的同时，变得更加富裕、更加庞大、更加美好。"[②] 社会的政治需要变成个人的需要，对这种需要的满足有利于刺激商业和公共福利事业的发展，这在表面看来似乎是理性的，然而，从总体上看，这个社会是非理性的，"个性在社会必需的但却令人厌烦的机械化劳动过程中受到压制；个体企业集中为更有效、生产效率更高的大公司；对设备不平衡的经济单位间的自由竞争加以调节；消减对组织国际资源起阻碍作用的各种特权和国家主权。这种技术秩序还包含着政治上和知识上的协调，这是一种可悲而又有前途的发展"。[③] 这种压抑与自然和技术不成熟阶段的社会的压抑不同，其特点是：当代社会的力量，无论是在智力的方面还是在物质的方面，都比以往大得没法估量，这意味着社会对个人统治的范围大得无可估

---

① ［美］马尔库塞：《单向度的人——发达工业社会意识形态研究·导言》，上海译文出版社 2008 年版，第 1 页。

② 同上。

③ ［美］马尔库塞：《单向度的人——发达工业社会意识形态研究》，上海译文出版社 2008 年版，第 3 页。

量。也就是说,发达工业社会是高度极权的社会,对人的控制达到了极点,它消除了对立向度的存在,人成为单向度的人,人丧失了超越性,不再有能力去追求不同于现实生活的另一种生活。这就需要抨击、批判,进而寻找替代。马尔库塞的批判理论暗含着的价值判断是:人类生活是值得过的,或者可能或应当值得过的,人类是一种意义的存在,不能完全功利化、短视化;同时,也暗含着,在一定的社会中,存在着改善人类生活的特殊可能性和实现这些可能性的方式和手段。可见,他研究问题和进行批判的前提,实际上就是寻找人文价值的复归。人文价值的缺失是现代工业社会普遍面临的问题,对社会的各个领域都有影响,当然,对法制教育也有影响。

苏联教育家苏霍姆林斯基的《育人三部曲》,有丰富的人文价值思想。《育人三部曲》由他的三部名著《把整个心灵献给孩子》、《公民的诞生》、《给儿子的信》构成。这三部著作,饱蘸着浓烈的诗情、画意,回旋着优美的乐韵,现实主义和浪漫主义的完美结合,谱写了一曲又一曲传世恒久的教育乐章。他对学生从小学、中学到大学三个相互联系阶段的研究中,自始至终贯穿着人文主义的指导思想,是我们研究教育的人文价值,尤其是研究法制教育的人文价值的光辉典范。

重视学生的精神世界。在他看来,和谐教育应处理好教育认识和教育实践的关系、学生发展的各个领域的关系、学生本身的关系。要寻找学生的"闪光点",增强学生的自信心,让每个学生"抬起头走路",在成长中自我肯定"大写的我",学生不是听课、作业、考试的工具,是有精神生活的人,"儿童就其天性来讲,是富有探求精神的探索者,是世界的发现者"。[1]"孩子们怎样认识世界,他们形成什么样的信念,决定着他们精神生活的整个体系。但是认识世界并非只是掌握知识。许多教师的问题就在于他们只是凭成绩和分数来衡量和评价孩子的精神世界。"[2]

让学生在感悟自然美中接受教育。在他看来,大自然的美在培养高尚精神方面的作用巨大。自然之美有助于培养人的感觉、感知事物、现象和人的心灵获得的各种细微差别的能力。但是,人对大自然之美的感受,要以对人的崇高之美的感受为前提,没有善良、正义、人道、同情以及疾恶

---

[1] [苏]苏霍姆林斯基:《育人三部曲》,人民教育出版社1998年版,第32页。

[2] 同上书,第10页。

如仇的人性之美，是感受不到大自然的无穷魅力的，甚至会对动物残忍地"开肠破肚"，也就是说，如果人的尊严感迟钝，人就对大自然的美视而不见。他认为，自然之美是揭示真理的环境，当向少年揭示真理和规律性时，就带他们去树林、花园、池塘边、田野，用普希金的话说，到"冷漠的大自然闪耀着永恒的美"的地方去。①

重视自我教育。他认为："对少年和孩子的教育，像对成年人的教育一样，只有在自我教育的基础上才能进行。而自我教育是人的尊严的具体表现，是使人类尊严的车轮向前推进的巨大动力。"②"要让少年有机会用自己的眼睛去看事物，使之似乎成为事件的参与者和评判员，这在少年期是很重要的。"③ 他对自我教育有独到的理解，"人道主义教育，也就是自我教育的过程"。④ 他认为，意志是自我教育的结果，自我教育并不能简单地等于培养自律精神。"自我教育从自我认识开始。在青年人的生活中，最复杂和最困难的事情是从多方面观察自己，用理想主义和英雄主义的观点观察自己。"⑤

重视个性教育。他所理解的个性就是独立性。他认为，人一生有两次出生，第一次是诞生了人的生命，第二次是一个人个性的发展，成为一个真正的公民。即"一个积极的、富于思考的个性，一个不仅能够认识周围世界，而且也能认识自己的活动着的个性"。⑥ 个性意味着对自己的认识和对世界的认识。人刚开始出生时需要他人的看护，当有了个性之后，他希望脱离孩提时的束缚和监督，"我是一个独立的人，我不愿总让别人牵着我的手"。⑦ 这就是说，教育者应敏锐地意识受教育者个性诞生的时刻，及时转变教育的方式。

此外，他在情感体验，活动教育、劳动教育、信念教育、和谐教育等诸多方面，都有独特的贡献。这些认识和实践，给法制教育的人文价值的研究，提供了非常好的启示。

卡西尔的《人论》是研究"人的问题"的著作，同时，也是有关人

---

① ［苏］苏霍姆林斯基：《育人三部曲》，人民教育出版社 1998 年版，第 602 页。
② 同上书，第 363 页。
③ 同上书，第 570 页。
④ 同上书，第 688 页。
⑤ 同上书，第 689 页。
⑥ 同上书，第 379 页。
⑦ 同上。

文价值研究的、一部很有分量的著作。总体讲,在他看来,人是符号的动物,文化是人应用不同的符号创造的。人只有在创造文化的活动中才能成为真正的人,才有真正意义上的人类的解放。

他认为,人是意义世界的存在物。他重视人的灵魂的意向。这实际上是说精神是最重要的,其他都无关紧要。"所有那些从外部降到人身上的东西都是空虚的和不真实的。人的本质不依赖于外部的环境,而只依赖于人给予他自身的价值。财富、地位、社会差别,甚至健康和智慧的天资——所有这些都成了无关紧要的。惟一要紧的就是人的灵魂的意向,灵魂的内在态度;这种内在本性是不容扰乱的。"① 在他看来,人是意义世界的存在物,人是每时每刻都查问和审视他自身的生存状况的存在物。人依靠对自己和他人作出回答的能力来获得意义,尽管这种回答是循环的,也正是这种循环回答的能力,人才成为有责任的人,成为一个道德主体,这就构成了人文价值。

他探讨了人之所以为人的特性。他认为:"人之为人的特性就在于他的本性的丰富性、微妙性、多样性和多面性。因此,数学绝不可能成为一个真正的人的学说,一个哲学人类学的工具。"② 也就是说,不能把人当成工具,人是文化的存在,不是工具的存在,人的文化存就是人的人文性。在他看来,我们不能构造人,只能描述一个实在的人,认识一个人,就是去认识一个人的生活和他的行为,除此之外,没有其他的途径去认识一个人。宗教向我们揭示的是双重特性的人即堕落前的人和堕落后的人,人本来是最高的目的,但是在宗教中人失去了人的最高地位,宗教不是要把人阐述明白,来消除人的神秘,而是不断巩固人的神秘性。因此,我们不要把人简单化和公式化,人是复杂的。他的这些认识对我们理解人提供了方向性的指导。

卡西尔对人的局限性的认识很有特色。他认为:"人总是倾向于把他生活的小圈子看成是世界的中心,并且把他的特殊的个人生活作为宇宙的标准。但是,人必须放弃这种虚幻的托词,放弃这种小心眼儿的、乡巴佬式的思考方式和判断方式。"③ 也就是说,人的局限性即有限性是人本身

---

① ［德］卡西尔:《人论》,西苑出版社 2003 年版,第 13 页。

② 同上书,第 20 页。

③ 同上书,第 26 页。

造成的，宇宙并没有对人的理性设置限制，而正是无限的宇宙激发了人的理性，所以，人应超越自身的局限。

当然，在他看来，宇宙只不过是符号，人生活在符号之中，文化也是符号，他也因此得出结论，人是符号的动物。这就使人的认识由具体走向了抽象。问题是，要真正理解人、理解人的特性，我们又必须认识到卡西尔的这种见解有极大的局限性。这样才能真正有助于我们阐明法制教育的人文价值。这有点像卡西尔所言的不和谐，"不和谐者就是与它自身的相和谐，对立面并不是彼此排斥，而是互相依存"。①

杜威的《民主主义与教育》是一部影响深远的教育经典著作，有丰富的人文价值思想。《民主主义与教育》的哲学基础是实用主义，但在他对教育的思索中，最终却是指向了人的生长。该著作闪耀着深刻的有关人的意义、人的命运、教育的实质、教育的价值的思想。

他对价值的理解是实用主义的。他认为："工具的价值就具有作为达到目的的手段的内在价值。"② 他所谈的工具价值是针对教学上的各个科目是否有用。在他看来，对价值的认识既不能过分，也不能太狭窄，不能走极端，对学生的价值有直接的，也有间接的，有现在的，也有未来的。生活就是科目存在的理由，"明确的实用价值只因为它们增加了生活本身的经验内容，才有存在的理由"。③ 所以，他认为，工具价值才能问什么用处，"教育价值的理论方面争论点乃是经验的统一性或整体性问题"。④ 他所思考的是使经验完备多样而又不失去精神的统一性问题，不因为统一而狭隘和单调，从根本上讲，价值和价值标准是生活兴趣的组织的道德。就教育而言，价值关系到材料和方法的组织使经验富有广度和丰富多彩。也就是说使人既要有远大的眼光，又不牺牲效率；既应用智力，又不牺牲智力；兴趣多样，兴趣多样化，又不支付孤立的代价等。杜威的这种统一的思想正是人文价值所追求的东西。

杜威对科学的人文价值的理解是，应在具体的事业中学习科学，而不是在理论的抽象中学习科学，"任何科目如果在它最广阔的意义范围内理

---

① ［德］卡西尔：《人论》，西苑出版社 2003 年版，第 231 页。
② ［美］杜威：《民主主义与教育》，人民教育出版社 2001 年版，第 261 页。
③ 同上。
④ 同上书，第 266 页。

解它，就具有文化的价值"。① 因此，要了解联系，了解背景，要注意科学事实和物质技术的联系，科学事实与人的联系，扩大科学事实的含义，赋予科学事实的文化价值。他认为："科学事实的直接应用于经济，如果所谓经济是指有金钱的价值，那末，这种应用是偶然的，是第二位的，它只是科学事实的实际联系的一部分。"② 杜威认为，人文主义是指对人类的兴趣充满明智的感觉，社会兴趣的意义是道德的兴趣，对人而言，社会兴趣是至高无上的。他主张人类的各种活动应能扩大生活的想象力，否则就等同于儿童的忙忙碌碌，如果只有活动的形式，而没有活动的精神，就会成为守财奴式的积聚，人不应该为他所有的东西感到骄傲，而应为他在生活中的事物中找到的意义感到骄傲，"任何学习要是增加对生活的价值的关心，任何学习要是产生对社会幸福更大的敏感性和推进社会幸福的更大的能力，就是具有人本的学习"。③ 这就是说，人文价值是教育的根本价值，也是人类活动的根本价值。

杜威认为儿童是教育的中心，其他的处于从属的地位。教育即生活、成长、经验的改造。在教学上就是做中学。在选择和组织经验时，既要考虑当前适应的效用，也要考虑对儿童未来的影响。他所理解的未成熟状态的"未"，是积极向上的意思，不是一无所有或者缺乏；他所理解的生活就是发展，不断发展、不断生长，教育的目的就是它自身，教育的过程是一个不断改组、改造和转化的过程。他的以儿童为中心是全面的，从他所引埃默森的话可以看出："尊重儿童，尊重他到底，但是也要尊重你自己。"④ 真正的尊重，并不是放任自流，要保存儿童的天性，但也要阻止他扰乱、干蠢事和胡闹，要用知识把儿童的天性武装起来。

杜威对教育即生活实现的社会条件做了分析，"在教育方面，我们首先注意到，由于民主社会实现了一种社会生活方式，在这种社会中，各种利益相互渗透，并特别注意进步或重新调整，这就使民主社会比其他各种社会更加关心审慎的和有系统的教育"。⑤ 在他看来，在民主社会，大家有着共同参与的、物质的、理智的和审美的利益，一个成员的进步，对其

① ［美］杜威：《民主主义与教育》，人民教育出版社 2001 年版，第 306 页。
② 同上。
③ 同上。
④ 同上书，第 61 页。
⑤ 同上书，第 97 页。

他成员有价值，经验就容易传授。而在专制国家，社会与你很少有共同利益，社会成员的联系和交流很少，因此，教育也是片面的。上层阶级在物质上受的影响小，但是"他们的文化往往枯燥无味；他们的艺术变成炫耀和矫揉造作；他们的财富使他们奢侈豪华；他们的知识过分专门化；他们的仪表过分讲究但并不高尚"。① 只有在民主社会，人们的交流充分，联系密切，才有利于智力的提高和增强成员之间的情感，教育的政治性才能显现。杜威对民主社会与教育关系的深刻见解，蕴含着丰富的人文价值思想。

夸美纽斯的《大教学论》，是一部教育名著。它的主要内容是：把一切事物交给一切人们的全部艺术。这种艺术教起来有把握、有结果，使人感到愉快。其间的教育理念和教育过程体现了人文价值。

夸美纽斯是一位神学家，他的世界观受中世纪的超自然主义的影响，所以，他在论述教育问题时不可能不带有神秘主义的色彩，他对人的教育关怀最终是通往上帝的，是宗教的终极关怀，人文价值最后要到上帝那里去体现。同时，他在思考教育问题时，又是非常现实的，他的世界观中同时又带有唯物主义的因素，这使得他论述的教育的人文价值是非常具体的。也就是说，一方面他先验的证明和解决教育上的问题，另一方面他又从现实的人出发寻求良好的教学之路，满怀现实的人文关怀。对这两个方面，我们不能简单地肯定或否定，也不能用一个方面去否定另一个方面，而是要放到历史的环境中具体分析；同时，要看到对我们今天研究法制教育的人文价值的重要启示。

他所讲的人文价值，是一种终极价值。他认为，人是造物中最崇高、最完美、最美好的动物。"古时候彼塔卡斯（Pittacus）向世人说'知道你自己'的时候，那句格言是为智者所十分赞同的，他们为使人民铭记这条格言起见，于是说它来自上天，把它用金字写在许多人常去聚会的得尔斐的阿波罗（Delphic Apollo）的庙里。"他还转述《圣经》上的话作为根据："'啊，人们，要知道你自己，要知道我。'"② 也就是说，人不仅要明白自己存在的价值，也要明白永恒的价值。他提出希望："愿这不是刻在庙宇的门上，不是刻在书籍的封面上，不是刻在一切人们的舌上、耳里

---

① ［美］杜威：《民主主义与教育》，人民教育出版社 2001 年版，第 94 页。
② ［捷］夸美纽斯：《大教学论》，教育科学出版社 1999 年版，第 1 页。

与眼里,而是刻在他们的心中! 愿它为一切教育人的人所做到,使他们能去领略他们的工作和他们自己的美德的尊贵,使他们能用尽方法去图他们的神性的完全实现!"① 如果我们在研究夸美纽斯的教育思想时,忽视了他的这些思想,其实也就忽略了他的存在。关键是我们要看到他对人类终极命运的思考和追求,对我们为共产主义社会奋斗的启示,人类对美好理想永无止境的追求与他所言的终极关怀在本质上不同而又相通之处。这种"通"就是共同的人文价值。也就是他所言的人要成就人的博学、德行和虔信。

夸美纽斯强调实际事物的学习。他为科学知识在学校教育中争得应有的地位,甚至认为不能见之于行动的知识都应取消,要把一切知识当中的基本的、简单的部分,用由浅入深、循序渐进的方式交给学生。为此,他提出了直观性和循序渐进两个原则。在他看来,在教学中,不要用强迫的方式,要收水到渠成之效,不过对有奴性的学生还是要用很严厉的教育方式、甚至要清除学校的。② 这就是说,他的教育思想是很全面的,能够适应复杂的现实情况,这是其独特之处。他对循序渐进的理解很深刻,也很形象。他说:"在初春的时候,植物还很幼小娇嫩,那时太阳并不灼烤它们,它只给它们温暖,逐渐使它们变强壮,不到它们完全长大并结了果实与种子的时候,不把它的全幅热力放射出来。园丁也按同样的原则办事,他不把修枝的剪子用到没有成熟的植物身上。同样,一个音乐家不会用他的拳头或用一根棍棒去击他的七炫琴,他也不会因为琴声不谐便把它摔到墙上;而是根据科学的原则去工作,为它调弦,把它整理好。"③ 也就是说在渐进的过程中,方能体现其人文价值。这些思想,对研究法制教育人文价值实现的方法是很有启示的。

五 小结:进一步研究的问题

综上所述,法制教育的人文价值的研究,主要集中在对价值的客体的研究上,阐述客体的人文属性、人文关怀意蕴。此外,就是对价值主体的研究,阐述主体的积极性、主动性、情感性、唯我性。也就是说,法制教

---

① [捷] 夸美纽斯:《大教学论》,教育科学出版社1999年版,第2页。
② 同上书,第202页。
③ 同上书,第199页。

育的人文价值的研究，受主体价值论和客体价值论的影响明显，没有坚持彻底的关系思维。这就需要实事求是地研究法制教育的人文价值。这是本文要解决的第一个问题。

在考察法制教育的人文价值的理论来源和实践的基础上，以唯物史观为指导，坚持彻底的关系思维，分析法制教育的人文价值的各个组成要素、各个要素的人文特征、法制教育的人文价值的实现背景、规律和方法。这是本文要解决的第二个问题。

法制教育的人文价值的客体的本质无疑是以人为本。问题是怎么才能做到以人为本呢？这就需要针对法制教育中存在的问题，探讨法制教育的人文价值的本质和特征，这是本文要解决的第三个问题。

第二章　法制教育的人文价值缺失

　　法制教育存在的问题，是人文价值缺失的问题。对于这个问题，只有从哲学上反思才能发现实质，但是，哲学上的反思，离不开丰富的法制教育现象。探讨这些现象，才能丰富法制教育的人文价值的理论研究，加强理论对法制教育活动的指导，提高法制教育的针对性、有效性和时代性。

　　教育的问题归根结底是人的问题。在法制教育活动中，人的问题通过影响法制教育存在的基本问题、法制教育的课程、法制教育中的教育者与受教育者的关系、法制教育的方法等几个方面体现出来。

第一节　基本问题

　　我国当代法制教育，从总体上讲，功利思想严重，过于追求法制教育的短期行为，不关注人生存的意义。"有怎样的'人'的观念，就会有怎样的教育学理论。古今中外教育学发展史上的重要流派纷争和时代性转换，都以对'人'的认识的重点区别和变化为标志。"[①] 可以说，对人的态度直接决定了法制教育的性质。法制教育的实质在于，正确地对待人，把人的利益放在第一位，一切为了人的生存和发展。"德国的教育学首先要求人的教育，然后才是公民的教育和民族成员的教育；首先是人，然后才是德国公民和职业上的同行，而不是反之。"[②]

一　法制教育的活动缺少人文价值

　　法制教育的活动缺少人文价值通过以下几个方面体现出来：

[①]　叶澜：《教育创新呼唤"具体个人"意识》，《中国社会科学》2003 年第 1 期。

[②]　张焕庭主编：《西方资产阶级教育论著选》，人民教育出版社 1979 年版，第 375 页。

第一，法制教育的目的不明确

法制教育的目的无疑与教育的目的一致，我国的教育法规定，教育必须为社会主义现代化建设服务，必须与生产劳动相结合，培养德、智、体等全面发展的社会主义事业的建设者和接班人。教育的目的把为社会服务与为个人的发展、个人价值的实现统一起来。因此，法制教育的目的是为人的自由而全面的发展服务，即马克思所认为的"人以一种全面的方式作为一个完整的人，占有自己的全面的本质"。① 这种占有体现了一种新的社会关系，即联合体。"将是这样一个联合体，在那里，每个人的自由发展是一切人的自由发展的条件。"② 教育就是要努力去发展、健全和实现这种联合体。这要求法制教育有明确的目的才能做到。

然而，我国现行的法制教育目的不明确，急功近利，工具价值凸显，人文价值衰微。法制教育目的不明确，与我国正处于深刻转型分不开。"在社会转型时期，整个社会都面临着人文精神缺失的困境。这种缺失在青少年法制教育中的体现是忽视青少年的主体地位，导致法制教育的功利化。"③ 法制教育的功利化，是法制教育的短期行为。在法制教育中，往往只看到单位和个人的短期利益、局部利益和非根本利益，看不到法制教育对整个社会的长期利益、整体利益，尤其是看不到法制教育对人的全面而自由发展的重要意义。"在指导思想上，一些单位把法制教育变成了单纯的社会治安教育，或者是'听话'教育。'看好自己的门，管好自己的人'，不让青少年'出事'，成了一些基层单位法制教育的唯一目的。"④可见，要改变法制教育目的不明确的状况，必须从法制教育的理念入手，正确理解法制教育的目的，不能把法制教育当成一种短暂的应急工具。

第二，法制教育的整体关联性差

法制教育活动的整体关联性差，是法制教育在教育理念上缺乏人文价值的重要表现。因为人文价值强调对法制教育的整体理解。法制教育的各个环节、各个组成部分是一个有机的整体，法制教育的各个部分相互联系、相互依存、相互作用，共同构成一个充满生机活力，对社会和人的发展产生重要影响的法制教育。

① 《马克思恩格斯全集》（第 42 卷），人民出版社 1979 年版，第 123 页。
② 《马克思恩格斯选集》（第 1 卷），人民出版社 1995 年版，第 294 页。
③ 蒲鸿志：《青少年法制教育方法的人文向度》，《思想理论教育》2010 年第 24 期。
④ 刘春盈、任者春：《走出青少年法制教育的误区》，《山东青少年研究》1997 年第 2 期。

　　我国现行的法制教育重视对干部和青少年的法制教育，忽视对非干部职工和非青少年的法制教育；在对干部的法制教育中，重视对领导干部、尤其是党员干部和主要领导干部的法制教育，忽视对一般干部和非党员干部的法制教育；在对青少年的法制教育中，重视对在校青少年的法制教育，忽视对非在校的青少年法制教育，特别是，对待业青少年、辍学、失学、打工青少年的法制教育很薄弱；对学校的法制教育重视，忽视家庭的法制教育和社会的法制教育；在学校的法制教育中，法制教育的发展也不平衡。

　　法制教育的人文价值意味着对法制教育的整体理解，人文的重要特征在于它的整体性，对整体对象、整体目标，采取整体的方法加以关注，同时也重视法制教育的细微和细节之处。整体理解法制教育，整体优化法制教育的环境。对法制教育的整体性，邓小平指出："我们小学、中学都要进行这个教育。社会上也要进行这个教育。"① 也就是说，法制教育是一个系统，要有系统的法制教育理念，"法制教育是一项社会系统工程，需要社会各方面的配合参与，教育行政主管部门要制定一个具体的意见，把法制教育列入法制化管理轨道、设立法制教育专门机构，做到有人管，有人具体抓，同时加大检查督促力度"。② 可见，法制教育的整体性理念，要求形成全方位、多渠道、多层次的法制教育格局，提高法制教育的实效性、针对性和时代性。

　　第三，法制教育活动的人性化欠缺

　　法制教育应该是"春风化雨"、"润物细无声"式的，然而，我国现行的法制教育活动的人性化不充分，把人当成法制教育的工具，加以防控和管制。法制教育活动的人性化，是对法制教育的态度问题，归根结底是对人的态度问题。在法制教育中，要用人的态度、人的方法来对待法制教育中的人。理解人、关心人、发展人、实现人的价值、使人心情愉快、过上幸福生活，这就是法制教育的人性化。

　　我国现行的法制教育活动，不仅对法制教育本身认识简单，而且在方法的选择上、内容的安排上，从主观出发，不考虑受教育者的实际需要和接受法制教育过程中产生的感受和体验，这样的法制教育又怎么能有好的

---

①　《邓小平文选》（第3卷），人民出版社1993年版，第163页。
②　林羡石：《中小学法制教育存在的问题及其对策》，《思想理论教育》2009年第10期。

教育效果呢？对于青少年法制教育，一些法制教育者"从来没有设身处地揣摩过孩子的心理，我们不了解他们的思想，我们拿我们的思想当他们的思想；而且，由于我们始终按照自己的理解去教育他们，所以当我们把一系列的真理告诉他们的时候，也跟着在他们的头脑中灌入了许多荒唐和谬误的东西"。① 一些法制教育者，动辄对受教育者威胁、恐吓，方法简单，把自己当成法律知识的化身和政府部门的代言人，从没有想过受教育者接受法制教育的感受，不关心受教育者的利益，把法律知识与受教育者严重分离，这样的法制教育受教育者只有表面的"接受"，从来不会有实际的教育效果。

法制教育活动的人性化欠缺，导致了在校大学生的违法犯罪增加，"轰动全国的清华大学生刘海洋北京动物园'伤熊事件'、云南大学的'马加爵'杀人案……现行法制教育模式，没有让当代大学生们真正懂法、守法。许多大学生并没有将法律知识转化为法律意识，用以指导自己的行为，从而不知道自己的行为是否正确。"②

可见，法制教育要实现人性化，法制教育才有希望，否则，法制教育不是在无形中消解，就是被人拒绝和抵制。

二　法制教育的理论研究缺少开拓性

法制教育缺少人文性，不仅体现在法制教育活动中，也体现在法制教育的研究中。表现在，把法制教育的价值研究局限在工具价值内，认为法制教育就是让受教育者遵守法律，法律是一种冷冰冰的为统治阶级服务的工具。法律不关心人、尊重人、发展人，对人充满血腥，这种固有的传统法制教育观念，在中国危害甚深，影响了人的发展和社会的和谐，不管人们是否承认，都时时影响着法制教育的现代转型。

法制教育的工具性理念说明，法制教育的研究亟待走向人性化研究。这里不仅指研究本身的人性化，还指研究法制教育中的人、法律中的人，尤其是要用法律研究中的人来支撑法制教育研究中的人。在当代中国，"法制教育迫切需要一种新的人文关怀，需要一种生命性与道德性的回

---

① ［法］卢梭：《爱弥尔》，商务印书馆1978年版，第221页。
② 刘斌：《高校法制教育中存在的问题及改进策略》，《中国校外教育》（下旬刊）2009年第7期。

归，需要在理念上的革命与重塑，需要高校法制教育理念实现现代化的转向"。①

　　然而，我国对法制教育的理解受制于对法律的理解。长期以来，我国对法律的理解没有超出苏联维辛斯基的定义："法是以立法形式规定的，表现统治阶级意志的行为规范和为国家政权认可的风俗习惯和公共生活规则的总和。国家为了保护、巩固、发展对于统治阶级有利的社会关系和秩序，以强制力量保证它的实行。"② 对此局限性，学者葛洪义认为："我们现行法概念的理论框架是以统治与服从关系为基础，统治阶级意志为核心，由规范主义、概念主义、国家主义为支柱共同构成的完整理论体系。"③ 我们对法的认识并没有反映法律现象的本质，没有揭示法律特有的规律，在很大程度上被束缚在阶级的偏见上。法的本质必须放在社会中来理解，必须放在人与人之间的社会关系中来理解。法的服从性和强制性并不是法的本质属性。法的服从性恰好忽视了人的自由性与法的正义性。从事物的本质方面来看，人的自由性与法的正义性是相联系的，最大限度地解放人，释放人的自由的法，才是正义的法，同时，人对自由的追求，对自身幸福的奋斗，从整个人类发展的历史趋势来看，必然体现在正义的法当中。也就是以人的自由为必然内容的正义之法，是人类文明发展的结果。换言之，法之正义的形成，是在历史长河中，人文价值的不断增量和增值。法的人文价值是法与人的幸福之间联系的中介。没有人文价值的法，不会保护人；相反，还会侵犯人。法没有人文价值，会招致人的抵制和反对，这样的法，迟早会被修改或被废除。也就是说，人文价值，作为法的本质属性，与法的关系如此重大，以至于它贯穿于法的制定、实施、到修改或废止的全过程。

　　法不是写在纸上的条文，更不是静止的规范，法是一个多变的复合体，是一种整体的社会存在，"法本身不是人的目的，法是人造物，是人借以实现理想、目的的社会工具"。④ 法的工具性从属于人。从价值的角

---

　　① 李双龙：《我国法制教育的误区及理念的现代化转向》，《陕西行政学院学报》2011 年第1 期。

　　② ［苏］维辛斯基：《国家和法的理论问题》，法律出版社 1995 年版，第 100 页。

　　③ 葛洪义：《法理学导论》，法律出版社 1996 年版，第 132 页。

　　④ 周世中等：《西南少数民族民间法的变迁与现实作用——以黔桂瑶族、侗族、苗族民间法为例》，法律出版社 2010 年版，第 22 页。

度来讲，法以自己特有的属性来满足人的需要，没有人，就没有法。法没有人文性，也不是法。人是目的，法是手段；而不是相反。法的人文性与人形成的关系就是法的人文价值。可见，法的人文性是指法对人的幸福、人的自由、人的尊严和人的发展的密切关涉。

只有重新理解法律，才能给法制教育提供有生命力的理论支撑。法制教育要传导给人的到底是什么，这是法制教育理论研究中必须搞清楚、弄明白的，法制教育传导给人的应该是法律最本质的东西。法律最本质的东西是法律条文、法律知识？还是别的？这不仅关系到法学的存在和发展，而且关系到法制教育的时代性。法制教育给人传导一种精神，这种精神是法的精神，也是人的精神。在孟德斯鸠看来，"法律是为某国的人民而制定的"。① 也就是说，法的伦理意义是永恒的，法之所以能够得到适用，是因为它是为人的生存尤其是更好的生存而制定，它考虑了特定地域人民的特殊性和现实需要性。这实际上就是讲法的人文精神，"探讨的并不是法本身，而是法的精神，而且这个精神蕴含于所有的法律所涉及的各种事物之间的可能存在的各种关系之中，因此应该尽量遵循这诸多关系和事物的内在秩序，而将法律的自然秩序置于其次"。② 法有一种内在的精神和内在的秩序，这就是天然的公正，在法里面，天然公正可以理解为人文精神和人文价值。可见，法制教育的理论研究急需开拓创新。

第二节　课程

法制教育的载体是课程，然而，什么是课程，课程包括哪些内容，具体的理解又有很大的差别。目前的法制教育重视工具性课程。工具性课程是一种有形课程，追求知识、记忆，忽视感知、体验，是一种显性课程。而人文价值取向的法制教育课程，则是一种隐性的课程。然而，我国现行的法制教育的课程存在人文价值缺失的问题。要提高法制教育的实效，必须增加法制教育课程的人文性。

---

① ［法］孟德斯鸠：《论法的精神》（上），孙立坚、孙丕强、樊瑞庆译，陕西人民出版社 2001 年版，第 11 页。

② 同上书，第 12 页。

一　忽视法制教育的隐形课程

不仅看得见的法制教育课程影响法制教育的效果，而且看不见的法制教育也影响法制教育的效果，在有些情况下，看不见的法制教育课程起的作用还大得多。我国的法制教育，长期以来重视法制教育的显性课程，比如，小学课程中的《品德与生活》、《品德与社会》、初中的《思想品德》、高中的必修课《思想政治》、高中的选修课《生活中的法律常识》、大学公共政治课《思想道德修养与法律基础》等，此外，还有中职、高职学校的法律课程、大学法学院的法律课程、成人教育的法律课程、干部法律学习读本、工人法律学习读本、农民法律学习读本。这些显性课程的载体为提高我国公民的法律素质、落实依法治国的方略起了很大作用。

但是，影响公民法律素质的因素很多，我们比较重视显性法制课程建设，忽视隐性法制课程建设，没有把握法制教育的特点和规律。"法制教育是一项综合性很强的系统工程，它必须与学校其他教育工作相结合才能取得很好的效果。"① 然而，不少学校仅仅重视法制教育课堂教学，对广泛存在的隐性课程资源重视不够，缺乏从隐性的课程资源中开发出质量较高的课程。不少中小学聘请"法制副校长"、"综合治理副校长"对学校的法制教育起到了明显的作用，还有的学校利用法制电视片、电影、专题广播、举办法制知识竞赛、组织学习法律的有奖征文、开设模拟法庭、开展法律咨询活动、编印法律知识手抄报、印发法律知识小册子、组织有关人员参加法律知识考试、建立青少年法律教育基地，等等，这些都是法制教育不可缺少的形式，问题是，目前我们对这些形式缺乏课程资源意识，没有从课程的角度加以研究并纳入课程，没有充分利用这些有效的隐性法制教育课程资源来丰富显性的法制教育课程。忽视隐性课程与显性课程之间的联系，忽视对法制教育隐性课程的进一步挖掘、开发、整理和创新，是法制教育中普遍存在的现象。

"课程实施的范围和水平，一方面取决于课程资源的丰富程度，另一方面更取决于课程资源的开发和运用水平，也就是课程资源的适切程

---

① 李红雁：《高校法制教育的误区及对策》，《当代教育论坛》2005年第4期上半月。

度。"① 法制教育应该走出课程认识的误区，不仅要重视法制教育的显性课程，也应该重视法制教育的隐性课程，提高法制教育的课程实施的水平。这就要求：一要有法制教育的隐性课程意识，有了较强的法制教育隐性课程意识，才能发现隐性的法制教育资源；二要有相关的制度作为保障机制，要提高隐性课程在学校课程中的地位，从制度、人员、资金上落实隐性法制教育资源的开发、研究和建设；三要从整体上把握隐性课程与显性课程的联系，发挥两种课程的长处，做到相得益彰，取长补短；四要抓住隐性课程的若干关键环节，加强研究、重点突破，争取在实施法制教育的隐性课程中取得显著成效；五要注意总结法制教育隐性课程实施中的经验，针对法制教育隐性课程中存在的突出问题，认真加以研究和改进；六要特别注意研究法制教育和思想政治教育结合的崭新经验，提高法制教育隐性课程实施的适切性，并结合我国社会正处于深刻转型的历史背景，增强法制教育课程实施的中国特色。

二　课程过于重视知识灌输而轻视法律素养的培养

法制教育的课程由特定的载体体现，一般来讲，课程是指的教材。现行的法制教育教材的突出特点是知识性强，以介绍各法律部门的基本规定为主。不论是小学的法制教育教材、还是初中、高中的法制教育教材、甚至是大学的法制教育教材，有一个程度不一的缺点：内容过于广泛、庞杂。大学的法制教育，几乎涉及法律专业所有的基础课程，这就把法制教育的任务与法学教育的任务严重混淆。造成的结果是：在法制教育的课时呈现减少趋势的情况下，而每个部门法都要涉及，教育者没法讲，受教育者没法学，法制教育的课程严重不合理，缺乏科学性。

法制教育课程不科学，使得教育者自觉或不自觉地依照教材来介绍法律，只有这样才能完成基本的教学任务。在这种情况下，重知识灌输而轻视法律素养的培养就不可避免。其表现是：教育者在教学过程中，把法制教育分解成一个个知识点讲授，受教育者也只好按照教师的要求，一个个知识点来记忆，情况好一点的，再搜集一点案例来分析，培养所谓的分析问题、解决问题的能力，条件不具备的，这个环节也省略了。

---

① 朱幕菊主编：《走进新课程——与课程实施者对话》，北京师范大学出版社 2002 年版，第 211 页。

其实，法制教材的系统性和知识性并不是法制教育追求的首要目标，法律素养的培养才是法制教育的重点。法律素养，从宏观上讲，直接决定了国家法律、法规的立法质量和法律实施的水平以及依法治国方略落实的情况；从微观上讲，直接决定了每一个人对法律、法规的正确理解，对违法、犯罪现象斗争的情况，决定了每一个人守法的水平，尤其是决定了人们在日常的生活中，从法律的视角来处理与自己密切相关的各种利益关系：是依法办事，还是依习惯办事？是法大于权，还是权大于法？现实中的人，法律知识很少，也可能法律素养很高：一些公民，为了自己的切身利益，不惜花毕生的精力上诉、申诉、上访，维护自己的合法权利；而法律知识丰富的高级法官、检查官、律师、党员干部、高级领导人知法犯法的也不是少数。这说明，现行的法制教育的课程形式化、简单化、知识化的现象很不适应现代社会的经济、社会发展、民主政治的建设和公民个人对法制教育的需要。

法律素养对一个人的成长关系密切，良好的法律意识、法律观念是一个人自由而全面发展的必要条件。"在现代法治社会中，是否具备法律素质，有无法律意识和法制观念，是衡量个体社会化程度的一项基本标准。"① 公民个体的社会化，在现代社会，从法制角度来讲，就是法制化。一个人的法制理念、法制行为决定了一个人是否被社会承认，提高法律素养是公民社会化的途径。法制教育课程应有利于提高公民的法律素养，而不能把法律素养等同于法律知识的接受和记忆。这就要求全社会，提高对法律素养重要性的认识，切实转变观念，克服重法律知识，轻法律素养的做法。当然，重视法律素养，并不是忽视法律知识在提高公民法律素养中的作用，割裂法律知识与法律素养之间的内在联系。而是在重视法律知识的基础上，把提高法律素养作为目标。

那么，到底应提高哪些方面的法律素养呢？

第一，法律基础知识、基本概念。对有关法律的最基本的东西要有一个较准确的理解。比如法律、法律的特征、法律与道德的区别、联系、与生活密切相关的法律规定、基本的法制观念、法律意识，等等。这些基本东西应准确地理解和掌握，否则是谈不上基本的法律素养的。

---

① 郭明：《对当前高等教育中的法制教育问题的几点思考》，《贵州民族学院学报》2005 年第 4 期。

　　第二，法律技能。法制教育接受者应掌握基本的法律技能，才能守法、用法和护法。比如，学会理解法律条文，初步分析案例，写诉讼状，学会与坏人斗争的技巧，用法律武器保护自己，会检举违法犯罪，能初步处理日常生活中的简单的法律事务。

　　第三，法律思维能力。包括：一是法律逻辑思维。因为现实社会关系十分复杂，现实问题的解决需要清晰的思维和准确的分析；法律事务强调务实，需要敏捷的思维；对法律案例的分析要求较强的主观思想和能力，所以，法律逻辑思维能力是法律素养的关键。二是创新思维。这是由于现实生活复杂，法律不可能对所有的纷繁复杂的社会生活关系作出规定和调整，面对日益复杂的违法、犯罪现象，要正确地实施法律，用法律作为工具保护自身、他人和社会的权利，同各种违法、犯罪做有效的斗争，没有创新思维是根本不可能的。三是开放思维。在全球化时代，对法律的跨文化理解与世界各国法律的大同意识日益明显，因此，在国际交往中，对别国法律的尊重、认同、欣赏日益重要。世界各国的教育都比较强调开放性思维的培养，所以，法制教育也应该胸襟开阔，培养具有全球视野的时代新人。

　　第四，正义价值观。对正义的追求是法的永恒的价值，也是法制教育的核心内容。法制教育如果不培养正义意识、正义观念和实现正义价值的行为技巧，法制教育从本质上讲是不成立的。正义制约着法，法体现一定的正义。正义是法的其他价值能否实现的前提。秩序、自由、平等、人权是建立在正义之上的，并且不得违反正义。正义是衡量法的善恶的标准。以正义作为标准的善恶认识，直接决定了每一个人对法的心理态度。所以，法制教育必须把培养人的正义价值观作为最根本的目的。正义价值观，从本质上说，包括了法制观念。法制观念是指守则、规范意识、程序意识、法治意识，因为法制在本质上是正义的；不是正义的东西，从本质上讲根本就不是现代法制。①

　　当然，对法律素养的强调，是基于对社会生活的反思，并没有忽视法律知识的重要性，而是说，要掌握好一个"度"。"如果我们真的深深植根于人文，如果真的站在人本的立场，那就不仅不应对科学有盲目的排

---

　　① 蒲鸿志：《中学法制教育的人文引领》，《思想政治课教育》2005 年 7—8 期合刊。

斥"。① "如何建立一种以强调人的发展，以人的现实生活和实践，以及人的自主能动性和创造性为特征的，以适应现代社会精神要求的新的课程价值取向，一直是人们所追求的目标。关键问题是，如何从我国实际出发，在科学主义与人文主义、工具理性与价值理性之间把握好合理的'度'。"②

三　课程整体上缺少人文价值

这一点，既与忽视法制教育的隐性课程有关，也与重视法律知识教育忽视法律意识培养有密切联系。课程的人文价值缺失，综合反映了我国法制教育课程的缺陷。

现行的法制教育的各个环节人文价值的教育意识明显薄弱，工具价值意识凸显，工具价值思想渗透在法制教育课程的各个方面。课程的设计从源头上缺少人文价值，课程的实施上就难于体现人文性，法制教育不为人考虑，法制教育课程的选择与现实生活联系不紧密。不可否认，法制教育课程在一定程度上，力求反映受教育者的生活实际，为受教育者运用法律保护自身、他人和社会的合法权利提供一定的帮助，但是，还远远不能满足现实生活中人对法制教育的实际需要。

课程整体上的人文价值缺失，既体现在课程的设计、开发上，也体现在课程的实施上。也就是说，法制教育没有真正关涉人的生活、人的幸福、人的发展、人的价值的实现。对学生进行法制教育，还没有从学生的实际出发，教会学生保护自己的受教育权利；对农民工进行法制教育，还不关心农民工追讨欠薪；在社区普及法律教育，还不注重联系社区的土地拆迁问题；对干部普及法律教育，还不注意培养干部的公仆意识；对司法人员进行法制教育，司法人员的伦理道德教育没有放在突出的地位。也就是说，法制教育课程联系现实中的人还做得很不够，课程整体上缺少人文价值，已经成为一个十分突出的问题。

这有很多原因，主要是对法制教育课程的性质没有正确认识。法制教育课程的性质是人文的。"人的教育就是激发和教导作为一种自我觉醒中

---

① 张楚廷：《课程与教学哲学》，人民教育出版社 2003 年版，第 7 页。
② 裴娣娜：《多元文化与基础教育课程文化建设的几点思考》，《教育发展研究》2002 年第4 期。

的、具有思想和理智的生物的人有意识地和自觉地、完美地表现自己的内在法则，即上帝精神，并指明到达这一目的的途径和手段。"① 课程要激励人、发展人、关怀人。因此，法制教育课程的设计、编排、体系，满怀厚重的关怀意蕴。人的发展是法制教育课程的根本。人文性的法制教育课程的显著特点是：以马克思关于人的发展理论为指导，以中国传统的人性学说和西方的人文主义思想为基础，全面贯彻国家的教育方针，以提高国民的法律素质和制度意识为宗旨，把培养法律创新精神和实践中的人文司法、人文治理能力作为重点，强调法制教育满足每个受教育者的身心健康需要、坚定对法律的信仰。

　　法制教育课程的形式多种，课程构成的方式多样。但是，作为学术研究和社会实践领域，应以学校的法制教育为思考的重点。因为，我们讲的课程，一般是指大、中、小学和幼儿园的法制教育课程，各级各类职业教育的法制教育课程，以及成人法制教育课程、远程法制教育课程。课程载体的形式很多，可以是传统的纸本，也可以是现代媒体形式。不论何种课程形式，其人文的价值取向是相同的。也就是讲：要改变过于注重法律知识传授，应该强调学习者积极主动的学习态度，灵活地、人文地理解法律，在获得法律知识的基础上，训练运用法律和在法律的框架下行动的技能，把以人为本作为个体和社会发展的根本价值取向。要改变法制教育课程结构的学科为本、分得过细、缺乏整合的缺陷，把思想政治教育、道德教育、艺术教育与法制教育有机结合起来，把思想政治教育作为法制教育的核心，以民主、自由、人权、博爱作为法制教育课程体系的灵魂，从过去的法制知识本位中超越出来。法制教育要结合现实、结合学生的生活实际、要满足学生发展的需要。要把法制教育课程建立在学生的学习兴趣和经验上，真正把法律转化为个人和社会发展的知识积累和技能。"任何知识、任何技能，如果不能通过让学生全面地洞察可以严格地列举出来的各种根源，或者不能通过使他们形成放之四海而皆准的观点（如数学和美学的观点），从而提高他们的思维能力和想象力，并通过这两者使他们的智力得到提高的话，那么这种知识和技能是死的和无用的。"②

　　要从整体上增加课程的人文价值，就必须改变法制教育课程的管理过

---

① 福禄培尔：《人的教育》，孙祖复译，人民教育出版社 1991 年版，第 15 页。
② 瞿葆奎主编：《教育学文集联邦德国教育改革》，人民教育出版社 1991 年版，第 4 页。

于集中的现状，实行多级管理，在民族自治地方，要把民间法、习惯法纳入法制教育，增强法制教育对具体情况的适应性。"必须拆除阻隔学校与社会、课程与生活之间融会贯通的藩篱。"① 要改变法制教育形成的法制的严格的确定性和简约性的观念，把法制与以不确定性和复杂性为特征的受教育者的生活世界相匹配，在生活中理解法律，理解生活中的法律。

第三节　教育者与受教育者的关系

法制教育中的教育者与受教育者的关系应该是平等的关系。教育者与受教育者关系的平等性既是法律的要求，也是受教育者接受法制教育的要求。然而，在实际的法制教育过程中，教育者与受教育者的关系缺少人文价值，双方并不平等，教育者自觉或不自觉地以法律知识的权威自居，成为法律知识的占有者，受教育者处于接受法律知识的地位。这很难培养出良好的法律意识和正义观念。如何在法制教育中，教育者摆正位置，受教育者发挥主体性，建构人文价值取向的新型的教育者与受教育者的关系，始终是一个重要问题。

一　教育者的作用过于凸显

落后的法制教育观念、不恰当的教育方法、严重滞后的课程建设以及社会传统文化习俗导致了我国现代法制教育中教育者的作用过于凸显，受教育者在法制教育的学习过程中，严重丧失主体性。长期以来，"法制教育基本上是老师苦讲，学生苦读。由于法律条文比较抽象，学生不易理解其精神实质，在某种程度上扼杀了学生学习法律知识的热情与兴趣"。② 在法制教育中，教育者的作用过于突出，是多方面的：

第一，教育者成为事实上的法律的占有者。教育者的作用过于突出，给人的印象是：教育者不仅是法律知识的占有者，而且是法律的权威。在受教育者、尤其是中小学生的眼里，教育者的一举一动就是法律。教育者说合法就合法，教育者说违法就违法，似乎法律完全可以根据教育者的意

---

① 朱慕菊主编：《走进新课程——与课程实施者对话》，北京师范大学出版社 2002 年版，第 8 页。

② 李芬英、姜仿其：《青少年法制教育中应重视的五个问题》，《现代教育科学》2005 年第 4 期。

志而转移。这样的法制教育，很难培养受教育者良好的法制观念和守法、护法意识，受教育者也很难对法律产生情感，并由法律情感而升华为法律信仰。

一些教育者进行法制教育时，只讲义务规范，不讲权利规范，只培养受教育者的义务意识，不培养受教育者的权利意识。对不得不讲的权益规定，则歪曲原意，尽量不让受教育者的个性有丝毫的发展，这就是我们的法制教育、尤其是中小学法制教育的现状。

一些学校配备了法制副校长，但是法制副校长在很多地方，并不对学生进行全面的法制教育，只有单一的任务，就是进入学校维护学校的稳定。如果是真正的维护稳定无疑是一件好事，但是，法制副校长的制度和做法实际上仅仅是为了学校"不出事"、"不出乱子"，学校有了违法事件，往往不是根据法律来处理，而是息事宁人。法制副校长在对学生进行法制教育时，往往恐吓、威胁学生要听话，而不是教育学生要守法，依法保护自己的合法权利。现行的法制教育，由于教育者的地位过于突出，法制教育实际上演变为听话教育。很多法制教育产生的结果是：学生是非更加不分，对法律的理解更加歪曲。

在一些中学校，新学年伊始，新生都要进行军训。现在有一种观念，军训好像成了培养学生的纪律观念、法制观念的不可缺少的好形式。实际的情况是：在军训中教官的作用凸显，学生从教官那里学到了服从，听话，整齐划一的观念，很难培养正确的法律意识。一些教官，对学生态度粗暴、简单、动辄打骂学生、体罚学生，学生只知道有军规、军纪、命令，只知道长官意志决定一切，这哪里还是法制教育呢？为什么军训又受到大多数学校，甚至大学欢迎呢？这是因为通过驯服学生，压制学生的个性，使学校管理学生容易一些，管理的成本低一些。这就明显有悖于国家的教育方针和党的教育宗旨，目前，还没有引起人们的重视。

第二，教育者决定了法制教育的全过程。教育者决定了法制教育课程的设计、教育内容的选择、教育过程的推进、教育评价的结果。简言之，法制教育完全由教育者控制，教育者想什么时候把法律给受教育者，就在什么时候把法律给受教育者。如果教育者不高兴，认为没有法制教育的必要，教育者就可以随时取消法制教育。

既然教育者决定了法制教育的全过程，那么，法制教育的取舍就完全根据教育者的价值取向来确定。也就是说，对受教育者进行法制教育不是为了满足受教育者生存和发展的需要，而是为了满足教育者个人的需要、满足上级主管部门需要。教育者的需要、上级主管部门的价值立场决定了只有一个目的：降低管理成本。在学校，尤其是中学，掌握法律知识，是为了考分高，考上大学、尤其是名牌大学。因为，学生的考分高、升学率高，生源多，违规收费多，学校的赢利就多，教师的福利待遇就好。教育者主宰了法制教育的全过程，这哪里是法制教育，分明就是以法制教育为招牌的一场自由市场上讨价还价的一笔生意买卖。

教育者的作用过于凸显的法制教育，其实质就是教育者挟持法制而强势于受教育者，只有封建、专制和对法律的独占，而没有半点法制教育的精神意蕴。在法制教育的过程中，这不是一种普遍的现象，但是，却是在现实中一定存在着的法制教育现象。2012年2月17日网易报道：浙江一家进行法制教育的机构"少年矫正中心"的负责人虐待、性侵学员，该中心，9名学员全部受到虐待，2名女学员被性侵，男学员小吴被教官打断手，并被强迫舔大便。不可思议的是，该中心的教育负责人滕小虎还得到过教育杰出奖。但是，他的法制教育方式却教人深思。① 可见，教育者在法制教育中的作用过于突出，在实际生活中，发展到专制的地步不仅是可能的，而且是存在的。

第三，教育者对法制教育活动缺乏反思。我国现行的法制教育由于教育者主导一切，根据教育者的价值观对法制教育的具体内容进行取舍，或者根据学校、班级管理的需要、升学率的需要对法制教育的内容进行曲解。其主要缺陷，也可以说是教育者对法制教育活动缺乏反思。

不论是社会的法制教育，还是学校的法制教育，反思是法制教育过程有效推进、教育者专业化、受教育者生存和发展必不可少的教育环节，然而，现行的法制教育的教育者的作用过于凸显，使教育者成为法律知识、法律真理的占有者，法制教育的教育者缺乏反思批判的精神。教育者很少想到自己进行的法制教育到底是不是真正的法制教育，自己对法律精神是否真的领会，自己在社会生活中有没有违法行为，是不是站在教育者的位置上就等于法律，所以，就不难理解在我们的社会中出现了浙江一家少年矫正中心，用非法的方式残害青少年，还能欺骗社会，在违法行为没有暴

---

① "少年矫正中心"教官被指强奸女学员，网易新闻 http://news.163.com/12/0217/05/7QEMMB5Q00011229.html［2012—2—17］。

露之前还能得到社会的认可。一些司法人员一面在学校担任法制副校长，在台上对受教育者进行法制教育，却在背地里与黑社会勾结，干的全是违法的勾当。

"我们认为民主的、对人尊重的待人处世的方法，可能给人的感觉是压制和限制。教师们必须认识到的（也是最难认识到的）事情就是他们的真诚愿望并不能保证实践的纯洁性。"① 法制教育的教育者需要反思自己对法制教材的内容选择是否恰当，法制教育是否是站在受教育者的立场上，是否有利于受教育者的成长、是否为了受教育者个性的发展。法制教育的教育者要反思自己作为教育者是否首先受到了教育，自己的行为是否与法律一致，是否能模范守法，用榜样的力量教育受教育者遵守法律。

二　受教育者的主体性没有充分发挥

法制教育的接受方式还很落后，从我国目前的法制教育情况来看，实际上还是把法制教育的学习方式建立在受教育者的客体性、受动性、依赖性上面，其结果往往导致受教育者的主体性、积极性、能动性和独立性在接受教育的过程中逐渐销蚀。从总体上讲，在我国，法制教育对受教育者而言，还是一种异己的外在的控制力量，法制教育还没有真正成为人的内在的精神需求。所以，法制教育的人文价值缺失，反映在受教育者层面，就是学习的主体性严重缺乏。

第一，受教育者在"加强"的大环境下失去主体性

法制教育的学习本来是一个发挥主体性的过程。然而，在社会深刻转型时期，我们面对不断上升的青少年犯罪率，越来越严峻的反腐形势、食品问题、环境问题、安全问题，往往思路单一，手忙脚乱，法制教育效果不佳，似乎只想到不断"加强"，其结果是法制教育越是"加强"，效果越差，效果差，又进一步"加强"，在"加强"中，法制教育走向"高压"，又由"高压"走向"禁锢"，最后对民主政治的建设造成了很大危害。我国的"文革"悲剧就是在这种逻辑的自然演变下发生的。"反观近年来法制教育教学的发展历程，'加强'成为了全社会法制教育的一道风

---

① ［美］Stephen D. Brookfield：《批判反思型教师 ABC》，中国轻工业出版社 2002 年版，第 1 页。

景，诸如'加强大学生法制教育'的口号充斥报刊杂志。"①

　　加强法制教育不是在任何情况下都是积极的，也不是在任何情况下都是消极的，关键是要分清"加强"的具体情况，不能不分对象、情况、条件，不能与社会发展的大趋势相脱离，不能对我国的民主政治建设构成潜在的消极影响，要考虑是用什么样的法制教育内容来"加强"以及怎样"加强"。事实上，很多所谓的"加强"法制教育，是对人的控制不断加强，是为了维护少数单位的局部利益、甚至是领导者个人的私利，这就值得考虑了。法制教育的"加强"不等于牺牲法制教育学习的生动性、活泼性，也不等于考试的简单性、学习内容的非民主性、非权利性。法制教育作为人的生活方式，是人生存和发展的重要样态，不能脱离生活、脱离社会、脱离受教育者的生活、生存的大背景而单独存在，不能完全按照教育者的主观价值判断进行取舍。法制教育不是一种单向关系，而是教育者和受教育者共同推进的过程，因此，法制教育本身就是多元的、多样的、多主体的，需要发挥法制教育受教育者的积极性、主体性、主动性、创造性。

　　第二，落后的学习方式使受教育者丧失主体性。学习方式有两种，一种是接受式学习，一种是发现式学习。但是，在法制教育中，往往采用的是接受式的学习方式，这种学习方式，过分强调受教育者对法律知识的学习和掌握，冷落和忽视对法律知识的发现和探究，在法制教育过程中学习方式决定了教育者会采取压制受教育者的主体性的方式教学，让受教育者死记硬背法律知识和法律条文。在我国目前的法制教育中，受教育者被动地接受法律，严重窒息了受教育者的思维和智力，摧残了受教育者学习法律的兴趣和热情。在受教育者丧失主体性的法制教育方式下，法律往往不能促进受教育者的发展，反而成为受教育者发展的阻力。这就不难理解，最近几年，为什么我们越是加强法制教育，青少年的犯罪率不但没有下降，反而呈现上升趋势。我国的法制教育，受教育者在学习过程中缺少主动性，对法律，不是越学越想学，而是越学越不想学，学习似乎是教师、社会、家庭的事情，而不是受教育者的事情，其重要原因是：落后的学习方式使法制教育不可能与受教育者的生活、受教育者生存和发展有机地联

---

　　① 李双龙：《我国法制教育的误区及理念的现代化转向》，《陕西行政学院学报》2011 年第1 期，第110 页。

系起来。受教育者在学习中严重缺乏独立性，受教育者没有法制教育的需要，法制教育的需要是社会和学校给的，在学习过程中低估和漠视受教育者的学习能力，对受教育者总不放心。这种局面亟待改变。

第三，法制教育忽视受教育者学习法律的个体差异性。在法制教育中，每个受教育者的情况各不相同，通过法律的学习本应该解决每一个人的具体问题。而我们的法制教育是"一刀切"、"万众一心"，法制学习严重缺少个性化教育。在法制教育中忽视个体的差异，没有考虑不同的受教育者在学习同一法律内容上，各自的认知基础、情感准备、学习能力和学习倾向不同，忽视了受教育者不可能对相同的内容和规定的学习任务用同样的学习速度在相同的时间内完成，所以，在法制教育中，普遍存在有的受教育者"吃不了"，而有的受教育者则"吃不饱"。法制教育是一个独特的学习过程，有独特的学习特征，受教育者学习也必然有独特的学习方式。只有发挥受教育者学习法律的主体性，让受教育者自己发现法制教育中的问题，自己分析法制教育中的问题，并自己解决法制教育中的问题，才能从根本上解决问题。"正如多元智力理论所指出的，每个人的智慧类型不一样，他们的思考方式、学习需要、学习优势、学习风格也不一样，因此每个人的具体学习方式是不同的。这意味着我们提倡转变学习方式，要尊重每个学生的独特个性和具体生活，为每个学生富有个性的发展创造空间。"[①] 可见，发挥受教育者的主体性是法制教育之魂。实际上，凡是有效的法制教育都是针对性强的个性化教育。

三　教育者和受教育者互动不足

我国现行的法制教育实际上只有教育者的主体作用，没有受教育者的主体作用。教育者与受教育者之间没有互动，教育者只顾及教，受教育者只顾及学，受教育者不管教育者教得怎样，教育者不管受教育者学得怎样，教与学两者没有多少联系，造成法制教育的实效性差。教育者和受教育者围绕学习法律缺乏交流，教育者就不可能教得深刻，受教育者也不可能深入领会法律的精神。于是，教育者的教育就变成了单纯的借法律压制受教育者的欲望，使受教育者这也不敢想，那也不敢为，久而久之，生命

---

① 朱幕菊主编：《走进新课程——与课程实施者对话》，北京师范大学出版社 2002 年版，第 133 页。

萎缩，生存的勇气都没有了，哪里还谈得上培养创新人才啊！所以，不断出现中学生、大学生、研究生跳楼自杀、农民工因为拆迁自焚、沿海一带国际知名外企的中国工人一个接一个地跳楼自杀的现象。受教育者自杀不仅与整体的教育有关，与法制教育的失败也有很大的关系。因为，法制教育首先应教会人的是人有生存的权利，有安全的权利，有追求幸福的权利，有发展自己的权利。而现行的法制教育并没有做这一点，而是首先教会人要守法，要为社会而活，为上级而活，为老板而活，要为他人而活，既然是这样，人在危急的时候，为什么不可以放弃自己的生命呢？因为生命如果像教育的那样不是自己的，放弃生命又有什么不妥呢？这是由于法制教育中教育者和受教育者严重缺乏互动，没有真诚的对话、交流造成的悲哀。当然，人不是不为社会和不为他人，而是要正确地、全面地给受教育者讲述，而不能片面地讲述。可见，从一定意义上说，没有互动，就没有真正的法制教育。法制教育需要教育者和受教育者在互动中对法律有一个全面的理解。

更为严重的是：法制教育本来应该有的互动，我们的一些学校所谓的法制教育和一些单位所谓的普法教育，把它变成了一种封建、专制、独占法律式的父爱，缺乏人性、缺乏交流，压制受教育者的成长。法制教育在实际中异化为地地道道的灭欲。"灭欲是对人的一种致命压迫，哪里有压迫哪里就有仇恨，哪里有仇恨哪里就有报复，只不过程度不同、报复或反抗方式不同而已。"① 灭欲是对人的摧残。这就不难理解现实的法制教育在特定情况下导致人逆反，法制教育成了个坏东西、不光彩的东西，一谈到法制教育就好像是接受违法规训、惩戒和处罚。

法制教育的互动是法制教育的教育者与法制教育的受教育者之间的相互影响、相互激励、共同生成美好的幸福生活。是"思想与思想的碰撞，是心灵与心灵的交流，是生命与生命的对话"，② 法制教育是教育者对受教育者精神上的一种关怀，现实的、可能的或者潜在的物质利益上的一种支持。法制教育的互动体现了教育的实质，"所谓教育，不过是人对人的主体间灵肉交流活动（尤其是老一辈对新一代），包括知识内容的传授、生命内涵的领悟、意志行为的规范，并通过文化传播功能，将文化遗产教

---

① 曾波、胡新苑：《人就是人》，中国社会出版社 2005 年版，第 27 页。
② 张素玲、巴兆成、秦敬民：《生命教育》，中国石油大学出版社 2007 年版，第 184 页。

给年轻一代，使他们自由地生成，并启迪其自由天性"。① 法制教育是个小小的窗口，教育者和受教育者要一起通过这个小小的窗口来望见世界的风景，这个风景包括了古今中外的人物、社会事件、经济、政治、文化，而我们现行的法制教育缺乏的正是这种教育者和受教育者交流的大胸怀、大气度、大境界，因此，需要从以下方面努力：

第一，关怀受教育者。互动要求教育者和受教育者在平等的基础上，共同推动法制教育活动的开展，反对居高临下式的训诫教育，在法制教育中，不断鼓励受教育者，把受教育者当成学习法律的主体，而不是当成客体，否则，就会导致受教育者谨小慎微、畏惧法律、疏远法律，从而丧失成长的活力。

第二，宽容受教育者。一方面，教育者要以受教育者为本，立足受教育者开展法制教育活动，允许受教育者提出不同的意见，鼓励受教育者挑战、质疑、探索和创新。另一方面，要允许受教育者在法制教育过程中犯错误。人的成长是一个过程，不可能在短时间内完成。受教育者的法制精神、法律素养的形成也是一个长期的过程。这是人的品德形成规律、人的成长规律和法律的教育规律决定的。

第三，向受教育者学习。在法制教育中，教育者不仅是教育者，自身也是受教育者即学习者。教育者要善于发现受教育者的优点、特长、闪光点，在法制教育中，做到教学相长，共同进步，争取双赢。也就是说，法制教育的教育者不是耗散性的，教育者要有开放的胸襟从受教育者那里不断交往信息和能量，感知受教育者顽强拼搏的精神和成长的蓬勃朝气。②

第四节　教育方法

法制教育方法问题至关重要，方法决定了法制教育的目的的实现，"我们不但要提出任务，而且要解决完成任务的方法问题。我们的任务是过河，但是没有桥或没有船就不能过。不解决桥或船的问题，过河就是一句空话。不解决方法问题，任务也只是瞎说一顿"。③ 现行法制教育的实

---

① 雅斯贝尔斯：《什么是教育》，邹进译，三联书店 1991 年版，第 4 页。
② 蒲鸿志：《青少年法制教育方法的人文向度》，《思想理论教育》2010 年第 24 期。
③ 《毛泽东选集》（第 1 卷），人民出版社 1991 年版，第 139 页。

效性差，与法制教育采取的方法不恰当有很大的关系。评价法制教育的方法是否恰当应与人联系。法制教育的任务不能完成，是因为方法的人文价值缺失。用工具化的方法来对人进行法制教育，难免把人也当成工具，法制教育的效果自然就不理想。具体讲：法制教育的方法单一、缺少体验感悟、教育者和受教育者互动不足、缺少活动教育。

一　法制教育的方法单一

教育方法单一，是指现行的法制教育以教育者的片面灌输，课堂讲授、阐释法律知识、法律条文为主，很少采取其他的教育方法。教育方法单一，造成受教育者的学习兴趣锐减，学习法律索然无味，对法律很难产生感情，更不要说能培养受教育者的法律素养，增强法律意识，树立崇高的法律信仰了。单一的教育方法，往往是教育者唱独角戏，受教育者被动接受法律。在学校的法制教育中就是教师满堂灌，课堂不活跃，即便是采用多媒体教学，也没有改变教育者从开始讲到结束的局面，现代媒体似乎是帮助教育者更好地满堂灌，而不是帮助受教育者学习法律。教育方法单一，还体现在只有教育者的讲解，没有受教育者的思考和质疑。法制教育方法的落后造成了法制教育的实效性差。所以，在法制教育中，应该采取措施，"改革落后的教学方法和教学手段，选择和应用教学方式要注意贯彻可学性、教育性、通俗性原则，首先，要改变那种从头到尾'满堂灌'和采用单一教学方式的做法，在教学过程中，应当根据不同的对象、内容和实际情况，采用多种教学方法和教学手段"。①

在学校的法制教育中，教育方法单一，不仅体现在教育者的教方面，也体现在受教育者的学习方面，"由于课时少，内容庞杂繁多，教授者，犹如蜻蜓点水，匆忙赶进度，只能靠'满堂灌'的方式方法，简单地进行一系列知识罗列和堆积；学习者，往往疲于应付，死记硬背，应付过关考试，师生都苦不堪言。这显然有悖于'法制教育'的真实目的。"② 也就是说，受教育者学习法制教育只习惯于死记硬背，学习法律在受教育者的眼里是为了考试，与法律素养的提高没有关系，这是值得思考的。这既

---

① 刘淑艳：《对高校法制教育的思考》，《辽宁社会主义学院学报》2006年第1期。
② 刘斌：《高校法制教育中存在的问题及改进策略》，《中国校外教育》下旬版2009年第7期。

有课程设计上的原因，也有教育者教育方法上的原因，当然，也与受教育者学习法律的态度有关。学习法律不是不需要背诵和记忆，关键是要明白记忆和背诵的目的和价值。不是为学法律而学法律，而是因为法律与我们的生活密切相关，与受教育者个人的发展密不可分。受教育者单一的学习方法显然不能达到学习法律的目的，这种方法在大中小学和社会上的普法教育中广泛存在，急需认真研究并加以改进。

二　法制教育缺少体验感悟

法制教育的知识要通过受教育者的内化，在实践中逐步理解，并经过多次反复，才能形成守法、护法的行为习惯。法制教育的体验和感悟是内化的关键环节。体验就是在实践中，法律知识与自己的经验和生活需要、愿望的契合与认同。正如毛泽东指出的："你要知道梨子的滋味，你就得变革梨子，亲口吃一吃。你要知道原子的组成同性质，你就得实行物理学和化学的实验，变革原子的情况。你要知道革命的理论和方法，你就得参加革命。一切真知都是从直接经验发源的。"① 法制教育的效果依赖于经验。这个经验既包括直接经验也包括间接经验。因为法律和对法律的教育本身就是来源于社会实践，离开了经验、离开了感性认识，法制教育就不能上升到理性认识。所以，法制教育要有成效，必须从感性出发，在感性认识的基础上，抓住法制教育的内在联系，揭示法律的本质。法制教育的经验是多方面的，可以是教育者的经验，也可以是受教育者的经验，还可以是社会其他成员的经验。

然而，我国现行的法制教育缺少的恰恰就是体验和感悟。法制教育不能同受教育者的经验和教育者的经验相联系，缺少真正的理解，教育者的教育就只能停留在法律知识的表面，受教育者也就只能从语言文字的角度学习法律。也就是说，课堂上学习到的法律知识，无论是权利还是义务规定，似乎与教育者和受教育者没有多少关系，教育者教育法律很随意，受教育者学习法律也很随意，这样的法制教育不会有实效性，只会停留在受教育者考试分数的浅层要求上。"当前学校法制教育实践仅仅停留在'知法'这一层面上，忽视了对学生进行法制情感的陶冶和法律行为习惯的培

---

① 《毛泽东选集》（第 1 卷），人民出版社 1991 年版，第 287—288 页。

养。"① 我国法制教育缺少的正是受教育者的体验和感悟，法制教育的生活性严重不足，法制教育的效果多年来处于徘徊的阶段，这已经是不争的事实。不可忽视的现象是：不仅受教育者在接受法制教育时缺少体验，而且许多教育者在进行法制教育时对法律也没有多少体验，没有体验和感悟，怎么能培养出好的社会治理人才来呢？所以，在法制教育中，走形式就成了一种十分流行的现象。如果说，直接的体验不可能，间接的体验和由此产生的对法律的体验应该有吧，遗憾的是也没有，关键的是，法制教育者没有体验的意识，所以，法制教育基本上就只好空对空，没有实际效果。

一切法制教育中的真知灼见，只能在社会实践的体验中获得。提高法制教育的效果，应重视体验。只有体验，才有法律上的感悟，有了感悟，才能内化为信念、外化为行为习惯。

三　法制教育缺乏有力的榜样教育

人的法律素养的培养是一个复杂的过程，这不仅源于人的复杂性、对法制的理解和法制本身的复杂性，而且源于法制教育内容传递的复杂性。榜样教育法，是传递法制教育内容的重要形式。只有榜样法运用得好，就能起到其他教育方法所不能起到的作用，对榜样的运用不仅是一门教育艺术，而且是一门很高超的教育艺术。"'大教学论'，就是一种把一切事物教给一切人们的全部艺术，这是一种教起来准有把握，因而准有结果的艺术；并且它又是一种教起来使人感到愉快的艺术，就是说，它不会使教员感到烦恼，或使学生感到厌恶，它能使教员和学生全都得到最大的快乐；此外，它又是一种教得彻底、不肤浅、不铺张，却能使人获得真实的知识、高尚的行谊和最深刻的虔信的艺术。"② 法制教育要教得简洁，学得轻松，教得有成效，就离不开榜样的教育作用。然而，目前的法制教育所缺乏的正是榜样教育法。榜样法没有引起足够的重视，运用也不甚恰当，这是值得思考的。

第一，榜样意识缺乏。榜样教育法是一种有效的教育法，然而，我们很多的法制教育者缺乏榜样意识，自己在台上对他人普法，暗地里却在违法，比如，在一些学校，一些老师教育学生要守纪律，而自己上课却迟

① 黄水琴：《走出小学生法制教育的误区》，《教学与管理》2009 年第 4 期。
② ［捷］夸美纽斯：《大教学论》，傅任敢译，教育科学出版社 1999 年版，第 1 页。

到，要求学生上课不能玩手机、接听电话，而教师自己正讲着课，手机铃却又响起。这就是法制教育中缺乏榜样意识造成的。要求受教育者做到的，教育者应该首先做到，自己都做不到，或者做得不到位，又要要求别人，这不是在讽刺自己吗？法制教育需要榜样，需要教育者自身有较高的法律素养和坚定的法律信仰，行无言之师，是最好的教育。因为，受教育者总是通过观察教育者的行为获得对教育者讲解的法律知识的直观理解。不仅未成年人如此，成年人也是如此。法制教育的低效和无效，往往是教育者口上说的是一套，而在实际生活中受教育者看到的又是另外一种情况，教育者又有什么理由来责备教育效果不好呢？教育者讲的是一套，而实际的情况又相反，受教育者就会对法制教育产生厌恶心理。法制教育的榜样意识的缺乏，不仅指课堂上的法制教育榜样缺乏，还包括在社会生活中榜样意识缺乏。如果大家对法律不在意，仅仅靠课堂教育、专门的普法教育，不可能取得较好的法制教育效果。

第二，正面榜样树立的力度和效度太差。法制教育需要树立正面榜样，正面榜样的力量是无穷的，先进的守法、护法行为，是激励人们遵守法律规范，自觉同各种违法犯罪行为做斗争的巨大力量。然而，在现实中，我们对法制教育的正面榜样的树立却存在很大的问题。一是：榜样树立的力度不够。先进的法制教育榜样，在很多时候只做到了一个公民应该做的事情，并没有独特之处，因为我们实在找不到好的榜样，也只能勉强树立较次的榜样，这就起不到榜样应有的作用。二是：榜样没有鲜明的守法、护法的个性，让人感到雷同，似曾相识，没有学习的兴趣。三是：榜样脱离生活，脱离实际，让人无从学起，让学习法律的人一眼看出是虚假的，这样的榜样，不仅起不到法制教育的示范作用，而且还有很大的消极作用。四是：榜样经不起时间的检验。今天树立的榜样，有的人不维护，在明天又推翻了，自相矛盾，这对法制教育的实效性造成了不好的影响。五是：树立的榜样效度太差。榜样没有起到榜样的作用，或者没有起到应有的作用。对榜样的效度缺乏科学判断、科学分析、科学反馈、科学操作。总之，法制教育中正面榜样的树立，既是一门学问和艺术，也需要社会相关的长效机制作为保障，而我们目前最缺少的就是这种机制。

第三，负面榜样的消极影响太大。法制教育的负面榜样，并不是谁有意树立的，而是现实中的法律事件、法律行为中的有关人和事，对法制教育产生的负面影响。这些负面影响，是我们主观上不想有的，但又是不可回避的。社会主义制度有无比巨大的优越性，但是，由于我国正处于社会深刻转型时期，各种消极腐败现象对法制教育造成的影响是不可忽视的。"2002 年 12 月至 2007 年 6 月，全国纪律检查机关共立案 677924 件，结案 679846 件（包括十六大前未办结的案件），给予党纪处分 518484 人。"①江泽民指出："从这些年和最近揭露出的一些大案要案来看，一些领导干部搞权钱交易、权色交易，简直到了利令智昏、利欲熏心、胆大包天、无法无天的地步！"② 我们的法制教育不是封闭的法制教育，谁也不能够把法制教育对象与社会隔绝，尤其是党员领导干部、各部门的主要领导干部的违法犯罪行为，对法制教育起到了负面作用。对这些负面榜样，在法制教育中要认真分析。既要看到负面榜样的消极作用，也要善于利于这些负面榜样的警示作用，化腐朽为神奇，把消极因素转化为积极的教育因素，为法制教育服务。而我们目前的法制教育不仅无法消除社会上各种消极腐败因素的影响，也缺乏把消极因素转化为积极因素的机制，这是值得思考的法制教育问题。

第四，正面榜样成长的环境条件欠缺。法制教育应充分利用榜样来为人的教育服务，而不是让人拜倒在各种正面榜样的脚下，也不是让人迷失在各种消极的榜样里。"当代教育有责任不断提高人们对自身价值的认识，提高人们对人与人、人与社会、人与自然关系的认识；充分认识到人的生命价值，人的主体地位，人的个体的独特尊严。教育不仅要教给人们知识和技能，而且要教会人们驾驭知识的技能，要教会人们怀疑和创新知识的能力。应该使人们清醒地认识到，知识、思想、制度是为人所用的，而不应该由知识、思想、制度来奴役人。"③ 我们需要营造一个正面榜样不断成长，反面榜样不断受到抑制的环境，而目前还没有这样一个较好的法制教育正面榜样成长的环境。法制教育需要培养各种正面榜样，需要科学规范各种正面榜样的选拔机制，把社会主义制度的优越性充分发挥出来，为各种正面的法制教育榜样的成长创造条件，同时，要加大对各种消极腐败现象的抑制力度，提高法制教育的实效性。

---

① 《中国共产党第十七次全国代表大会文件汇编》，人民出版社 2007 年版，第 114 页。
② 《江泽民文选》（第 2 卷），人民出版社 2006 年版，第 503 页。
③ 袁振国主编：《当代教育学》，教育科学出版社 2004 年版，第 71 页。

第三章　法制教育的人文价值的理论形成

法制教育的人文价值理论不是凭空产生的，它是对人类发展史上的优秀思想文化的批判继承。它的理论形成，既有理论来源，也有理论依据，还有知识借鉴和深厚的文化渊源。尤其是马克思关于人的发展的理论，为人文价值的理论形成提供了直接的思想资源，是其理论依据。

第一节　理论来源

人文主义理论是法制教育的人文价值研究的理论来源。人文主义对人的价值、人的理性和人的力量的赞美，对法制教育的人文价值的理论和实践有重要的启示。

一　人文的词源

人文一词源于西塞罗创立的 humanitias 学说。拉丁语 humanilas 的意思是人性、人情、人本。拉丁语语法家奥拉斯·哲利阿斯用希腊语证明人文与 paideia 同义，含义是：对儿童进行开化、教化，培养具有自由精神的人。古希腊罗马人用人文这个词作标识，区别"文明人"和"野蛮人"，人文又指对人性、人心的教化。英语 hamanism 与希腊语 paideia 和拉丁语 humanitas 同义。董乐山在翻译阿伦·布洛克的《西方人文主义传统》时考证，人文的中文译法源于吴宓主编的 1922 年的《学衡》杂志第三期上的一篇译文：《白璧德中西人文教育谈》。

从词源上看，人文是从人类的角度考量人的存在。人文的出发点是人的本性、人性；人文涉及的关系是：人与自然、人与神、人与社会、人与群体、人和人、人与自己的内心。所以，人文不仅是一种思想观念，一种学术上的研究和探讨，还是一种法律、制度、教育。但是，人文最重要的是一种社会实践。在网络化、信息化、全球化、知识化、民主化、多元化的时代，人文关注在社会的转型中，从工具人、经济人向文化人和社会人的发展。人文体现在人的价值的实现、人的全面发展、人的幸福、人的自信、社会的公平和正义等方面。

"人文"一词在我国《周易》贲卦象传有"文明以止，人文也。观乎天文，以察时变；观乎人文，以化成天下"。"人"指个人、人世、社会。"文"指"文饰"；"天文"指天的文彩、日月星辰、阴阳变化。"文明以止，人文也"指用道德伦理教化人心；"观乎天文，以察时变"，指圣人观察天文的刚柔交错得知四时变化；"观乎人文，以化成天下"是圣人学习诗书礼乐，据此教化天下人心。我国古时还用"上知天文，下知地理，中知人情"来指大学问家、治国平天下的大才和有广博知识的人。《辞海》对人文的解释是"人文指人类社会的各种文化现象"。20世纪90年代以来"人文"一词引起我国社会各个领域的广泛关注，人文主义思潮开始成为我国社会的热点。

在现代社会，人文是一个动态的、开放的、多元的、不断丰富的范畴。在人文主义、人文科学、人文遗迹、人口素质、社会科学等方面，都涉及对人文概念的运用。其含义是：以人为中心，发挥人的主体性，注重人的体验感悟，尊重人的本性、人的利益、人的需要、人的选择、人的发展。人文从意识层面讲，是一种先进的价值观，核心思想是重视人、关注人、关心人、尊重人、爱护人、发展人。人文可以从哲学、教育、文化等不同视域来理解。法制教育的人文价值的"人文"，是从价值哲学和教育哲学的视域来理解的。

二　人文主义运动的兴起和主要思想

人文主义（humanism）又译为人道主义，是关于人性、人的价值、人的尊严、人的使命的基本理论。人文主义最初作为一种运动，由世俗知识分子发起，发源地是意大利，时间大约在11世纪到13世纪，从文学、艺术领域开始，然后向其他领域辐射。基本主张是：提倡轻快、简明的文风，注视世俗生活和现实世界，提倡人性，张扬个性，追求自由和人的解放。人文主义思潮在15—16世纪的西欧各国传播和发展，文学艺术出现了空前的繁荣。代表人物，在文学艺术领域有但丁、比特洛克、达·芬奇、薄伽丘等，在政治学方面有马基雅维利等，在史学方面有布鲁尼等。人文主义的表现形式是多种多样的，它并不是一种统一的社会思潮。

人文主义用人权反对神权，用人的理性代替神性，以人为本代替以神为本，以人为中心代替以神为中心，认为"人的高贵，就其许许多多的成果而言，超过了天使的高贵"。① 从人神关系转到人兽关系和人与物的关系。而中世纪的神学主张禁欲，把希望寄托在来世，认为上帝是宇宙的创造者和统治者，人为上帝而活着，上帝的意志就是人的意志，人属于上帝。人文主义则主张人权大于神权，这就突出了人的理性。这并不是讲人文主义者不承认天命，而是在承认天命的同时，为人的意志留下了空间。人追求凡人的幸福，而不是神的幸福。皮特拉克指出："我不想变成上帝，或者居住在永恒中，或者把天地抱在怀抱里。属于人的那种光荣对我就够了。这是我祈求的一切。我自己是凡人，我只要求凡人的幸福。"② 人文主义，赞美人性，认为从人的本性出发，顺应人性，人就能得到全面发展。这就为人类追求自身的解放奏起了响亮的前奏。

人文主义反对蔑视人的存在、贬低人的价值。而神学则认为人是上帝的奴仆，人只有爱上帝和信仰上帝，人自己没有任何价值和尊严。人文主义肯定人的价值，歌颂人的伟大，提倡尊重人的尊严。从表面看，人文主义运动是对古典文化的复兴，实际上是人类思想解放的萌芽，在人文主义代表人物的作品中，无不充满对人的颂歌，尊重人、肯定人的价值，以人为中心，追求现实的幸福生活，崇拜人的理性之光。莎士比亚在《哈姆雷特》中写道："人是多么了不起的一件作品！理想是多么高贵，力量是多么无穷，仪表和举止是多么端正，多么出色。论行动，多么像天使，论了解，多么像天神！宇宙的精华，万物的灵长。"③

人文主义张扬人的个性，提倡人的意志自由。在神学的思想禁锢和封建专制下，人只有服从神和统治者，没有意志自由，人当然也不可能独立去选择生活，张扬自己的个性、发展自己的个性。而伟大的文艺复兴则反

---

① 北京大学西语系资料组编：《从文艺复兴到十九世纪资产阶级文学家、艺术家有关人道主义人性论言论选辑》，商务印书馆 1971 年版，第 3 页。

② 同上书，第 11 页。

③ 同上书，第 58 页。

对神性对人性的摧残，专制对个性的压抑，主张思想解放，人有追求个性发展的权力。但丁说："当人类最自由的时候，就是它被安排得最好的时候。"① 新的自由观，毫不犹豫地举起了批判神学禁锢和封建专制的大旗。人向往自由是一种天性。人道、自由是人向善的德性。如果人的个性受到压抑，人就会作恶。这就是类伯雷特在《巨人传》里描述的高康大领导的修道院，"想做什么，就做什么"。② 压制只能促就反抗，越是禁止，人越是追求。提倡自由自在的个性是人文主义的灵魂。

三 人文主义和人本主义

人本主义秉承人文主义的传统。人们又把 humanism 译成人本主义。人本主义与人文主义在核心思想上是一致的。但是，也有人对人本主义与人文主义作了区分。理解这种区分，是为了从多层面、多角度掌握人文主义的思想内涵和理论实质。

"人本主义"一词"anthropolopy"来源于希腊文"antropos"和"log-os"。人本主义翻译成中文是人学、人类学、人本学的意思。在 20 世纪 70 年代把"anthropolopy"译为人本主义，在哲学研究中广泛使用这一术语。人本主义哲学以人为研究对象，是研究人的本质的学问。从哲学的角度考察，人本主义是由德国古典哲学家费尔巴哈最早提出来。在俄国，车尔尼雪夫斯基把自己的唯物主义学说称为人本主义。人本主义是本体论意义上的概念；"人文主义"一词"humanism"也称为人道主义，它是文艺复兴时期的一种社会思潮，不是本体论意义上的概念。人本主义是无神论，不信仰上帝，而人文主义的思想很复杂，当中有的是有神论，有的是无神论，有神论的人文主义认为上帝是宇宙的最高本体，无神论的人文主义与费尔巴哈的人本主义在本体上有相通之处。有神论的人文主义对人的价值的肯定的力量来自上帝，无神论的人文主义对人的价值的肯定的力量来自人自身。人文主义主张个人本位，与神本、神性对立，以个人的兴趣、价值和个人的尊严为出发点，人本主义把人作为万物的尺度和根本，为此，我国的《新华字典》和《哲学词典》对人文主义和人本主义进行

① 周辅成主编：《从文艺复兴到十九世纪资产阶级哲学家政治思想家有关人道主义人性论言论选辑》，商务印书馆1966版，第19页。

② 周辅成编：《西方伦理学名著选辑》（上卷），商务印书馆1964年版，第403页。

了区分。①

　　然而，在现代西方，人文主义是以平等、自由、人权、民主为核心的资产阶级思想和核心价值观。实际上人们往往又把"humanism"即人文主义翻译为人本主义。人本学即人学，除了研究"anthropolopy"，还研究"humanism"。研究的内容包括人的哲学、人道精神、人的伦理、人文学科等。人本主义与人文主义的区别，只能根据中国人使用的具体的语言环境。"'人本主义'侧重于表达世界观（即本体论）和社会历史观、主要回答什么是人、人性和人的本质，人在世界和社会中的位置，主张以人为本原、主体、中心来认识和处理人与世界、人与社会以及人与人的相互关系。而'人道主义'则侧重于表达价值观、主要回答做人（律己、待人）的基本原则，主张尊重人的价值，把实行平等、自由和基本的人权作为指导和评价人们行为的规范和标准。因而，西方各种人本主义，往往就是它所主张的人道主义的哲学基础，而人道主义则是人本主义的实践原则。"②人本主义和人文主义的区别仅仅体现在语言的使用习惯上和具体的社会环境中；二者不论在思想渊源上，还是在核心思想的内涵上，都是一致的，并没有实质的区别。人为地对二者进行区别，反而会引起思想上的混乱。不过，对二者在不同的历史环境中，为了解决不同的历史任务，由于地区、民族、习惯、语言的不同，作不同的阐释，有不同的强调重心和侧重点也是可以的。

　　人文主义与人本主义在内涵上基本一致。人文主义、人道主义、人本主义在概念上往往混用。这反映了人学研究的复杂性和人本身的复杂性。除了费尔巴哈古典的人本主义学说外，西方的人文主义思潮的学派就有几十种，例如，实用主义人本主义、存在主义人本主义、现象学人本主义、弗洛伊德人本主义、哲学人类学，等等。其共同点是：在世界观上都是唯心主义，都宣扬资产阶级的个人主义世界观，所论述的人都是抽象的人。

　　马克思在向唯物主义思想转变的历程中写下了著名的《1844年经济学哲学手稿》，在这部著作中，他赞扬了费尔巴哈，把自己信仰的共产主义称为人道主义，甚至认为共产主义是实践的人道主义。在《神圣的家

---

　　① 袁本新、王丽荣等：《人本德育论——大学生思想政治教育的人文关怀与人才资源开发研究》，人民出版社2007年版，第3—4页。

　　② 黄枬森主编：《马克思主义哲学体系的当代建构》，人民出版社2011年版，第683页。

族》中，马克思和恩格斯把他们的学说称为真正的人道主义。但是，应该看到，《手稿》毕竟是马克思思想转变的一个记录，《手稿》中的创见和宝贵思想，是不能与《关于费尔巴哈的提纲》这个包含新世界观的天才萌芽的第一个文件、和马克思、恩格斯合著的《德意志意识形态》相比的。马克思、恩格斯在清算旧的哲学信仰的基础上，创立了唯物史观，把对人的研究建立在科学的基础上，"费尔巴哈没有走的一步，必定会有人走的。对抽象的人的崇拜，即费尔巴哈的新宗教的核心，必定会由关于现实的人及其历史发展的科学来代替"。①

四　人文主义与以人为本

中国古代已经有重视人的传统，"惟天地万物父母，惟人万物之灵"。（《古文尚书·泰誓》）"天地之性人为贵。"（《孔子·孝经》）在中国古代文献中，《管子·霸言》被认为最早记载了"以人为本"一词，"夫霸王之所始也，以人为本。本理则国固，本乱则国危"。以人为本，是国家强盛的基础，以人为本得到贯彻，国家就巩固；以人为本的战略受得冲击，国家就很危险。在《贞观政要》也有这一词语。"太宗谓侍臣曰：凡事皆须务本。国以人为本。人以衣食为本，凡营衣食，以不失时为本。"李世民重视以人文本，人对国家的重要，就好像衣服和食物对人重要一样。凡事都要抓根本，才能兴旺而有所成。要获取衣服和食物，就要抓好时令这个根本。在古代，人本是指的民本。民本是相对于君本而言的。古代"以人为本"的思想，重视人在国家中的地位和作用，是值得肯定的，但是，其目的是为了维护统治阶级的利益，缓解劳动人民的反抗，这种"以人为本"不可能得到贯彻。在马克思主义经典作家的著作里没有提到过"以人为本"一词；在西方文献翻译成中文中，也没有直译过"以人为本"。在中国现代，"以人为本"一词第一次出现是"2003年党的十六届三中全会公报，党的十七大列入党章，被确定为中国特色社会主义理论体系最新成果——科学发展观的核心"。② 以人为本的思想，批判地继承了中国传统的以人为本的精华，吸收了西方人文主义思想的合理部分，它既不同于中国古代的以人为本，也不同于西方的人本主义思想。以人为

---

① 《马克思恩格斯选集》（第4卷），人民出版社1995年版，第241页。
② 黄枬森主编：《马克思主义哲学体系的当代建构》，人民出版社2011年版，第668页。

本，不仅是对中国改革和发展、尤其是经济发展的经验的总结；还是对世界各国在发展过程中的经验教训的总结。它不仅有利于解决困扰中国发展和当今世界发展的各种深层次矛盾，而且对哲学社会科学的研究也有重要指导意义。

什么是以人为本呢？理解"人"是理解以人为本的前提。"人"不同于中国传统中的"人"或者"民"，也不是自然科学中讲的生物意义上的"人"，这里的"人"应该从哲学的角度来理解，它是客观的、现实的、具体的。"人"是多种形式的存在：既是历史的存在，也是现实的存在；既是自然的存在，也是社会的存在。"人"是经济、政治、文化、生态、历史、现实等，多种样态的复合统一体。"人"的概念在外延上比传统的"人"或者"民"广泛；在内涵上比传统的"人"或者"民"丰富。"人"相当于《世界人权宣言》中欧提到的"人人"，也与马克思在《共产党宣言》和《资本论》中讲的"一切人"、"每个人"类似。当然"人"的主体部分无疑是人民。

以人为本就是把人作为根本，立党为公，执政为民，不牟私利，全心全意当人民的公仆；就是尊重人、肯定人、保护人、教育人、提高人的素质，对人进行思想政治教育，尤其是进行法制教育；就是把人民的利益作为根本的出发点和归属点，发挥人的积极性、主动性、创造性。以人为本是时代的产物，浓缩了时代的精华。当前，我国的以人本文就是解决人民最关心的实际问题，缩小地区差距，调整产业结构，缩小贫富差距，走共同富裕之路。正如党的报告所言："全心全意为人民服务是党的根本宗旨，党的一切奋斗和工作都是为了造福人民。要始终把实现好、维护好、发展好最广大人民的根本利益作为党和国家一切工作的出发点和落脚点，尊重人民主体地位，发挥人民首创精神，保障人民各项权益，走共同富裕道路，促进人的全面发展，做到发展为了人民、发展依靠人民、发展成果由人民共享。"[①]

以人为本是对人文主义思想的批判和继承，是富有时代精神的哲学概念。它本身不是、也不可能是对人文主义等人类文明中积极成果的背离；相反，我们今天对以人为本的理解和对其精神实质的把握，都离不开人文主义的光辉思想。

---

① 《中国共产党第十七次全国代表大会文件汇编》，人民出版社 2007 年版，第 15 页。

五　法制教育的人文价值与人文主义

人文主义作为人类发展历程中有巨大影响的社会运动和社会思潮，对科技的发展、人类思想的解放、人自身的发展以及对文学、艺术、哲学社会科学等，都产生了不可估量的积极影响。法制教育的人文价值理论，不仅要以马克思主义的以人为本思想为指导，而且应该积极借鉴人文主义的有益思想，继往开来、不断丰富研究的内涵；同时，在实践上要进一步地推陈出新，结合时代特征和时代任务，努力推动法制教育的人文价值的实现。

第一，理性地研究和实现法制教育的人文价值，推进法制现代化。人文主义反对迷信，不崇拜权威，是解放思想的号角。法制教育的人文价值的主体是人，法制教育活动中教育者和受教育者是人。因此，法制教育的人文价值的理论和实践应重视人。这就是最大的理性。如果看不见法制教育中的人，身陷"法律"和"法理"，就会失去理性。其结果：不是走上法律万能论的极端；就是走上法律虚无主义的极端。这两种极端都不利于社会治理和中国特色社会主义法律体系的建立。法制教育的人文价值中的人，是历史的、具体的、有当今中国社会发展特征的人。因此，我们应该理性地分析人在社会主义法制化进程中面临的种种困境：环境被破坏、生态失衡、贫富差距拉大、地区差别扩大、道德素质下降、思想政治教育实效性差、社会主义核心价值体系不断受到多元文化的挑战和冲击，等等。我们面临的法制现代化，是中国几千年农业社会传统的法制化，法制现代化不得不重视人、不得不重视中国人、尤其是当今的中国人，这就是法制教育的人文价值要努力回答的问题。要回答好这一问题，只有实事求是、破除迷信、回归理性、回归人文主义，只有研究真问题、才能回答真问题、最后才能解决真问题。

第二，在法制教育活动中肯定人的价值、鼓励人、发展人、成全人。也就是说，在实践中要转变法制教育方式、改变法制教育方法，克服法律和制度工具化的观念和实践中忽视人的做法。比如，在学习中死记条文、在运用中死抠条文、法律实施不人性化。人文主义意蕴的法制教育意味着：法制教育的重点不是传授惩罚性规范和禁止性规范，而是学习鼓励性规范、允许和奖励性规范；切实做到转变观念、体验感悟、养成习惯、重在行为。要用法律来激扬人、发展人，不要用法律来压抑人、威胁人。法律的惩罚和限制功能不是现代社会的重点，也不是人类社会发展的趋势。在马克思主义看来，随着社会主义代替资本主义，到了生产力高度发达的共产主义社会，国家要消亡，国家消亡了，法律当然也不存在了。但是，调整社会公共事务的规范还存在，不仅存在，而且还会越来越发达。因此，法制教育要认清人类社会发展的规律，不要把法制教育仅仅当成一个小小的、无关紧要的教育活动。法制教育要有大视野、大境界。这个大视野、大境界，就是从人类社会发展的趋势和社会主义法制的客观规律的高度，来认识法制教育。法制教育的人文价值的研究和实践，力求探索现代法制教育规律，推动法制教育学科的建立，提高法制教育的实效性。而要到达目的，唯有在以人为本的思想的指导下，充分借鉴人文主义思想的积极成果，肯定人、发展人的个性，增强人的选择能力和意志自由。

第三，以法制教育的人文价值为法制教育的核心价值，加强文化建设，构建人本文化，推动社会治理转型。人文主义是人类文明进化史中存在的一种文化，所以，它又是一种价值观。要用历史唯物主义的态度来认识和理解人文主义，从世界观和方法论的高度来把握人文主义的精髓，通过人文价值作为法制教育的核心价值的研究和践行，树立人本观念，建设尊重人的文化，从根本上解决问题。

一方面，确立人本标准是现代文明社会的标志。人是万物的尺度。人是衡量社会制度、法律、规范、伦理、经济、文化等的标准。要尊重人的价值、人的创造，尊重人的物质利益和人的精神利益。"世间一切事物中，人是第一个可宝贵的。"① 人是社会的中心。人要有人类关怀、生命关怀、宇宙责任的情节。人权是天赋的。人的自由是不可替代的。人的自由和权利在人本观念中占据主导地位；个人权利应该得到保护和尊重。然而，无论是古代的君主还是现代的统治者，总是打着"国家"、"天下"、"政府"、"集体"、"组织"和"整体"的名义，行专制之实，侵犯个人的权利，因此，必须明确：人本的实质是，个人权利是神圣的、天赋的、伟大的、不可侵犯的。

另一方面，要积极建构尊重人的文化。从文化的角度讲，人文就是尊重人、重视人的文化。文化是指一个民族或一个人群共同的符号、规范和价值观。人文的中心在人，而不在文化，人是本，而文化是表。人文以人

---

① 《毛泽东选集》（第 4 卷），人民出版社 1991 年版，第 1512 页。

为重，但是，以人为重不是凭空的、没有根基的，人文内在地需要一种尊重人、关心人、实现人的价值的文化。在个人与社群之间孰轻孰重，孰本孰末？从人文的角度讲：个人观念是建构"尊重人的文化"的核心，个人为重，个人是本。"尊重人的文化"就是人文性文化。要建设人文性文化，必须逐步根除与之对立的"官本"文化。因为"官本"文化时常开出"顾全大局"、"牺牲小我"、"伦理道德"的亮丽之花，结出专制自私、拜金主义、违法犯罪、残暴杀戮、侵犯弱势群体的恶果。人文性文化，重在制度建设。制度的重点是确立每一个人都有自己的个人利益，而每一个人都能理直气壮地保护个人的利益；同样，他人、社会和国家的利益，具有个人利益一样的地位，受一样的保护和神圣不可侵犯。

第二节　知识借鉴

法制教育的人文价值的知识借鉴是价值哲学。在理论上弄清什么是价值，是研究法制教育人文价值的前提。因为，不同流派的价值学说决定了法制教育的人文价值研究的路径。只有以唯物辩证法为指导，对众多的价值学说流派进行认识、判断和取舍，才能找到在法制教育的人文价值研究中，值得借鉴的理论知识。

一　价值的来源

"价值"是一个古老、而使用又极为广泛的概念。中国传统思想家认为价值的主要问题是义、理和利、欲之争。这场争论贯穿于中国思想发展的历史，直到今天都没有结束。价值术语很早就出现在哲学、宗教、伦理学、美学、经济学、教育学中。价值从存在论的角度看，是一个哲学问题。"价值哲学"的形成，是在 19 世纪下半叶。价值最早为法国哲学家 P. 拉皮埃和德国哲学家 E. 哈特曼采用。代表作有：拉皮埃的《愿望的逻辑》（1902）、哈特曼的《价值论概论》、经院哲学家赫森的《价值哲学》（1937）和实用主义者杜威的《价值的学说》。对价值的认识有以下几种：一、西方的资产阶级学者一般认为价值不是一个自然科学范畴，而是一个人文科学范畴，所以，又把人文科学称为价值科学。二、在资产阶级价值论中，层次论的观点认为经济价值（"功利"）是最低级价值；宗教价值（"圣洁"）是最高级的价值；介乎二者之间的则是科学的、艺术的、道德的价值（真、美、善）。三、一些哲学家，对同一事物又从不同的方面划分事实判断和价值判断。四、还有人提出了绝对价值与相对价值，客观价值与主观价值，内在价值与工具价值的主张。

实用主义教育家杜威认为，价值分为两类，一类是"内在价值"，即一个事物本身有意义，值得珍惜、可贵；二类是工具价值，即事物为达到目的起的作用。实用主义强调工具价值，奉行有用就是真理的价值观，不承认价值的绝对性，认为价值只有相对性，事物的价值完全是作为手段的具体情境而定。主观唯心主义认为价值是主观的、因人而异、由个人的利益决定。而客观唯心主义认为价值是绝对的、超现实的。这些观点很值得思考，但是都没有超出唯心主义的世界观和方法论。[①]

马克思主义对价值的认识建立在社会实践的基础上，对价值的认识是一种既唯物又辩证的认识。马克思在《资本论》中指出："价值没有在额上写明它是什么。不仅如此，价值还把每个劳动产品变成社会的象形文字。后来，人们竭力要猜出这种象形文字的涵义，要了解他们自己的社会产品的秘密，因为使用物品当作价值，正像语言一样，是人们的社会产物。"[②] 马克思在《评阿·瓦格纳的"政治经济学"教科书》中指出："价值这个普遍的概念是从人们对待满足他的需要的外界物的关系中产生的。"[③] "人在把成为满足他的需要的资料的外界物，作为这种满足需要的资料，而从其他的外界物中区别出来并加以标明时，对这些物进行估价，赋予它们以价值或使它们具有'价值属性。"[④] 他在《以李嘉图理论为依据反对政治经济学家的无产阶级反对派》中提到，价值"表示物的对人的有用或使人愉快等属性"[⑤]。马克思对价值的有关论述，是正确认识价值的本质和特征的依据。

价值反映的是主体与客体之间关系，价值不是一个独立的范畴，价值产生于客体对主体需要的满足，由于主体和客体的复杂多变，主体和客体的关系也必然复杂多变，所以，对价值应该动态地把握。

价值是宝贵、可贵、珍惜的意思。价值是客体的存在、属性及其变化

---

①　黄济：《教育哲学通论》，山西教育出版社 2005 年版，第 411— 414 页。

②　《马克思恩格斯全集》（第 23 卷），人民出版社 1972 年版，第 91 页。

③　《马克思恩格斯全集》（第 19 卷），人民出版社 1963 年版，第 406 页。

④　同上书，第 409 页。

⑤　《马克思恩格斯全集》（第 26 卷第 3 册），人民出版社 1974 年版，第 326 页。

同主体的结构、需要和能力是否相符合、相一致或相接近的性质。① 简言之，价值可以定义为，客体的属性是否同主体的需要相一致的性质。

二　事实与价值

事物包括两个维度，一个是事实的维度，一个是价值的维度。作为事实是一种客观存在，而作为价值是对人的意义和作用。任何一种理论（包括教育理论）只研究事实，不研究价值是不全面的。对法制教育的人文价值的思考，是转型时期，社会、政治、经济、文化的进步和人的发展的需要。

不区分事实和价值就不能真正理解价值。英国哲学家休谟首先对事实和价值作了区分。他提出"是"与"应当"的不同，事实知识和价值知识有区别。从经验中获得，可用经验来证明的是事实知识；而价值知识是由人的喜爱而定，不能区别真假，也无法用经验来检验和证明。康德把世界分为两个部分，一个部分是事实世界，一个部分是价值世界。他认为事实世界是现象世界，价值世界是自觉自由的世界，人只能获得现象世界的事实知识，不能获得价值世界的价值知识，价值知识是先验的。新康德主义者李凯尔特认为："价值的实质在于它的有效性，而不在于它的实际的事实性。"② 价值与物理现实和心理现实不能画等号。逻辑实证主义者罗素否认价值的存在，认为价值不是事实，"当我们断言这个或那个具有'价值'时，我们是在表达我们自己的感情"。③

事实是一种存在，是"呈现于感官之前的事物的实际情况的一种陈述"。④ 事实的含义有两种，一种是从本体论的角度来理解事实，一种是从认识论的角度来理解事实。事实是一种客观存在，这种存在不以人的意志为转移，价值论上的事实是对客观存在的事实的主观表述，是一个概念。有学者认为："客观事实始终保持原来的样子，原有的事物发展变化了，但原有的事实却不变。"⑤ 其实，这不是一种彻底的辩证唯物主义的

---

① 李德顺等主编：《价值学大辞典》，中国人民大学出版社 1993 年版，第 216 页。
② ［德］李凯尔特：《文化科学与自然科学》，商务印书馆 1966 年版，第 78 页。
③ ［英］罗素：《宗教与科学》，商务印书馆 1982 年版，第 123 页。
④ 彭漪涟：《事实论》，上海社会科学院出版社 1996 年版，第 71 页。
⑤ 黄枬森主编：《马克思主义哲学体系的当代构建》（下册），人民出版社 2011 年版，第 871 页。

态度，在马克思主义看来，客观世界是变化的、发展的，运动是物质世界的根本属性，客观事实也会变化，没有什么稳定性可言，稳定是相对的，再加之，作为主体的人的认识能力也是变化的，对变化的事实所形成的概念也会发生变化。所不变的是客观性，而不是客观事实始终保持原来的样子不变，事实的客观性与对事实认识的客观性是两回事。事实是客观的，是一种变化的客观，是变化的客观性。这一点，恰好是对事实理解的关键。

在研究事实与价值的关系时，对价值作不同的区分考察也是必要的。这种区分是为了便于从价值本身的视角分析价值。价值分为正价值和负价值，狭义的价值是对正价值而言的。可见，客体对主体的效应就是广义的价值，这种效应既包括正效应，即积极的效应，也包括负效应，即消极的效应。而狭义的价值则是客体对主体的积极效应，不包括客体对主体的消极效应。价值也是一种客观存在，也是一种事实，具有客观性，但是，这种事实与分析事实与价值的关系时讲的事实不是一回事。二者论述的逻辑范围不同，分析问题不是同一个层面和同一个前提，尽管二者有联系，但是不能混淆；否则，对于价值相对应的事实和价值本身也是一种事实存在分不清。清楚地理解这一点，是掌握价值的客观性的关键所在。

与事实与价值关系相联系和对应的是："是"与"应当"的关系。"是"是客观的事实，"应当"指主体的价值取向或者价值导向。主体的价值取向既要从主体的利益出发，又要遵循客观规律。在价值视域里，"是"要推出"应当"，就要把发挥人的主观能动性与尊重客观规律性统一起来，也就是说，"应当"以"是"为依据，"是"可以推出"应当"。

事实不等于价值，把事实与价值混同，会引起理论和实践上的混乱。即使是普适的积极事实，如满足需要、情感上的愉快等，也不能就认为是价值。价值只有与特定的主体相联系，并产生积极的效应，才能确定。因为不同的人有不同的价值观，所以，同样的事实可能有不同的价值。

三 价值的本质

什么是价值的本质？理解价值的本质，有三种主要的理路。一种是实体说。实体说分为两种：一种是唯主体的实体论，一种是唯客体的实体论。唯主体的实体论把价值与主体的人等同，认为人本身就是价值，价值是人。人相对于物来说既是主体又是实体。把人等同于价值，也就是把事实等同于价值。唯客体的实体论认为客体本身就有善恶，就有价值。这种理论强调了客体在价值中的作用，但是没有与主体联系起来，同样混淆了价值与事实的关系，因而具有很大的片面性，对现实社会存在的价值现象没有较强的解释力和说服力。唯主体论和唯客体论，实际上是重蹈西方主观价值论和客观价值论的覆辙。一种是属性说，认为客体本身的固有属性就是价值。属性说坚持了价值的客观性，但是忽视了主体的作用，犯机械论的错误。还有一种是关系说，认为价值是关系概念，而不是实体概念。广义的关系说，认为价值是物对人的关系，而狭义的关系说认为价值是客体对人的关系。价值是一种积极的关系，价值是指的正价值。关系说认为价值是主体与客体相互作用的产物，看到了主体的作为，也看到了客体的作用，既坚持了主观性又坚持了客观性，有较强的解释力，比较符合实际。①

价值的本质是一种关系。关系说的成立，在于吸收了主观价值论和客观价值论的可取之处，又对它们进行了超越。日本牧口常三郎认为，价值不是实体范畴，而是关系范畴，价值是从主体与客体的关系中产生，并随主体与客体任何一方发生变化而变化。② 但是，关系论在实质上还是偏向主体论。这些研究理路都有可取之处，不过还是陷于主体论或客体论的单级思维。学者王玉樑认为："坚持以实事求是的思想作指导，是全面理解实践和价值，坚持全面彻底的关系思维，克服唯主体论和唯客体的单级思维，使价值哲学从自发进入到自觉，科学理解价值本质的关键。"③

对价值的本质的理解，在很大程度上就是对主体与客体的关系的认识和把握。价值是关系，这种关系是人的关系，人是关系中的人；物或客体是人认识和实践领域的客体，物是与人联系的物。这就是价值上的辩证法。既坚持客体或对象的客观性，物或对象与人联系的客观性，又坚持人是有意志自由的、主观的、发展的人，实现客观性与主观性统一，对价值既唯物又辩证地理解和把握。

价值不是人，价值也不等于人，但是，价值问题在本质上又是一个人

---

① 黄枬森主编：《马克思主义哲学体系的当代构建》（下册），人民出版社 2011 年版，第882—884 页。

② ［日］牧口常三郎：《价值哲学》，马俊峰、江畅译，中国人民大学出版社 1989 年版，第20 页。

③ 王玉樑：《百年价值哲学的反思》，《学术研究》2006 年第 4 期。

的问题，这不是对价值客观性的否定，而是坚持彻底的关系思维。价值是人作为主体对主体的人与客体的关系的描述。客体具有相对性，可以是人、可以是实体、也可以是精神。客体要放在具体中理解，客体是相对于具体的主体而言的客体。可见，价值是反映主客体之间的一种真实的关系，而不是潜在关系。价值是客体对主体需要的满足，价值评价是主体对客体的意义和效用的评价，评价的标准是社会实践的产物。因此，价值反映的是主体与客体之间关系。

价值不是一个独立的范畴，价值产生于客体对主体需要的满足，由于主体和客体的复杂多变，主体和客体的关系也必然复杂多变。所以，对价值应该动态地把握。因此，对价值关系的理解和把握，一定要放在具体的历史环境中、与解决的时代任务和一个国家的传统、历史文化联系起来，一定要与国际社会的政治、经济、文化和社会等相关联，并与日新月异的发展联系起来，才能实事求是地坚持彻底的关系思维。否则，价值研究不仅没有任何意义，而且对人类社会生活、人的发展、人文社会学科的进步，都会失去指导意义。

四　价值的特性

有人认为："价值具有客观性、客体性与主体性，社会性与历史性，相对性与绝对性，多元性与一元性。"① 这无疑是有道理的，对价值的认识和实践有指导意义。但是，这些特征是价值的一般特性，按照这种思路，价值的一般特性还可以列出许多，比如，阶级性、个体性、实践性、民族性、全球性、开放性、具体性、抽象性，等等。这些特征不能不说是价值的一般特征，也不能不说均能从价值理论和实践上得到一定程度说明，在一定程度上能自圆其说。问题是：价值的特性是价值的本质的反映，价值的本质是一种关系范畴，价值的特性最好也从价值范畴本身入手分析。因此，价值的特性分析，更重要的是：分析其具体特征和特有的特征。而这种分析只能从价值的构成部分入手，抓住联系。所谓价值特性是价值的各个组成部分的本质联系。因此，对价值特性的分析在客观上存在着三个维度。一个是主体与客体联系的维度，一个是主体的维度，一个是

---

① 黄枬森主编：《马克思主义哲学体系的当代构建》（下册），人民出版社 2011 年版，第903 页。

客体的维度，所以，价值的特性相应地也有三个，即：动态合成性，主体需要性，客体关照性。

第一，动态合成性。价值在主体与客体之间发生，是主观与客观、历史与现实的统一。价值的动态合成性，是指价值是人的一种实践活动，它不是主体的纯主观活动。价值是社会实践中的主体与客体的动态合成，价值是一个过程，是既定与变化的统一，人的实践产生了人的价值取向，人的实践促成了人的向往和追求。如果把价值当成是关系中的效用，那么，这种效用是相对于人而言的效用，它本身的完成就是一种变化和运动。人的实践活动是发展的，这既体现在人的活动领域的变换上，也体现在活动层次的递进上。因此，某物、事、客体、对象、项目是否有价值，是一种动态的合成。这种合成既有绝对性也有相对性：就价值在实践活动的生成而言，这是一个绝对的持续活动，体现了价值的绝对性；就价值生成时，主体对客体的反映而言，这又是相对的。因为主体的具体情况不同，条件不同，比如在经济、政治、社会、文化等交往中所处的地位不同，已经占有的资源和未来可能占有的资源不同，其价值意义的生成必定不一样。正如马克思所说："意识在任何时候都只能是被意识到了的存在，而人们的存在就是他们的现实生活过程。"[①] 价值在实践中合成，离开了实践，就谈不上任何价值，而实践是动态的、不断向前发展的实践，因此，动态合成性是价值的根本特性。

第二，主体需要性。主体需要性包括主体和需要两个方面。价值离不开主体，离开了主体就不是价值。正如中国社会科学院李德顺教授指出的："我们在任何情况下谈到价值，谈论任何价值，人对任何事物（包括人自己）的价值判断，不管意识到与否，实际上都是并且应该是以人自己的尺度去评量世界。人是一切价值的主体，是一切价值产生的根据、标准和归宿，是价值的创造者、实现者和享有者。万物的价值及其等级和次序并不是世界本身所固有的，从来都是人按照自己的尺度来排列的。物的价值因人而异，客体的价值依主体而定，具体的主体性是一切价值的根本特性。"[②]

---

①　《马克思恩格斯选集》（第 1 卷），人民出版社 1995 年版，第 72 页。

②　李德顺：《关于我们的价值哲学研究》，新华文摘杂志社编：新华文摘精华本（2000—2008）哲学卷，人民出版社 2009 年版，第 352 页。

需要是人在现在对未来的期待、希望。就具体的人而言，主体的需要有很强的个性色彩，这是主观的；就每一个具体的主体而言，都是有需要的，这又是客观的。因此，我们可以说，只要是人就有价值诉求，就有为填补缺失的要求和需要。主体的需要的存在形态是多样的，按不同的标准可以作不同的分类。按满足需要的重要性为标准分为基本的需要和非基本的需要；按需要的存在形式分为物质的需要和精神的需要；按需要的领域分为政治需要，经济需要，文化需要和社会需要；按需要的层次分为生存需要和发展需要。人在现实生活中，由于自己所处的具体环境不同、具体条件不同，作为主体的人会产生一定的要求。这种要求既是为了满足现有的实践活动，也是为了未来更高的实践活动。列宁在《哲学笔记》指出："人的实践＝要求（1）和外部现实性（2）。"①"要求"就是诉求、需要、追求、祈求、渴求。价值就是一种主体需要的实现的过程，主体需要性反映了价值本质的内在诉求。

第三，客体关照性。客体关照性是指价值客体以其自身的独特性质对价值主体作出积极的反映。这是价值之所以是价值的独特的、本质的特征，离开了这个特征价值就不成立。客体的关照性是由价值是社会实践中的一种关系所决定的。客体关照性包括客体的属性和客体的关照两个方面的内容。价值尽管要依赖于主体的选择和判断，但是客体必须具有某种属性才能供主体进行选择和判断，才能形成价值；如果价值客体根本就不具有某种属性，主体就谈不上选择，也就无价值可言。客体的属性可以是自然的属性，也可以是社会的属性。自然的属性可以是物理的、化学的、生物的等方面的属性，也可以是天文的、地理的属性。社会的属性，可以是经济的、政治的、法律的、历史的、文化的、艺术的等方面的属性。还可以分为微观的、中观的、宏观的属性。某种属性既可以现实地存在，也可以潜在地存在。既可以是直接地在场，也可以不到场，而间接地存在。客体的属性可以由有形的物质体现出来，也可以由无形的物质体现出来，客体还可以由他人或者作为主体的自己体现出来。客体不是人，怎么关照呢？这里的关照是指客体存在着在一定条件下进入主体视野的可能。没有这种可能即使客体具有某种属性，对主体也没有意义。

关照就好比是一盏亮着的灯，如果客体没有属性放出光明，主体在黑

---

① 《列宁全集》（第38卷），人民出版社1959年版，第229页。

暗中无论如何摸索都走不出黑暗。关照的过程就是指客体以其属性与主体发生关系的过程。发生积极的关系产生正价值，发生消极的关系产生负价值，发生的关系处于胶着状态则产生零价值。正价值才是真正的价值，是主体极力追求的，而负价值和零价值也可以说是没有价值，是主体极力避免的。关照就是存在，就是潜在、潜伏，就是应然。关照离不开价值主体的觉察、判断和选择。关照就时间上而言，分现实关照和终极关照。现实关照能给人短时间带来利益，常常被人认为是有用的、有益的关照，现实关照常常诱发主体的功利追求，导致过于功利化，使价值主体有所遗忘或忽视、忽略，从而遮蔽了终极关照。正确的关照应把现实关照与终极关照统一起来。

五　法制教育的人文价值与价值

价值是法制教育的人文价值的上位概念，因此，价值理论对法制教育的人文价值的指导是多方面的，不仅体现在理论上，而且体现在实践上。

第一，以价值理论为指导，端正法制教育的人文价值的研究路径。法制教育的人文价值怎么研究，离不开价值理论的研究路数。从研究的起源来看，价值哲学在中国的兴起，是中国社会主义建设对重视人的深切呼唤；法制教育的人文价值的研究，是对法制教育中知识、制度、法律本位的深刻反省，同样是现代化实践中重视人的迫切召唤。法制教育的人文价值的研究，是对人的研究，对人的价值的肯定。人是法制价值的人文价值研究的进路。因此，不管是主观价值论、还是客观价值论、关系价值论、属性价值论、需要价值论、效用价值论，都必须从人进入，最后又回到人。法制教育的人文价值的研究，离不开价值研究的基本点：由人引起，回到人，解决人的问题。

第二，以价值理论为指导，把握法制教育的人文价值的实质。法制教育的人文价值，从本质上讲是一个关系范畴。对法制教育的人文价值的本质理解，应结合时代特征、时代任务、人的发展和社会发展，分析组成价值关系的各个要素，坚持彻底的关系思维。既要避免犯单纯主体研究的错误，也要避免犯单纯客体研究的错误。而在实践中往往容易犯单纯客体研究的错误，把法制教育的人文价值的研究等于法制教育的人文价值的客体属性的研究。这种错误主要是对价值范畴没有准确把握所致。

第三，以价值理论为指导，搭建法制教育的人文价值理论的基本框架。法制教育的人文价值的理论，应该探究法制教育的人文价值的本质、特性，法制教育的人文价值的各个组成部分（法制教育的人文价值的主体、客体、关系等）是什么，为什么是，有何特色，法制教育的人文价值到底怎样实现。抓住了这些基本问题，也就可以说，抓住了法制教育的人文价值理论和实践中的最基本的问题。当然，对法制教育的人文价值的理论来源和实践生成的探讨也是必要的，它们使理论研究有生根的土壤和现实针对性。以价值理论为指导的法制教育的人文价值研究，既有理论渊源上的探讨，也有基本理论问题的研究，还有理论与现实结合的探讨，搭建了比较合理的基本框架：明确的对象、真实的内容、严密的思想体系。

第四，以价值理论为指导，凸显法制教育的人文价值的理论独有特质。法制教育的人文价值研究，毕竟不同于一般的价值理论研究。这个不同既可以通过组成法制教育的人文价值的各个要素体现，也可以从理论来源和现实研究体现。凸显理论特色的最主要部分，是对客体的分析研究。因为法制教育的人文价值的客体的独特性，说明了法制教育的人文价值研究与其他价值研究的不同。法制教育活动不仅满足法制教育的主体提高人文素质的需要，而且法制教育活动应该是人文性的教育活动，它以人文性满足主体在生存和发展中的需要。这就是法制教育客体的独特之处。

第五，以价值理论为指导，推动法制教育的人文价值的实现。法制教育的人文价值是指法制教育蕴含的人文精神对人的生存和发展所具有的积极意义。人文价值是法制教育的生命。法制教育活动靠人文价值为继，没有人文价值，法制教育就会枯萎，逐渐萎缩，没有成效。人文价值把社会引向美好，把人引向幸福。"无论是从历史上看还是从现实上看，任何一种社会和任何一种文化，一般都有三种必不可少的要素：一是导向系统或曰目标系统），二是动力系统，三是规范系统。人文精神就是人生和社会的导向系统，缺少了这个系统，人生和社会就失去前进的目标，人类的其他活动就是盲目的。"① 法制教育的人文价值，以对客观存在的法制教育的人文属性的寻求、发现，与主体的精神结构的直接整合、相融，满足主体的需要，从法制教育的理论和实践的角度，引领人和社会向健康的方向发展，而人的全面发展和社会的和谐正是法制教育的人文价值在最终意义上的实现。

---

① 北京市社会科学院哲学所：《中外人文精神沟沉》，河南大学出版社 2005 年版，第 1 页。

第三节　文化渊源

人性理论是法制教育的人文价值理论形成的文化渊源，从文化渊源上探讨法制教育的人文价值理论的形成，有利于加深对理论的理解。人性是中外思想史上长期争论的问题，是人文社会科学不可回避的课题。法制教育活动在没有开始之前，对教育对象有一个人性预设的问题。人性预设决定了怎样准备法制教育活动的预案。法制教育活动的开展，实际上就是人心的教化、人性的开启、转化过程。不同的人性预设，有不同的法制教育效果。

一　中国传统的人性论

中国传统文化的天命观是人性论的基础。《中庸》指出："天命之谓性，率性之谓道，修道之谓教。"天命观是关于世界的一个本原性问题。"受其影响最大而且最为直接的是人性问题，有不同的天道观，对人性问题也就有着不同的理解。"① 受天命观影响，中国人性最流行的学说有四种，一是人性善，二是人性恶，三是人性无善无恶，四是人性善恶混。此外，还有人性有三品。

性善论。性善论以孟子为代表。孟子认为："人皆有不忍之心……恻隐之心，仁之端也；羞恶之心，义之端也；辞让之心，礼之端也；是非之心，智之端也。"（《孟子·公孙丑上》）他进一步指出："恻隐之心，人皆有之；羞恶之心，人皆有之；恭敬之心，人皆有之；是非之心，人皆有之。恻隐之心，仁也；羞恶之心，义也；恭敬之心，礼也；是非之心，智也。仁义礼智，非由外铄我也，我固有之也。"（《孟子·告子上》）孟子认为人都有恻隐、羞恶、辞让、是非之心，这是仁、义、礼、智等美德的发端。先天的善是不需要学习的"良知、良能"。教育所要做的就是恢复、开启人的本性，做到"尽心、知性、知天"，"求其放心"。孟子所主张的善是抽象的善，是人类整体意义上的善。只有这样理解，我们才能在生活实践中理解孟子的思想。人的本性是善，所以，教育的作用是启发人内省。

---

① 黄济：《教育哲学通论》，山西教育出版社 2005 年版，第 35 页。

　　性恶论。荀子是性恶论的代表。"若夫目好色，耳好声，口好味，心好利，骨体肤理好愉佚，是皆生于人之性情者也；感而自然，不待事而后生之者也。"（《荀子·性恶》）荀子所讲的人性是指人的自然属性，包括人的心理本能和生理本能。"今人之性，生而有好利焉，顺是，故争夺生而辞让亡焉；生而有疾（嫉）恶焉，顺是，故残贼生而忠信亡焉；生而有耳目之欲，有好声色焉，顺是，故淫乱生而礼义文理亡焉。然则从人之性，顺人之情，必出于争夺，合于犯分乱理而归于暴，故必将有师法之化，礼义之道（导），然后出于辞让，合于文理，而归于治。用此观之，然则人之性恶明矣，其善者伪也。"（《荀子·性恶》）如果顺应人的本性，让其自然发展就会发生相互之间的争夺和残害，对人和社会构成伤害，造成毁灭性后果，不利于人的幸福和社会的和谐。人性的辞让之心并非天然而生，而是受社会环境的影响产生的，可见人性恶。

　　人的本性无所谓善和恶。从《孟子》的《告子》篇中，我们能够得知告子认为人性无所谓善和恶，"告子曰：性无善无不善也。"（《孟子·告子上》）告子的观点是：人性是天生的，不能说人性善或人性不善。"告子曰：性犹湍水也，决诸东方则东流，决诸西方则西流。人性之无分于善不善也，犹水之无分于东西也。"（《孟子·告子上》）"告子曰：性犹杞柳也，义犹杯棬也；以人性为仁义，犹以杞柳为杯棬。"（《孟子·告子上》）告子用体验的方法，将主体的感悟与客体的流水和杞柳结合阐释人性。人性如流水一样自然，没有固定方向，向东流可以，向西流也可以；向南流可以，向北流也可以。这就看我们怎么去引导流水了。人性如同杞柳要加工过后才能是杯盘，没有加工的杞柳就是杞柳，根本谈不上什么杯盘。这就提出了引领和影响的问题。人性可以是善的，也可以是不善的。这完全取决于人后天的环境的熏陶和教育的影响。

　　人性善恶混。"周人世硕，以为人性有善有恶，举人之善性，养而致之则善长；性恶，养而致之则恶长。如此，性各有阴阳，善恶在所养焉。故世子作《养书》一篇。宓子贱、漆雕开、公孙尼子之徒，亦论情性，与世子相出入，皆言性有善有恶。"（王充《论衡·本性篇》）董仲舒认为中人即"中民"是可善可恶的，而扬雄的主张与世硕的主张基本相同，"人之性也善恶混，修其善则为善人，修其恶则为恶人。气也者，所以适善恶之马也与。"（扬雄《法言·修身》）扬雄认为，人性是复杂的，既有善，同时也有恶，发现人性中善的因素，并加以培养使其发扬光大，人就会成为一个善人；反之，人就会成为恶人。"气"好比是一匹马，可以把人带到善的一边，也可以把人带到恶的一边。

董仲舒和韩愈把人性分成上、中、下三等或者三品。"圣人之性，不可以名性，斗筲之性，又不可以名性。名性者，中民之性。"（董仲舒《春秋繁露·实性》）他接着分析道："名性，不以上，不以下，以其中名之。"（董仲舒《春秋繁露·深察名号》）他以人的先天禀赋不同，把人分为三等，上等人是圣人，下等人是恶人，圣人至善，小人至恶，中人至性。中等人即中民具有善恶相混的人性。韩愈主张性与情的联系。"性也者，与生俱来也。情也者，接于物而生也。"（韩愈《原性》）性是天生的，包括五德，即仁、义、礼、智、信。情是由外物刺激人而产生的，包括人的喜、怒、哀、惧、爱、恶、欲等。人不同，五德和七情也不相同。根据人的五德人性分为上、中、下三品。上品"主于一而行于四"（韩愈《原性》），以一德为主，通于其他四德；中品"一不少有焉，则少反焉，其于四也混"（韩愈《原性》），有一德，这一德又不全，而其余四德也有所不足；下品则"反于一而悖于四"（韩愈《原性》），违反了一德又不合符其余四德。

二　西方近代的人性思想

在近代，西方论述人性思想最为有名的当数英国哲学家大卫·休谟（David Hume，1711—1776）的《人性论》一书。他认为科学研究都与人性有一定的联系。他研究人性的最大特点是，抛弃纯粹先验的方法，而采用实验的推理方法，即用自然主义的经验归纳法和心理分析的方法，希望能像一个解剖学家那样，找到普遍的人性原则来解释人的各种思想、心理和行为。他通过研究发现人性中对人的选择和行为起决定因素的是人的情感而不是人的理性。引起人行动的是人的欲望和人的信念，而人的信念也只有通过人的意向产生好恶后才能导致行动。他很看重知觉在认识中的作用。知觉分为印象和观念，是认识的基本要素。印象"包括了所有初次出现于灵魂中的我们的一切感觉、情感和情绪"，观念指"我们的感觉、情感和情绪在思维和推理中的微弱的意向"。[1] 人的情感没有真伪，是人的第一存在，与人的理性不同，它是原本印象，所以是人性的根本问题。

---

① ［英］休谟：《人性论》，关文运译，商务印书馆 1980 年版，第 13 页。

在意大利哲学家马基雅弗利（Niccolo Machiavelli，1469—1527）看来，人性是统一的、永恒不变的。过去的人、现在的人、未来的人，只要是人，人性相同，人性不分国家、民族和地域。他认为人性是自私和利己，人天生就是恶的，支配人行为的动力是人的情欲。情欲包括追求快乐、幸福、荣誉和物质利益。为了满足自己的情欲，人总是对他人满怀敌意、嫉妒。他认为贵族与穷人冲突的最重要原因是物质财富。贵族可以不经过特别反抗把地位让给人民，但是涉及财产时却要顽强地保护自己。①

约瑟夫·巴特勒（Joseph Butler，1692—1752）认为人性是综合的有组织的整体，第一层次是感觉、欲望、热情，第二层次是自爱和仁爱，②良心是人性的最高原则，是人的内在本性，像外部感觉一样可靠。在英国哲学家中他最与众不同的区别就是把良心看成道德的基础。良心安放在我们的心中，是管辖我们的主宰。良心能调节下等的惰性、情欲和人行为的动机。③ 在他看来，人只有依靠良心才能成为一个有德性的人。良心不是靠感情或者感觉，而是靠道德推理。人要有本分遵从良心、服从良心。

在西方，美国哲学家埃利希·弗洛姆，开创的精神分析学是现代对"人性"问题研究的最高水平。④ 他认为，人性是理解人的前提，"为了理解对人而言何为善，我们就必须懂得人性。因为善是对人有益的同义语，而恶是对人有害的同义语"。⑤ 他认为人与动物的本质区别，在于人有自我意识，而动物没有自我意识。人与动物的不同是心理上的不同而不是生产劳动上的不同。人在本质上谈不上善，也谈不上恶，人受善和恶两种对立的、同等的力量的支配。人自身就有发展自己的力量，"正常的个人本身具有发展、成长、生产性的倾向"，⑥ 人的选择和行为上的善无须外力和强制，无须制裁、惩罚、命令和控制，"它完全是由人所决定的。它依赖于人认真地关心自己，关心自己的生活和幸福；依赖于人愿意面对自己

---

① 宋希仁主编：《西方伦理学思想史》，湖南教育出版社 2006 年版，第 219 页。

② 同上书，第 299 页。

③ Theodore C. Denise, Sheldon P. Peterfreund, Nicholas P. White. Great Traditions In Ethics. Wadsworth Publishing Company, Belmont, 1966, p. 147.

④ 宋希仁主编：《西方伦理学思想史》，湖南教育出版社 2006 年版，第 668 页。

⑤ ［美］弗洛姆：《为自己的人》，孙依依译，三联书店 1988 年版，第 37 页。

⑥ 同上书，第 200 页。

和社会的道德问题；它有利于人有成为自己，并为他自己而存在的勇气"。①

三　马克思主义关于人性的思想

对人性站在不同的角度有不同的理解。人性（human nature）是人的本性，包括人的自然性和人的社会性。马克思主义不是把人的自然性与人的社会性对立起来，而是在人的社会实践活动中把二者有机地统一起来。

人的自然性。人的自然性是指人的生物性，是人的社会性的基础，生理是人的自然性的支撑，也就是说，人是动物，与动物同源，具有动物的自然性。"人来源于动物界这一事实已经决定人永远不能完全摆脱兽性，所以问题永远只能在于摆脱得多些或少些，在于兽性或人性的程度上的差异。"②"人直接地是自然存在物。人作为自然存在物，而且作为有生命的自然存在物，一方面具有自然力、生命力，是能动的自然存在物；这些力量作为天赋和才能、作为欲望存在于人身上；另一方面，人作为自然的、肉体的、感性的、对象性的存在物，和动植物一样，是受动的、受制约的和受限制的存在物。"③人的生命是人存在的前提，人为了生活，首先要有吃喝住穿这些必要的东西，人的第一个活动就是生产这些生活必需品。"人们单是为了能够生活就必须每日每时去完成它，现在和几千年前都是这样。"④但是，人是高级动物，所以，人的自然性又打上了社会的烙印，比一般的动物高级，人追求有品位的生活、比一般的动物有更加高级的享受。"动物只是在直接的肉体需要的支配下生产，而人甚至不受肉体需要的支配也进行生产，并且只有不受这种需要的支配时才进行真正的生产。"⑤人与动物一样有自然的冲动，但是，人的性欲与动物的自然需求又有所不同，人除了满足性欲，繁衍后代外，人的性欲还有心灵上的愉悦和感情上的交融与满足。"现代的性爱，同古代人的单纯的性要求，同厄洛斯［情欲］，是根本不同的。"⑥

---

① ［美］弗洛姆：《为自己的人》，孙依依译，三联书店1988年版，第225页。
② 《马克思恩格斯选集》（第3卷）人民出版社1995年版，第442页。
③ 《马克思恩格斯全集》（第42卷）人民出版社1979年版，第167页。
④ 《马克思恩格斯选集》（第1卷），人民出版社1995年版，第79页。
⑤ 《马克思恩格斯全集》（第42卷），人民出版社1979年版，第97页。
⑥ 《马克思恩格斯选集》（第4卷），人民出版社1995年版，第75页。

　　人的社会性。社会性是人的根本属性，社会性决定了人的自然性，社会性是人的本质。"人的本质不是单个人所固有的抽象物，在其现实性上，它是一切社会关系的总和。"① 人在社会中结成一定的关系进行生产，在群体的合作与竞争中从事物质和精神的实践活动。因此，群体的交往与合作是人重要的社会属性。"在没有阶级的社会中，每个人以社会一员的资格，同其他社会成员协力，结成一定的生产关系，从事生产活动，以解决人类物质生活问题，在各种阶级的社会中，各阶级的社会成员，则又以各种不同的方式，结成一定的生产关系，从事生产活动，以解决人类物质生活问题。"② 社会是由一定的群体组成，各个不同的社会成员为了共同的目标才组成集合体，人不仅是自然的存在物，人同时是社会的存在物。人的社会性还意味着人是"意识存在物"③，人的意识性是人不同于一般动物的特征之一。人不仅能把自己与一般动物区别开来，而且人具有主观能动性，"通过实践创造对象世界，改造无机界，人证明自己是有意识的类存在物，就是说是这样一种存在物，它把类看作自己的本质，或者说把自身看作类存在物。诚然，动物也生产。它为自己营造巢穴或住所，如蜜蜂、海狸、蚂蚁等。但是，动物只生产它自己或它的幼仔所直接需要的东西；动物的生产是片面的，而人的生产是全面的；动物只是在直接的肉体需要的支配下生产，而人甚至不受肉体需要的影响也进行生产，并且只有不受这种需要的影响才进行真正的生产；动物只生产自身，而人再生产整个自然界；动物的产品直接属于它的肉体，而人则自由地面对自己的产品。动物只是按照它所属的那个种的尺度和需要来建造，而人懂得按照任何一个种的尺度来进行生产，并且懂得处处都把内在的尺度运用于对象；因此，人也按照美的规律来构造"。④ 人的活动与一般的动物活动不同：人有主观能动性，而动物没有主观能动性。人能认识和利用规律，而动物则不能。人的生产活动是认知、价值、审美的统一。

　　总之，在马克思主义看来，人性包括人的自然性和人的社会性，人的自然性是人性的基础属性，人的社会性是人的根本属性，人的社会性决定

---

　　① 《马克思恩格斯选集》（第 1 卷），人民出版社 1995 年版，第 60 页。

　　② 《毛泽东选集》（第 1 卷），人民出版社 1991 年版，第 283 页。

　　③ 《马克思恩格斯全集》（第 42 卷），人民出版社 1979 年版，第 96 页。

　　④ 《马克思恩格斯选集》（第 1 卷），人民出版社 1995 年版，第 46—47 页。

人的自然性。人的自然性和人的社会性是统一的，统一于人的社会实践。

四　人性与人的本质

人性与人的本质既有联系又有区别，马克思在《1844 年经济学哲学手稿》中对人性、人的本性、人的本质并没有作严格的区分，在写作《资本论》时，对人性和人的本质作了区分。人性和人的本质都属于人的规定性，但是，人性的概念与人的存在更直接、更具体，而人的本质与人的存在更间接、更抽象。人性和人的本质都能把人与动物区别开来，但是，人的本质是人与动物不同的内在根据，决定了人性中的其他属性和特性。人性是一个系统概念，包括人的属性、人的特性、人的本质三个层次。人的属性是基础层次，范围最广，包括人的自然性和人的社会性；人的特性是中间层次，代表人性，包括人的劳动，语言、思维、审美、德性等；人的本质是最高层次，是人性中的最根本的东西。人性"是指人之所以为人，区别于一切动物而为人所特有的，也是一切人（包括古今中外不分性别、年龄、种族、民族、国籍、阶级、阶层、职业、信仰等区别）所普遍具有的各种属性的总和"。①

理解人性的关键在于理解人的本质。也就是说，人到底是什么，人有哪些性质、特征，尤其是人有哪些根本性质，即人的本质。费尔巴哈认为：人的根本就是人本身。可是，如果撇开社会历史的发展，孤立地观察、分析个体的人，就只能用人与人之间的共同性，如人的自然属性、人的理性、人的政治性来说明人的本质。

理性、非理性与本质。人有理性，动物没有理性，完全靠本能支配活动。人的大脑发达，感知比动物丰富，在心理上与动物不同，人有高度发达的抽象思维，人不仅能认识事物的现象，而且能认识事物的本质和规律，人的意识不仅能反映客观事物，而且人还具有自我意识，能够自我反思，人能制订计划，预见未来，尤其是人的实践活动，比理性更为根本。不可否认，人的直觉、灵感、情绪、意志等非理性、无意识因素在人的认识和实践活动中起着重要作用，但是，不能把人的本能、无意识、非理性任意夸大，抬高为人的本质。人的社会性在人的认识和实践中起的作用更

---

① 黄枬森主编：《马克思主义哲学体系的当代建构》（下册），人民出版社 2011 年版，第615 页。

为根本。要把人的理性和人的非理性统一于人的社会实践来认识人的本质。

需要与本质。人的需要是人的特性。人的需要与人的本质有联系和区别。人的需要与动物的需要不同，即使是人的自然生理需要，也受人的社会属性的影响，由人的社会属性决定。人的需要是人实践活动的动机，它推动人的实践活动的开展；但是，人的需要还不能等同于人的实践。人的需要是具体的、历史的，它不但从人的社会实践中产生，而且随着人的社会实践的发展而发展。"饥饿总是饥饿，但是用刀叉吃熟肉来解除的饥饿不同于用手、指甲和牙齿啃生肉来解除的饥饿。"① 人的实践决定了需要的产生和实现，实践是比人的需要更为根本的东西。

自由与本质。自由是人的重要特征，人类的进化摆脱自然的压迫和束缚，改变生成状态，是迈向自由的决定性的一步。社会的发展，人对自由的渴求无论是从广度还是深度上都有质的飞跃，因此，自由是人的重要特性和特征。但是，人的自由不是天赋的，人的自由观念和自由的实现程度，受人类社会的生产力发展水平决定。自由重要，但是实践更为重要，自由不能取代社会实践的地位，人的实践是人的比自由更为根本的特征。

只有从人的社会实践和社会关系中去认识人，才能真正认清人的本质。"有意识的生命活动，把人和动物的生命活动区别开来，正是由于这一点，人才是类存在物。"② 人的劳动或实践活动，就是人的"类本质"、"类特征"。人的实践是在一定历史条件下的社会关系中的实践，所以，马克思又把人的本质表述为社会关系的总和。人的本质是理解人性的关键，但是，也不能就此把人的本质完全等同于人性。

五　法制教育的人文价值与人性预设

法制教育的人文价值的客体是法制教育活动。法制教育活动的开展，不论自觉还是不自觉，都涉及人性的预设。法制教育的人文价值与人性有内在的联系。要改变不能适应人的发展和社会需要的法制教育，不得不反思法制教育的人性预设。教育人性的预设，即教育人是什么样的人，是善，还是恶，或者无所谓善恶，或二者兼而有之。"在一定意义上可以

---

① 《马克思恩格斯全集》（第46卷上册），人民出版社1979年版，第29页。
② 《马克思恩格斯全集》（第42卷），人民出版社1979年版，第97页。

说，人性假设在教育学中具有'硬核'作用，是教育学学科'研究纲领'的基本构成之一，或者说是教育学有机体系的基因式概念之一，它全息性地生发出并渗透在教育学有机体中。"① 各种人性观点对法制教育的人性预设能提供有益的启示。要在马克思主义有关人性的思想的指导下，解放思想、大胆借鉴各种人性理论，丰富法制教育的内涵，提高法制教育的实效性。

具体的法制教育活动的人性预设是复杂的、多样的。不同的人性理论放在一起也有相互对立之处，这就给我们提供了更多的选择余地，有利于适应复杂多变的法制教育活动和不同条件的选择主体。

然而，法制教育的人性预设，从整体上看无疑应该是善。

第一，人性善是中国传统人性观的主流，影响最大。人性论以孔孟老庄作为中心，在孟庄时代达到了顶峰。以后时代，或者是前代基本思想的综合，或者是平面扩张。② 对法制教育的人性预设是善，有三层含义：一、法制教育的人性预设就总体的趋势而言，是向善的；二、在面对一个具体的法制教育群体或法制教育个体作人性预设时，即便是我们对法制教育的人性预设的起点是恶，但就整个的预设过程的取向而言是善；三、法制教育人性的预设的终点是善。

第二，开启人的良知、良能，提高法制教育的实效性。尤其是在法制不健全的状态下，人的"良心"是我们实施法律的唯一依据。即使是法制相对健全，但是，由于社会生活的急剧变化，特别是在社会转型时期，社会变化剧烈，而法制往往相对保守，"良心"的作用更不可替代。

第三，尽心知性，充分体验、感悟，把握法制教育的规律。"尽其心者，知其性也；知其性，则知天矣。"（《孟子·尽心上》），不论是对法制教育者而言，还是对法制受教育者而言，只有发挥人的本性，才能理解和践行法律和制度规范，让法制教育关涉人的幸福生活和社会的和谐发展。法制教育应该为了人，把人的一切利益作为旨归，不失人的本性、本心，即"学问之道无他，求其放心而已矣"（《孟子·告子上》）。有了"良

---

① 庞庆举：《教育学的人性假设与理论构建的关系初探》，华东师范大学博士论文 2008 年 4 月。

② 徐复观：《中国人性论史》，华东师范大学出版社 2005 年版，第 281 页。

法"，没有"良心"不行：丧失"良心"，"良法"也可能成为"恶法"，这就不难理解：今天许多高级法官、检察官、警官和律师违法犯罪层出不穷，而下层百姓中的不少人，甚至从没有学过法制知识、接受过法制教育的人，却有很好的法制意识、法律观念，甚至是守法、护法的光辉典范。所以，有了"良心"，才能做到法律至上、人民的利益至上、党的事业至上，才能把三者统一起来。有了"良心"，无论怎么执法都行，这就是孔子所言"我欲仁，斯仁至矣"（《论语·述而》）可见，"良心"比"良法"更有保障、更为可靠，有了"良心"，凭"良心"施法，即使是"恶法"也能在实施的过程中发生转化。

第四，在社会转型时期，人心向善凸显必要性。通过法制教育让更多的人向善，用社会主义的道德保障法制的实施，法治国家才能建立起来。目前，青少年犯罪率越来越高，犯罪越来越高科技化、智能化、网络化。特别是社会整体文化素质的提高，违法犯罪者的反侦察意识和技能也不断增加。如何迎接复杂形势的挑战呢？显然，仅仅靠执法必严不能解决问题，这就需要把教育对象的法制知识的教育、法律技能的训练与促使人心向善结合起来。要认识人文价值在法制教育的价值中的核心地位，在法制教育中贯穿思想道德教育的主线，把提高法制教育对象的思想道德觉悟，当成法制教育的生命。

第四节　理论依据

法制教育的人文价值在理论和实践上的最终诉求是人的发展。人是发展的存在物，因此，不论是研究法制教育的人文价值理论，还是在实践中实现法制教育的人文价值，只要涉及人，都不能回避人的发展问题。人的发展理论，尤其是马克思关于人的发展理论，是法制教育的人文价值理论的直接依据。

一　人的发展的由来和本质

中国古代文献《周礼》中就有"保氏掌谏王恶；而养国子以道，乃教之六艺"。即人的礼、乐、射、御、书、数六个方面的发展。古希腊哲学家亚里士多德在《政治学》里论述了人的体格和心智统一发展的问题，

"勇敢和坚忍为繁忙活动所需要的品德；智慧为闲暇活动所需要的品德"①。在漫长的欧洲中世纪，人的发展经过神的全智全能的禁锢，在文艺复兴迎来了勃兴，人道主义的思想丰富了人的发展内涵，"出自造物主之手的东西，都是好的，而一到了人的手里，就全变坏了"。②卢梭从自然主义的教育观出发，把身心协调作为人的发展的目标。康德把善良意志视为人的发展的关键所在。黑格尔把人的发展当成人的本质的自我确证，"正是在劳动里（虽说在劳动里似乎仅仅体现异己者的意向），奴隶通过自己再重新发现自己的过程，才意识到自己固有的意向"。③尽管他讲的劳动是精神劳动。但是，把劳动作为人的发展的实现路径无疑是了不起的见解。因为，正是人的劳动创造了一切，人是在劳动中发展的，"人的类特性恰恰就是自由自觉的活动"。④

　　人的发展是人与事物联系的发展。"社会生产力和经济文化的发展水平是逐步提高、永无止境的历史过程，人的全面发展程度也是逐步提高、永无止境的历史过程。"⑤人的发展涉及人的社会性、能动性、创造性、需要等多方面。所以，"人的发展的真正意义是全面发展"，⑥"是一个历史过程，它是理想与现实的统一"。⑦

　　人的发展是人的本质的发展，"人以一种全面的方式作为一个完整的人，占有自己的全面的本质"。⑧这种占有体现了一种新的社会关系，即联合体。"将是这样一个联合体，在那里，每个人的自由发展是一切人的自由发展的条件。"⑨人的发展，体现为全体社会成员的共同发展，而不是个别人的发展。人的发展是主动与被动的统一，个人与社会的协调，人的本质的体现，人的生命活动在联合体得到完美展现，个人既是自己的主人，同时又自由地支配自己身在其中的社会关系。人的创造性得到充分体

---

①　［古希腊］亚里士多德：《政治学》，吴寿彭译，商务印书馆1965年版，第393页。

②　［法］卢梭：《爱弥儿》，商务印书馆1978年版，第5页。

③　［德］黑格尔：《精神现象学》（上），贺麟等译，商务印书馆1979年版，第131页。

④　《马克思恩格斯全集》（第42卷），人民出版社1979年版，第96页。

⑤　《江泽民文选》（第3卷），人民出版社2006年版，第295页。

⑥　黄枬森主编：《马克思主义哲学体系的当代建构》（下册），人民出版社2011年版，第646页。

⑦　谭培文：《马克思主义文本与现实的对话——谭培文自选集》，甘肃人民出版社2008年版，212页。

⑧　《马克思恩格斯全集》（第42卷），人民出版社1979年版，第123页。

⑨　《马克思恩格斯选集》（第1卷），人民出版社1995年版，第294页。

现，人由必然王国走向自由王国。

片面发展不是人的真正发展。"生产的社会管理不能由现在的这种人来进行，因为他们每一个人都只隶属于某一个生产部门，受它束缚，听他剥削，在这里，每一个人都只能发展自己能力的一方面而偏废了其他各方面，只熟悉整个生产中的某一个部门或者某一个部门的一部分。"① 旧的分工使人成为片面的人，"只要特殊利益和共同利益之间还有分裂，也就是说，只要分工还不是出于自愿，而是自然形成的，那么人本身的活动对人来说就成为一种异己的、同他对立的力量，这种力量压迫着人，而不是人驾驭着这种力量"。② 当人不再受分工制约，人就成为人自身，"在共产主义社会里，任何人都没有特殊的活动范围，而是都可以在任何部门内发展，社会调节着整个生产，因而使我有可能随自己的兴趣今天干这事，明天干那事，上午打猎，下午捕鱼，傍晚从事畜牧，晚饭后从事批判，这样就不会使我老是一个猎人、渔夫、牧人或批判者"。③

二　人的发展的历史性、现实性和未来性

人的发展的历史性。人的发展分为三大形态："人的依赖关系（起初完全是自然发生的），是最初的社会形态，在这种形态下，人的生产能力只是在狭窄的范围内和孤立的地点上发展着。以物的依赖性为基础的人的独立性，是第二大形态，在这种形态下，才形成普遍的社会物质变换，全面的关系，多方面的需要以及全面的能力的体系。建立在个人全面发展和他们共同的社会生产能力成为他们的社会财富这一基础上的自由个性，是第三个阶段。第二个阶段为第三个阶段创造条件。"④ 第一阶段，相当于前资本主义的整个阶段，生产力极不发达，人对人的依赖性很强，人的发展孤立地限制在狭小的范围内。在第二阶段即资本主义阶段，人与人之间的依赖关系减弱了，人的独立性增强了，但是人的独立性是以对物的依赖为基础的。"对对象的占有竟如此表现为异化，以致工人生产的对象越多，他能够占有的对象就越少，而且受自己的产品即资本的统治。"⑤ 第

---

① 《马克思恩格斯全集》（第 4 卷），人民出版社 1958 年版，第 370 页。
② 《马克思恩格斯选集》（第 1 卷），人民出版社 1995 年版，第 85 页。
③ 同上。
④ 《马克思恩格斯全集》（第 46 卷上），人民出版社 1979 年版，第 104 页。
⑤ 《马克思恩格斯选集》（第 1 卷），人民出版社 1995 年版，第 41 页。

三个阶段即共产主义社会，消灭了私有制，消除了异化劳动，生产高度发达，人的发展才真正成为现实。

人的发展的现实性。现实是历史的延伸，历史是现实的产物，"每一代都利用以前各代遗留下来的材料、资金和生产力；由于这个缘故，每一代一方面在完全改变了的环境下继续从事所继承的活动，另一方面又通过完全改变了的活动来变更旧的环境"。① 现实是对历史的继承，现实性就是人的发展所面临的生产力和生产关系的特点。现实对历史而言是一种实现了的可能，对未来而言是尚未实现的可能。一方面人的发展需要继承过去各个时代的材料、资金和生产力，另一方面，人又要对过去的遗产加以变革，让遗产在历史阶段上打上当代人的烙印，发挥主观能动性驾驭异己力量。对人的发展的现实性的准确把握，不是那么容易的，"历史总是遵照在它之外的某种尺度来编写的；现实的生活生产被看成是某种非历史的东西，而历史的东西则被看成是某种脱离日常生活的东西，某种处于世界之外和超乎世界之上的东西"。② 可见，要用历史唯物观来理解现实性。

人的发展的未来性。这是指人对理想的追求。"推动人去从事活动的一切，都要通过人的头脑……外部世界对人的影响表现在人的头脑中，反映在人的头脑中，成为感觉、思想、动机、意志，总之，成为'理想的意图'，并且以这种形态变成'理想的力量'。"③ 未来是一种走向、一种趋向、一种运动。即使是在共产主义社会，人的全面发展变成了真正的现实，而人的发展也不会停止，那时，人的发展的内涵将在崭新的社会关系中得到新的丰富，人将在新的基础上继续发展。"共产主义对我们来说不是应当确立的状况，不是现实应当与之相适应的理想。我们所称为共产主义的是那种消灭现存状况的现实的运动。"④ 这里讲的"消灭现存状况的现实的运动"预示着，从人的异化到消除人的异化，从私有制到公有制，从奴役到解放，从片面发展到全面发展是一个面向未来的过程。这个过程体现了人的发展的未来性。

---

① 《马克思恩格斯选集》（第 1 卷），人民出版社 1995 年版，第 88 页。

② 同上书，第 93 页。

③ 《马克思恩格斯选集》（第 4 卷），人民出版社 1995 年版，第 232 页。

④ 《马克思恩格斯选集》（第 1 卷），人民出版社 1995 年版，第 87 页。

三　人的发展的内涵

人的需要的发展。"任何人如果不同时为了自己的某种需要和为了这种需要的器官而做事，他就什么也不能做。"① 人的需要的不断丰富，意味着人的活动范围的扩大。人的需要形式是主观的，内容却是客观的，需要的满足和实现程度取决于活动的状况和水平。人的需要随着时代的变化而发生变化。前资本主义时期，占主导地位的需要是人对血亲关系和控制权利、支配权利的需要；在资本主义时期，人的需要主要表现为金钱和完全利己的需要；在未来的共产主义表现为，人对内在本质的占有需要。人的需要，既分为生存需要、享受需要和发展需要，也可以按与人存在的关系的层次，分为：生理需要、安全需要、交往需要、尊重需要和自我实现的需要。人的"第一个历史活动就是生产满足这些需要的资料"。"第二个事实是，已经得到满足的第一个需要本身、满足需要的活动和已经获得的为满足需要用的工具又引起新的需要。"② 在中国社会的转型时期，多数人的需要停留在人情、金钱和权利层面。因此，必须引导人追求高层次的需要。

人的能力的发展。人的能力包括人的各种现实力和潜力，比如，人的体力、智力、自然力、创造力、社会力等。"人的思维的最本质和最切近的基础，正是人所引起的自然界的变化，而不单独是自然界本身，人的智力是按照人如何学会改变自然界而发展的。"③ 人的智力的发展与人对自然的活动相连，在引起自然变化的活动中，自己的智力增强，同时人的体力也获得发展。在前资本主义社会，人的能力体现为一种原始的丰富状态；在资本主义社会，人的能力受社会分工的束缚，人长期从事一种活动，人的能力畸形发展；在未来的理想社会，人的能力得到全面发展，人在劳动中的内在本质力量充分发挥，"任何人都没有特定的活动范围，而是都可以在任何部门内发展"。④

人的社会关系的发展。人的实践活动范围的扩大，必然引起人的社会关系的丰富。个人的发展取决于人的社会关系的丰富程度，社会关系的丰

---

① 《马克思恩格斯全集》（第 3 卷），人民出版社 1960 年版，第 286 页。
② 同上书，第 31—32 页。
③ 《马克思恩格斯全集》（第 20 卷），人民出版社 1971 年版，第 573—574 页。
④ 《马克思恩格斯选集》（第 1 卷），人民出版社 1995 年版，第 85 页。

富程度由生产关系规定，而最终由社会生产力决定。在前资本主义时期，社会生产力低下，人的社会关系主要是血缘关系，人的活动范围极其狭小，社会关系简单明了，"无论个人还是社会，都不能想象会有自由而充分的发展"。① 在资本主义社会，"私有制使我们变得如此愚蠢而片面，以致一个对象，只有当它为我们拥有的时候，也就是说，当它对我们说来为资本而存在，或者它被我们直接占有，被我们吃、喝、穿、住等的时候，总之，在它被我们使用的时候，才是我们的"。② 在共产主义社会，每个人的自由发展是一切人的自由发展的条件。但是，"只有随着生产力的这种普遍发展，人们的普遍交往才能建立起来"。③

人的个性的发展。人的个性包括自律性、自由性、独创性。人的个性是由多种因素构成的有机整体，包括个性倾向和个性心理。个性倾向，如人的需要、兴趣、动机、理想、信仰、价值观等。人的个性中的动力因素规定着人的生活目的和活动方向。在阶级社会中，人是阶级性和个性的统一。"他们的个性是受非常具体的阶级关系所制约和决定的。"④ 在资本主义社会，人有了一定的独立性，但是，人依附于资本，受资本的统治，工人除了自己的劳动力之外，一无所有。劳动及其产品既是人的主体性和本质的对象化、物化，也是人的个性的对象化、物化。"我在劳动中肯定了自己的个人生命，从而也就肯定了我的个性的特点。"⑤ 只有在共产主义社会，人才能作为有个性的人而完全确证。

四　人的发展的基础

自苏格拉底以来，人们就不断探讨人的发展的基础问题，人本身是不是人发展的起点呢？"我们开始要谈的前提不是任意提出的，不是教条，而是一些只有在想象中才能撇开的现实前提。这是一些现实的个人，是它们的活动和它们的物质生活条件，包括他们已有的和由他们自己的活动创造出来的物质生活条件。"⑥ "现实的个人"是人的发展的基础。

---

① 《马克思恩格斯全集》（第46卷上），人民出版社1979年版，第485页。
② 《马克思恩格斯全集》（第42卷），人民出版社1979年版，第124页。
③ 《马克思恩格斯选集》（第1卷），人民出版社1995年版，第86页。
④ 《马克思恩格斯全集》（第3卷），人民出版社1960年版，第86页。
⑤ 《马克思恩格斯全集》（第42卷），人民出版社1979年版，第38页。
⑥ 《马克思恩格斯选集》（第1卷），人民出版社1995年版，第66—67页。

现实的个人是一定生产方式中的人。黑格尔用自我意识代替人，人的现实成为自我意识的特定形式。费尔巴哈把形而上学的绝对精神归结为以自然为基础的现实的人，完成了对宗教的批判。在马克思主义看来，费尔巴哈的人局限于单纯的直观、是远离社会的感性存在物。"全部人类历史的第一个前提无疑是有生命的个人的存在。因此，第一个需要确认的事实就是这些个人的肉体组织以及由此产生的个人对其他自然的关系。"① 现实的个人是与物质生活资料、物质生产方式相联系的人。人的不同发展阶段，是由不同的生产力为基础的交往方式决定的。

在前资本主义，人的现实是：生产力水平极其低下，人发展的广度、高度和深度受很大限制。在资本主义社会，生产力有了巨大的发展，但是人对物的依赖很强，这是人发展的现实。在共产主义社会，人发展的现实条件将发生根本改变。在我国社会发展的现阶段，即社会主义初级阶段，人发展的现实条件与前资本主义社会和资本主义社会相比，虽然有很大的进步，但是与未来的共产主义社会相比，仍然有很大不足，因此，我们要认识到这个不足，积极利用既定的条件来促进人的发展，同时，又要发挥主动性积极创造良好的条件来为人的发展服务。

现实的人是世界历史中的人。随着生产力的进步，资本超出了国界，人交往的范围也不断扩大，人成为走进世界历史的人。人的发展，就是在生产力发展的基础上，不断打破旧的社会关系建立新的社会关系的过程。"已成为桎梏的旧交往形式被适应于比较发达的生产力，因而也适应于进步的个人自主活动方式的新交往形式所代替；新的交往形式又会成为桎梏，然后又为别的交往形式所代替。由于这些条件在历史发展的每一阶段都是与同一时期的生产力的发展相适应的，所以它们的历史同时也是发展着的、由每一个新的一代承受下来的生产力的历史，从而也是个人本身力量发展的历史。"②

现实的人是生活世界的人。胡塞尔认为，在科学和哲学产生之后，生活世界本身没有变，只不过人换了一套对生活世界的描述方式。随之而来的海德格尔从存在论、维特根斯坦从语言学、伽达默尔从解释学、哈贝马斯从交往理论、卡西尔从人类文化学的视角，诠释了人的生活世界和生活

---

① 《马克思恩格斯选集》（第 1 卷），人民出版社 1995 年版，第 67 页。
② 同上书，第 124 页。

世界的人。其共同点是：他们所言的生活世界是唯心主义的生活世界，所言的人是观念的人。这与德国古典哲学家康德的先验自我，费希特的绝对自我，黑格尔的绝对理念，鲍威尔的自我意识同出一辙。

马克思恩格斯所说的生活世界的人，是生产实践活动中的人，"我们的出发点是从事实际活动的人，而且从他们的现实生活过程中还可以描述这一生活过程在意识形态上的反射和反响的发展"。① 生活世界，将自然、社会、理性与人的实践活动融为一体，充分体现了人的生存方式和意义，现实的人也就是成为在生活世界中发展的人。

五 人的发展的路径

生产力是人发展的根本路径。人的发展的最终决定因素是生产力，生产力的发展是人的发展的根本条件。"首先必须使生产力的充分发展成为生产条件，使一定的生产条件不表现为生产力发展的界限。"② 满足人的生存和发展，需要生产力的高度发展。只有劳动生产率的提高，才能为人的发展提供充足的时间。"节约劳动时间等于增加自由时间，即增加使个人得到充分发展的时间。"③ 如果生产力低下，贫穷和极端贫穷普遍化，人们重新开始争取必需品的斗争，陈腐浑浊的东西又要死灰复燃。所以，发展生产力的意义重大。我国以经济建设为中心，坚持生产力标准，一心一意谋发展，聚精会神搞建设，科学发展，统筹兼顾，不断提高生产力发展的水平和质量，增加城乡居民的收入，完善社会保障体系，改进医疗卫生条件，使人获得了很大发展。

制度建设是人发展的保障。交往关系即生产关系是人们在生产过程中结成的人与人之间的关系。为了生产，人们离不开相互交往和发生一定的联系。一定的联系和交往方式一经固定下来便成了制度。所以，制度就是相对稳定、规范的交往方式。"制度只不过是个人之间迄今所存在的交往的产物。"④ 制度规定人们行为的标准和方式，制度提倡什么、禁止什么，对人的发展起着导向的作用。制度通过规定人们的权利和义务来达到目的。在我国进一步深化体制改革的过程中，关键是要建立以利益为制衡机

---

① 《马克思恩格斯选集》（第 1 卷），人民出版社 1995 年版，第 73 页。

② 《马克思恩格斯全集》（第 46 卷下），人民出版社 1980 年版，第 36 页。

③ 同上书，第 225 页。

④ 《马克思恩格斯全集》（第 3 卷），人民出版社 1960 年版，第 79 页。

制的制度，否则谈不上人的发展。

人文价值是人发展的灵魂。"就单个人来说，他的行动的一切动力，都一定要通过他的头脑，一定要转变为他的意志动机，才能使他行动起来。"① 生产力和制度是人发展的基础，人文价值是人发展的内部力量，决定因素、内因。"唯物辩证法认为外因是变化的条件，内因是变化的根据，外因通过内因而起作用。"② 在人的发展过程中，人文价值是人发展的精神动力，是第一位原因，而物质生活条件、生产条件、良好的制度设计仅仅是人发展的第二位原因。在同样的环境下，有的人成才，有的人不成才，在同样的国家和历史年代，有的人是民族英雄，有的人是民族败类。

在社会深刻转型时期，一部分人什么都不缺，唯独缺德，缺精神，买官卖官，强制拆迁，滥用权力，卖国求荣，麻木不仁，丧失人文，把社会和人当成机器控制，容不得不同意见，幼稚和固执地把经济的发展等同于单纯的 GDP 增长，不发展实体经济，民生工程不安排、不热心、不落实，只醉心于私利、小集团的利益、腐败堕落、荒淫无耻，这是很值得思考和警惕的现象。在毛泽东看来，"人是要有一点精神的"。③ 这里的精神就是人文价值，在他看来，吃酸菜，这个酸菜里面就出政治，就出模范，根本的是我们要提倡艰苦奋斗，艰苦奋斗是我们的政治本色。这对人的发展是极具有现实意义的。

六　法制教育的人文价值与人的发展

尽管法制教育的人文价值与人的发展的内涵、任务、研究范围不同，但是，二者都具有客观性、能动性、历史性、社会性。法制教育的人文价值，在理论特殊、理论个别方面，丰富和发展了人的发展；人的发展是法制教育的人文价值的基础。

（一）法制教育的人文价值对人的发展的丰富

第一，从发展的系统性丰富人的发展理论。在法制教育实践中，没有单纯的职业教育，职业教育总是与人的整体素质的提高联系在一起的。法

---

① 《马克思恩格斯选集》（第 4 卷），人民出版社 1995 年版，第 251 页。
② 《毛泽东选集》（第 1 卷），人民出版社 1991 年版，第 302 页。
③ 《毛泽东文集》（第 7 卷），人民出版社 1999 年版，第 162 页。

制教育的人文价值，以人为尺度对教育本身、法律内容、法律的制定、公布、实施、监督、执行等一系列因素、环节进行整合；在诸种因素、环节中确认人的地位，使人性得到张扬，个性得到发展，人的合作、理解得到增强；找到依法治国和以德治国的最佳契合点。

在法制教育的实践中，人一方面在接受法律、制度的教育，另一方面又超越法律、制度、法制教育活动、法制教育理论研究本身，充分体现了不相同而又相通的系统精神，这正是人的发展所要求的。法制教育的人文价值所体现的系统发展观，是在现实的法制教育活动中，对法制教育的一种把握，是对于现实的法制教育经验的总结。现实的系统性发展，立足于法制教育人文价值理论的整体性、法制教育实践活动的整体性和人的成长的整性，人的内部的精神、意识、观念的整体性，这正是人的发展理论的应有之义。

第二，从发展的个体性丰富人的发展理论。关注个体的实质就是关注个体的体验。"体验是一种图景思维活动。其中，'图景'是一种跨越时空的有机的整体性存在，它同时包含着个体人过去的生活阅历、当下生活场景之生命感动和未来人生希冀的蓝图，其显著特征是整体性、现场性和超越性。"① 有一种可能：教育者刻意传授的是技能和知识的一面，而受教育者感悟的却是人文的一面，在获得知识和技能的同时，提升了境界，追问知识、技能背后的意义。而人文关怀，人对世界意义的探寻，如果仅仅停留在教育者的语言表述阶段，或者受教育者极力以知识、技能，对教育者表述的人文内容进行规整，缺失对意义的追问，就不是人的发展。所以，法制教育的人文价值体现的发展有很强的个体性。

我们在培养人的法治观念，坚定人对法律信念的教育实践活动中，把发展的个体性作为基本的要素。本真的法制教育拒斥灌输、高压、他者用法制教育为手段的盘剥和霸权，而不管这种手段是体现在思想上、话语中，还是实体的物质利益上。如果在法制教育实践中只重视传授知识和培养技能，不启发个体对意义和精神的思考，就会产生许多消极后果。在审判实践中就会出现只关心案子不关心人，只讲程序不讲人情的法官、警官、检察官，导致正义成为迟到的正义，公平成为宣布审判时刻的匆匆过客，无论对当事人还是对社会，都是最大的不正义和最大的伤害。我们不

① 刘惊铎：《道德体验论》，人民教育出版社 2003 年版，第 61 页。

缺少对社会不公的现象的批评和指责，真正缺少的是对其法治进程中存在的个体元素的反思、精神关照。法律、法治、法制教育应关注个体，关注个体的体验和感受，才能孕育社会深刻转型时期的法律信仰。

第三，从发展的内原性丰富人的发展理论。从内原性的角度讲，法制教育非常重视教育的主体与客体的对话和交流，力求赋予法律、制度、法制教育鲜活的生命力。法制教育的切入点，是法制教育中的人。要立足于人的幸福、人的成长、人的价值的实现。这实际上是人对人的重新发现和理解，理解的关键在于理解人发展的内原性，即内部力量、内部矛盾。法制教育中人的内在力量，是指在法制视野内人的精神世界、意识、良知、意志、决心、勇气等。在法制教育中，不认识人的内在力量，就无法通过法制教育促进人的发展。因为一切变化和发展主要是由内部矛盾引起的，内部矛盾是事物发展的根本原因，它规定着事物发展的基本方向，只有理解了事物的内部矛盾才能理解事物的发展。当然，在法制教育活动中对人的内部矛盾的认识要与人的外部矛盾联系起来。人的发展是内部矛盾和外部矛盾相互联系、相互影响的过程。

第四，从发展的包容性丰富人的发展理论。人文价值所言的人文，实际上就是理解和融合。包容性发展是在法制教育的过程中，人作为主体对客体的对象，即物的理解和相融。包容性发展是特殊的主客体融合的发展。主客体融合，在法制教育中就是人对人的理解、人对法制的理解。法律知识、法律条文、审判和裁决的结果是客观的，但是对不同的主体来讲，其意义就不一样。法制教育如果不与主体的认知联系起来，没有任何意义。从法律成本来讲，有的当事人宁要及时的非正义，而不要迟到的正义；宁受冤屈也不愿打官司；宁愿私了，也不愿公力救济。这并不表明当事人的法律意识不强，没有法律观念，也不是社会的法治建设不到位，而是当事人赋予法律、组织机构的意义不同。当事人有权自主赋予意义，如果当事人的这点基本的选择都要责备、甚至剥夺，还谈什么法律和法治社会？"教育是建立在包容过失基础上的美好生活。"① 在法制教育中融入包容性理念，是对当事人选择权的尊重。尊重人才能关涉人的幸福。包容性发展是法制教育的人文价值赋予人的发展的崭新内涵。

---

① 蒲鸿志：《教育的未来话语》，《中国教师》2009 年第 23 期。

（二）人的发展理论对法制教育的人文价值理论建构的指导

第一，唯物史观是法制教育的人文价值的基础。唯物史观，奠定了人的发展的大厦，也是法制教育的人文价值的基石。"这种历史观就在于：从直接生活的物质生产出发阐述现实的生产过程，把同这种生产方式相联系的、它所产生的交往形式即各个不同阶段上的市民社会理解为整个历史的基础，从市民社会作为国家的活动描述市民社会，同时从市民社会出发阐明意识的所有各种不同理论的产物和形式。"① 只有以唯物史观为指导，才能增强法制教育的人文价值理论的说服力和彻底性，才能揭示法制教育的人文价值的本质和规律。离开了唯物史观的指导，法制教育的人文价值，就会走向玄虚、惟灵、主观和神秘，滑向唯心主义。同时，只有以唯物史观为指导，才能增强法制教育的人文价值理论对实践的指导作用。

第二，以人为本是法制教育的人文价值的灵魂。法制教育只有做到以人为本，才能真正建构起符合人的需要、反映法制教育客观规律的理论；法制教育实践，只有以人为本才能真正体现人性关怀，发扬人文精神，体现人文价值。人的发展的核心是以人为本。人为什么要发展，怎样发展，在什么条件下发展，都涉及一个基本的价值取向。人的发展是因为人、为了人的发展，脱离人的发展是不可想象的。以人为本是人的发展的基本价值取向。这一取向对法制教育的人文价值的研究具有重要的指导作用。

第三，人的解放是法制教育的人文价值的最终追求。人的解放不是虚无缥缈的，它存在于我们对当前的现实世界的改造中。法制教育的人文价值以人的解放为目的。在理论研究中，把人的解放置于核心地位；在实践中，通过法制教育的人文价值的实现，为人争得更多的自由和权利，走一条现实的人的解放之路。在法制教育中，教育者不能居高临下，主观地对受教育者指手画脚，压制人对法制的个性化理解，否则就会引起受教育者的反叛。教育者是引导者，而不是替代者。法制教育的人文价值的实现的依靠力量，是受教育者自身。人的解放是法制教育的人文价值的最后归宿。

以人的解放作为指导思想的法制教育，把对人的教育、人的转变以及法制教育本身当作一个过程。在法制教育的理论和实践中，注意历史的继承性和现实的创新性。同时，在积极推进法制教育的人文价值的实现的实

---

① 《马克思恩格斯选集》（第 1 卷），人民出版社 1995 年版，第 92 页。

践中，重视制度建设。不过，法制教育的人文价值的诉求，并不是无限制地追求个人的绝对解放和个性的绝对发展，而是历史的渐进与飞跃的统一。

总之，法制教育的人文价值和人的发展是相互联系、相互区别的辩证统一的关系。人的全面发展是法制教育的人文价值的基础，而法制教育的人文价值是对人的发展的丰富。

第四章 法制教育的人文价值的 法律实践基础

  法制教育的人文价值理论是建立在坚实的法律实践基础之上的，而不是纯理论上的推演，更不是人的思维中的主观虚构。法律制度的人文价值实践是法制教育的人文价值的实体支撑，因此，法制教育的人文价值研究，只有直接回到研究对象本身去，与研究对象直接对话，站在所处的时代的思想高度，关注人的生存与发展问题，才能作出正确的结论。由于教育实践中存在的人文价值缺失的问题，在前面的章节里已经讨论，这里不必赘述。本章论述法律制度实践中人文价值的缺失和重构问题。

第一节　实践的阶段性

  法制教育的人文价值作为一种理论思维和人的认识成果，只有在人的社会生活实践中才能得到说明和理解，也就是说，法制教育的人文价值在人的法律实践中生成。法制教育的人文价值的法律实践生成是一个历史的过程，表现出阶段性。

一　面向工具阶段

  人们并不是一下子就认识到法制教育的人文价值是法制教育的终极价值的。对法制教育的人文价值内涵的认识开始也是单一的、片面的，后来，随着人类的法制教育生活实践的不断丰富而变得丰富起来。在法制教育的人文价值产生的起始阶段，很多人是不承认法制教育有人文价值的。很多人认为：法制教育只有工具价值，法制教育作为一种工具是为统治阶级服务的，工具性是法制教育价值的唯一特性。因为，表面看来，法律和制度就是统治工具，这与我们平常见到的生产工具并没有二样。而对法制的工具的理解在很大程度上又狭隘地理解为法律对被统治阶级的欺骗和镇压。也就是说，在法制教育的工具价值阶段，法制是排斥人的。法律和制度并不反映一般人的需要。如果说，这一阶段的法制还反映什么人的需要的话，那么，唯一反映的是统治阶级内部成员的需要。这时的法制是充满血腥的。这是与法律和制度的工具价值独断专横、大行其道密不可分的。奴隶社会、封建社会属于这个阶段。可见，在法制教育的工具价值阶段，法制教育基本上不关涉一般人的幸福和愉悦。这是法制教育的人文价值发展的初始阶段。

二　面向秩序阶段

面向秩序阶段，是对面向工具阶段的一定程度的超越，这是人类工业革命时期对秩序需要的产物。认为法制的价值就是建立良好的秩序和使人生活得安全。秩序和安全成为法制的唯一追求。秩序是通过可能的制裁来增进人类的普遍幸福和人类的个体幸福。

面向秩序的价值追求，反映了人类面临愈来愈发达的商品经济，期望实现人与人商品交换的可预测性和结果的可控制性。这就要求建立一种执行承诺、契约，保证交往双方达成预期结果的法律和制度。我们说，面向秩序阶段的法制，既面向统治阶级成员，也面向被统治阶级的成员，这是它的进步性。这一阶段的法制，尽管公民也能在一定程度上自觉自愿地遵守，但是，就其主要功能来讲，它是惩罚和制裁的法制。惩罚性和制裁性是其主要特征。功利主义者边沁论述了这种功利的运作方法。他认为，人的行为的原因是痛苦和快乐。制裁赋予法制以约束力，制裁分为身体上的制裁、政治上的制裁、道德上的制裁和宗教上的制裁。制裁就是用痛苦来威胁人，这是人的行为有效的原因。在公共生活领域，把人的部分行为与制裁联系在一起，人感到约束力，违反了法制，就会受到制裁而造成某种痛苦。[①] 面向秩序阶段，是法制教育的人文价值发展的中级阶段，在这一阶段，秩序成为人文价值的核心理念。但是，不要忘了，最完美的秩序、最公正的程序运作的往往是最不完美、最不公正的内容。

---

① ［英］韦恩·莫里森：《法理学——从古希腊到后现代》，李桂林、李清伟、侯健、郑云瑞译，武汉大学出版社 2003 年版，第 201 页。

三　面向人的自由阶段

这一阶段的法制教育的人文价值以对自由的追求作为目的价值和最高理念。人的幸福是人的自由的重要内容之一，但不是人的自由的全部内容，自由比幸福更为博大。幸福感因人而异，或许有人感到幸福，但并不自由，但是有充分而全面的自由的人，却一定是一个幸福的人。这就是有了自由，人才能追求幸福，但是有幸福感，却不一定有自由感。自由与幸福不可分割，可是，自由与幸福却并不等同。自由成为法制教育的人文价值的核心理念，是人类后工业文明的结晶。在后工业社会，人类面临的主要问题是处理人与自然、人与社会、人与自身之间的一系列关系。如何建构和谐社会，如何塑造和谐人，成为当今时代的主题。人渴望一种相对自由、相对和平的生活。在偶然性和选择性成为人的难题时，如何保证人的真正的自由就成为法制教育人文价值的核心理念。只有自由才能建构良好的法制和良好的教育。自由对人幸福的重要性，正如生命对个体的存在一样，是不可分割的，卢梭认为："一个人抛弃了自由，便贬低了自己的存在，抛弃了生命，便完全消灭了自己的存在。因为任何物质财富都不能抵偿这两种东西，所以无论以任何代价抛弃生命和自由，都是既违反自然同时也违反理性的。"① 自由的内涵的丰富是社会实践发展的结果。自由的含义并不是仅仅指商业上的自由。这从早期的自由主义的内容的丰富性可以看出。"早期自由主义的内容并不限于工商企业上创造和经营的自由。在其主要宣传家的内心中，还有关于心灵自由、思想自由与表达自由的言论、写作、印刷、集会等自由的同样热烈的要求。关于信仰自由的更早的兴趣被概括化了，所以不仅是更广泛的，而且是更深刻的了。"② 可见，自由不仅包括创造物质财富的自由，也包括人的精神方面的自由，而精神上的自由是更重要的自由。总之，随着人类社会实践的不断深入，法制教育的人文价值的内涵将变得越来越丰富。

---

① ［法］卢梭：《论人类不平等的起源和基础》，李常上译，商务印书馆1982年版，第137页。

② ［美］约翰·杜威：《人的问题》，傅统先、邱椿译，江苏教育出版社2006年版，第121页。

第二节　法律的人文价值

法制教育的人文价值与法律存在的人文价值是分不开的。法律本身的人文价值客观上要求法制教育必须具有人文价值。法制教育的人文价值是法律的人文价值的体现。探求法律的人文价值，才能使法制教育的人文价值在实践层面有生根的土壤。

一　法律关涉人的生活

法律关涉人的幸福，不脱离人的现实生活世界，力求建构一种理想的生活。这种理想生活满足人的需要，具有人性，是人文生活。法律要求人不仅要本能地生活着，而且还要理性地生活着，正确地处理个人与他人、集体和国家之间的关系，在必要的时候牺牲个人利益，使他人或多数人过上理想的生活。法律的制定和实施应实现人的本能与人的理性的统一。法律视野中的美好生活，是一种既不放纵，也不拘谨的生活。法律对生活世界的人文性构建，不同于丧失人文性的、传统的生活世界。它是富有创新性和批判反思性的建构。这是一种充满生机和活力的生活，不是一种保守的生活。法律不是生活的上帝，法律有可能是错误的。也就是说，法律既然把立足点放在人的生活世界，那么，法律就应该有最大程度的灵活性，不断根据变化的生活及时修改、调整、甚至废止法律。法律的严肃性是通过灵活性和创新性体现出来，而不是通过稳定、保守和唯一性体现出来。法律不仅依靠自身的力量建构人的理想的生活世界，而且非常注重借助伦理道德教育、尤其是思想政治教育的力量来建构理想的生活。

二　法律的多元化存在

法律的多元化，是指不仅有国家法的存在，也有民间习惯法在发生作用。法律的多元化，体现了法律的人文价值。法律的多元化是从社会的角度来理解法。奥地利社会学家欧金·埃利西认为，法律分为"国家法"和"活法"。"活法"是指非国家制定但能保证社会秩序化的规则，在国家以前就自发地与社会同时出现和发展，从社会来观察法的基础性渊源，强调各种习惯，长期生长于社会并维系社会的生存和发展。① 法学家周世中认为："从国家法层面上看，法与国家有着必然的联系。法律随着国家的产生而产生，伴随国家的消亡而消亡，这个意义上的法，与社会的习俗、民间的规则是不同的，它们之间存在着本质的区别。从非国家法的层面上去理解，法并不与国家有必然联系，而是与一定权威组织相联，它是人们在长期的社会交往过程中形成的一定的权利、义务关系，这种权利、义务的实现是由一定的社会组织保证实现的。在这个意义，民族习惯法、民间的民间法，都可看作国家意义上的法。"② 可见，从一定的角度看，法不仅包括国家法还包括民间法。这就是说，对法律概念的理解不能仅仅与国家相联系来理解，更多的是应该联系社会生活的实际情况来理解。不论是国家法，还是民间法，它们的本质是相同的：都是人的法，具有属人性。但是，国家法的属人性与民间法的属人性不同。国家法的属人性往往比较狭隘，仅限于统治阶级这部分人。在剥削阶级社会，国家法的属人性，体现的是少数人的意志。在无产阶级即人民民主专政的国家，国家法体现的才是多数人的意志，而这时的国家法，从广义上讲，也是真正的民间法，二者在调整社会关系上，有很大程度的重合性。而民间法的属人性则存在于习俗直接发生作用的人群或地域。并且，民间法由于直接产生于民间，更直接地调整人与人的社会关系，直接为人服务，具有更大的灵活性和便捷性，所以，无论在剥削阶级社会还是非剥削阶级社会，民间法都广泛地存在，这正好说明了法的人文价值。

三　法典的人本理念

　　法律发展的总趋势，必然越来越重视人的价值。我国现行的法律，不论是作为根本法的宪法，还是作为实体法的刑法、民法，以及作为程序法的刑事诉讼法、民事诉状法、行政诉讼法等，都比较注重人本思想的贯彻和落实。随着社会文明的进步和法律自身的发展，在未来的法典的制定过程中和在法律实施的过程中，必将更加重视人的价值。这里以民法为例分析这个问题。

---

① 周世中等：《西南少数民族民间法的变迁与现实作用——以黔桂瑶族、侗族、苗族民间法为例》，法律出版社 2010 年版，第 18 页。

② 同上书，第 21—22 页。

从我国民法发展的历史来看，在不同的历史时期，有不同的历史使命，因此，也反映出不同的价值理念。罗马法到法典化的民法典强调财产法为中心，规范财产的流转。改革开放初期，民法专家佟柔就以商品经济理论基础，从民法对商品交易关系的作用来建构民法体系，确立了商品经济的民法观。其功绩在于，使人认识到在市场中民法所起的作用。这是重要的理论创新，为我国的民事立法奠定了坚实的基础，用改革开放 30 多年的时间走过了西方国家几百年的路。① 但是，在新的时代，民法学家王利明认为："随着我国市场经济体制的确立，市场化和工业化得到了充分发展。在我国已成为世界第二大经济体，物质财富有相当的积累，人民生活有相当改善的情况下，我们应当进一步考虑民事立法的任务，不仅仅是为市场经济奠定基本框架，还要承担对人的关怀的更高目标。"这是有其深刻的社会背景的，"在经济迅速发展的同时，利益格局更为复杂，社会矛盾和纠纷也日益加剧，如征收拆迁过程中的矛盾、资源和环境的紧张等。这些问题的妥善解决，都需要我们回到人本身，重新思考如何实现人的全面发展，而不仅仅是片面追求 GDP 的增长"。② 人文价值是民法不可缺少的价值。随着人类文明的进步，人格权的有效保护和新的侵权行为的不断出现，推动了民法研究的发展和民事司法实践的不断深入发展。"传统民法的财产中心主义，对人的内涵和生活世界的内容理解过于狭隘。"③但是，随着社会生产的进步，人们越来越重视人的精神权利、个人的情感、个人的感受。在当代民法中，发展的大趋势是，人格权与财产权相比较，更应该重视对人格权的保护。"民法的终极价值是对人的关怀，民法的最高目标就是服务于人格的尊严和人格的发展。要认识我国当代民法，把握当代民法的精髓，妥善应对传统民法所面临的挑战，就必须正确理解和把握社会变革的趋势，并使法律适应这些变化。"④ 人文价值作为民法的理念不是对以意思自治为核心的民法价值理念的否定，而是对意思自治存在的不足的补充。"对人的自由和尊严的充分保障以及对弱势群体的关爱，构成了民法人文关怀的核心内容。"⑤ 这就抓住了问题的实质：当代

---

① 王利民：《民法的人文关怀》，《中国社会科学》2011 年第 4 期。

② 同上。

③ 薛军：《人的保护：中国民法典编撰的价值基础》，《中国社会科学》2006 年第 4 期。

④ 王利民：《民法的人文关怀》，《中国社会科学》2011 年第 4 期。

⑤ 同上。

民法的精髓在于，对人的自由、人的尊严和弱势群体的有效保护。

四　法律体系的人文价值建构

我国目前尽管已经建立了以宪法为中心、以行政法规和地方性法规等规范性文件为主干的中国特色的社会主义法律体系，社会的基本领域做到了有法可依，但是，法律体系的质量不高，人文价值的理念并没有完全体现，人们对法律和制度的信任程度很低。所以，建构以人文价值为基础的当代中国特色的社会主义的法律体系，是时代提出的迫切任务。

（一）消除新形势下"法律万能论"的错误观念

我国过去相当长的历史时期，尤其是"文化大革命"，制定的法律很少，基本上是"无法可依"。"无法可依"的法律虚无主义思想泛滥，无疑是错误的。然而，改革开放以来，我国制定的法律又好像走了另一个极端，制定的法律太多，迷信法律，法律工具主义思想盛行，这同样是对法律的误解。"不无遗憾的是，人们却并没有因此而正确地理解法律，恰恰相反，他们却仅仅把法律看作是'神化'的造物，一切依靠法律，一味信奉法律，表现出一种严重地过分地规范化的倾向，从而最终也沦为了完全的工具主义法律（治）观的俘虏，大肆立法，试图以法律涵盖、控制整个社会生活。"[1] 这是对法律信仰的误解，如庞德所言，法的统治变成了倾盆大雨，并不是什么福音。过度立法和过度迷信法，并不能实现对公共生活的规范和满足人们对秩序的需要，也并不能反对专横意志。因此，历史和现实都在呼唤，消除新形势下的"法律万能论"的错误观念，实现法律的至上、党的事业至上和人民的利益至上三者的有机统一。

（二）关键是要"以人为本"

"以人为本"，可以从人的自由、权力、公平的角度来理解，也可以从文化的角度来理解。其核心内涵是，在法律的制定和法律的实施中，把人当作人来看，使人成为真正的人，使人成为有尊严、有价值的人。"一个国家的权利保障体系有三个层次：一是'人人'的层次，二是'公民'的层次，三是'弱者群体'的层次。"[2] 公民主要涉及的是政治参与、社会保障和社会就业等方面，弱势群体主要指妇女、老人、儿童、农民、下

---

① 林来樊主编：《法律与人文》，法律出版社 2007 年版，第 502 页。
② 徐显明：《以人为本与中国法治问题研究》，《学习与探索》2006 年第 6 期。

岗工人、城镇低收入者以及心理和身体上有疾患者，而"人人"是所有的人，是一个宽泛的概念，包括不同民族、种族、性别、语言、职业、宗教信仰、财产状况、居住期限、国籍、社会出身等的人。以人为本，到底以人的什么为本？以人为本，就是"以人性为本，以人的需要为本，以人的利益为本"。① 实际上是以人的利益为本。人的利益包括人的物质利益和人的精神利益。当然，具体的个体的人的需要和利益并不是完全合理的，这需要用伦理价值的尺度来衡量，但是，这并不能否定人作为法律的体系建构的基本立足点和最终归宿点。"以人为本"从法律体系的建构来讲，就是用法律保护所有人的基本人权，使每一个人都有尊严。也就是说，使所有的人都享有《世界人权宣言》规定的基本权利。然而，弱势群体，由于存在固有的特点，在权利的诉求上处于脆弱的地位，因此，以人为本实际上就是以弱势群体的权利保护为本。弱势群体的保护是社会文明的晴雨表，是衡量社会进步的最好的尺度，因此，建构中国特色社会主义法律体系，应该把对弱势群体的权利保护放在最重要的地位。

（三）让法律充满人文精神

中国特色社会主义法律体系的人文价值建构面临的最大挑战是什么？最大的挑战是人文精神的缺失。法制建设形式化，是人文精神缺失的表现。"法律似乎与人们离得越来越远，越来越机械化、形式化。"② 恢复法制的人文精神，就是要破除法律的形式化。近代的法律形式化趋势，是法律自身逻辑的结果。法律的形式化走向有可能同理性化、主体意识相联系，在实践的过程中，法律的形式化与法律的政治化、国家化相联系。也就是说，法律必须出自立法机关，有一定的程序，在经过一系列烦琐的标准后，法律才最终生产出来，然后，产生出专业化的执法队伍。这就是法律形式化的过程。在这种情况下，法律生活明显地分裂成两个部分，导致法律工作人员经常处于煎熬中，一方面要铁面无私地执法，另一方面法律工作人员又可能有自己的想法，这些想法在执法过程中可能与法律规范产生冲突，而正好与人文精神相符。"立法时主要考虑可操作性，考虑如何实现法律，但这一系列法律术语却与人类曾经希望通过法律达到的对人的

---

① 徐显明：《以人为本与中国法治问题研究》，《学习与探索》2006 年第 6 期。
② 林来梵主编：《法律与人文》，法律出版社 2007 年版，第 480 页。

保护和尊重的愿望背道而驰，这是一个让人感到非常需要重视的问题。"①
其实，法律的逻辑立足点不在于法律本身，而在于人，在于环境。即，在
于人和法律所处的特定的文化中。法律不应该脱离生活、脱离人。这就需
要更新观念，重新理解法律。法律并不是单纯地出自国家的制定，法律的
出处是多元化的。执法人员在执法的过程中有一定的想法和冲突，这是客
观的，我们必须承认和面对，真正的执法对象是人，应考虑的是人文环
境，法律依据并不具有唯一性和不变性。破除法律的形式化立法，才会立
出真正体现人民意志，具有时代精神和民族精神的法律来。破除法律的形
式化执法，才会满足人的需要，做到执法的人本化。执法的人本化，而不
是形式化，才能杜绝迟到的正义，所掩盖的最大的不正义；也才能消除执
法人员假借执法谋取私利，铲除执法人员"钓鱼"执法、引诱他人犯罪、
甚至一些部门培植案源、"养肥了再打"的严重侵犯人权的恶劣行径。

（四）以思想政治教育为核心

法律体系的建构要跳出法律体系来看问题，这才是中国特色。加强思
想政治教育是法制建设的核心和支柱。思想政治教育的内容不仅要贯彻于
立法和执法的全过程，而且要通过法律条文体现出来，制定有思想政治教
育意味的法律条文。只有这样，才能促使法律反映人民的意愿，才能使立
法和执法不至于缺少基本的常识。在中国当代之所以会出现"钓鱼执
法"，是因为执法人员全力执行的法律和全力维护的法律从根本上讲就不
是法律。问题是，这些不是法律的"法律"，我们为什么还要满腔热情地
执行呢？这就是执法人员对法律的鉴别缺乏常识。从"钓鱼"执法就可
以看出，法制教育的主要对象是执法人员，中国最需要普法的是执法人
员。可是，我们对执法人员的法制教育的成本是高昂的，有时，党政机关
一起动手，新闻媒体一同动员，这些暴露的"钓鱼"执法人员才接受了
法律的制裁，最终受到深刻的"法制教育"。可是，还有大量的没有暴露
的"钓鱼"执法我们该怎么应对？这可以说是中国特色法律体系建设的
一个世纪性的难题。要破解这个难题，恐怕唯一的方法就是思想政治教育
了。加强思想政治教育的具体路径是：用社会主义核心价值体系引领立法
和执法；立法要人文化，要制定人性的法律；同时，执法要人性化、人本
化。在立法和执法中，加强思想政治教育的实质，是从制度层面解决法律

---

① 林来樊主编：《法律与人文》，法律出版社 2007 年版，第 481 页。

的不人性、不道德。"个人不讲道德，产生了较为严重的不利于社会和不利于他人的结果时，有法律出来解决，而制度不道德的话，法律就难以解决了。可是，现在我们遇到的问题，恰恰是制度层面上的不道德。"① 中国的国情、历史传统、成功和失败的若干经验教训以及中国共产党特有的政治优势，决定了加强思想政治教育，是解决中国特色社会主义法律体系支柱性问题的不二法则。

（五）以德制为基础

中国特色社会主义法律体系与西方资本主义的法律体系的本质区别，除了社会性质、经济基础和终极价值等不同之外，最大的区别是二者建立的路径不同。中国特色社会主义的法律体系的建构是通过德制实现的。也可以说，以德治国与依法治国是统一的，二者统一于中国社会治理的伟大实践中。在当今时代，为什么德制这么重要呢？德制到底是什么呢？这里讲的德制与以德治理的德治不同，德制是制度性考查，德治是一种治理方式，与法治相对应。这需要从人类制度的发展史来理解，在农业社会，人类建立起与其生产关系相适应的"权制"。"权制"作为一种社会治理的基本方式，是农业社会最好的治理模式，不仅由落后的社会生产力决定，而且与官本位的社会价值导向密切联系。从 13、14 世纪开始，由于城市化、工业化的出现，权力的控制逐步减弱，到了 15、16 世纪，契约原则成为人们普遍的行为准则，到了 17、18 世纪，由于启蒙运动的推动，契约原则被奉为立法精神，人类建立了法制，于是，人类开始了依法治理的伟大历程。法制（法治）确实比权制（权治）优越②。问题是，在今天，人类面临着经济、政治、文化、社会、环境和心理的结构性失衡。尤其是当代中国，社会加速转型，经济成分、组织形式、就业方式、利益结构，分配种类呈现出多种样态，客观上要求我们用一种新的制度来解决所遇到的世纪性难题。这是因为，面对社会不公，从操作层面上入手，仅仅提出一些对政府行为和公共政策导向的建议是远远不够的，也是很肤浅的，社会的客观形势发展，迫切"要求我们创建一种全新的制度来解决我们今

① 张康之：《行政伦理的观念与视野》，中国人民大学出版社 2008 年版，第 434 页。

② 法制是一个国家的法律制度的总称，往往从静态上来理解，包括立法、执法、司法、守法和法律监督的合法性原则、制度、程序。法治是西方文明的产物，产生于近代社会，它的基础是市场经济和民主政治，它的核心是对权力的制约。这里，从法律实践的静态和动态的统一视角来理解，法制包括了法治的含义。

天所遇到的一切根本性的问题。这种全新的制度体系和行为规范体系应当属于道德的，我们需要建立起一种道德的制度，它可以被简称为'德制'"。① 可见，德制是超越权制和法制，而又与权制和法制密切相联系的、反映现代社会治理趋势的一种社会建设构想。在人类向后工业社会迈进的过程中，德制是较理想的选择。因为在后工业社会，法治不断面临各种困境，法治到了一种"拜物教"的程度，对法治、法律的反思和批判也就随之开始了。可见，人文价值的缺失，是中国社会治理中的最大缺陷，如何弥补这个缺陷呢？这就是毫不动摇地、积极建构具有时代精神的德制，这也是中国特色的社会主义法律体系的精髓所在。

第三节　人文价值的反思和制度重构

一　丧失人文价值的沉痛教训

（一）中国"文化大革命"的教训

制度的人文价值的重要性，还可以从中国社会自身的实践得到说明。"文化大革命"对人的践踏、对人性的摧毁、对法制的破坏，唤起了人们的反思。在"文化大革命"中，公检法被砸烂，大批干部被打倒，许多党和国家领导人被任意批斗，受到残酷迫害，国家主席刘少奇被迫害致死。广大人民群众的人身权利和其他各种权利受到任意侵犯。人民代表代表大会制度受到破坏，几乎没有什么立法活动，即使有立法，如1975年制定的宪法也是对法制的破坏，也是为了巩固"文化大革命"的成果。在从1966年到1975年里，第三届全国人大及其常务委员会没有举行过一次会议，地方各级人民代表大会制度也名存实亡。当时，依靠中央文件和领导人的讲话管理国家，没有法制可言，更别谈法制的人文价值了。"文化大革命"的人文价值丧失，有一个发展的过程。新中国成立后，建立了人民民主制度，制定了1954年宪法和其他法律、法规，保障了革命和建设的顺利进行。但是，尽管制定了良好的法律和制度，并没有得到得到较好的实施。而是继续沿用战争年代的思维模式和做法，经济上和政治上权利过分集中，"以阶级斗争为纲"，特别是当时党的主要负责同志，不重视法制建设。从20世纪50年代后期开始，"左"倾思想泛滥，法律虚

---

① 张康之：《行政伦理的观念与视野》，中国人民大学出版社2008年版，第199页。

无主义盛行，干部群众习惯于按政策办事，按领导人的意志办事，最后爆发了"文化大革命"的悲剧。"往往把领导人的话当做'法'，不赞成领导人的话就叫做'违法'，领导人的话改变了，'法'也跟着改变。"① 所以，中共十一届六中全会通过的《关于建国以来党的若干历史问题的决议》明确指出：历史已经证明，"文化大革命"是一场有由领导者错误发动，被反革命集团利用，给党、国家和民族带来严重灾难的内乱。

当然，"文化大革命"对制度的普遍破坏，使大多数人没有安全感，还与中国的传统有关。中国是一个经历两千多年封建专制统治的国家。在封建专制的统治之下，缺乏民主和法制的传统，人们迷信的是权威、畏惧的是权力，普遍重视的是义务，轻视的是权利。孔子认为，为政在人。孙中山也认为，我国数千年来，只求正君之道，不思长治之方。"旧中国留给我们的，封建专制传统比较多，民主法制传统很少。解放以后，我们也没有自觉地、系统地建立保障人民民主权利的各项制度，法制很不完备，也很不受重视。"② 当制度被大规模的破坏，表面上看是人的"主体性"的极大发挥，人可以不要"制度"了、可以彻底"自由"了，法律的"人文价值"视乎是最大化了。我国从"文化大革命"中吸取教训，开始重视制度的人文价值，正如邓小平说："没有'文化大革命'的教训，就不可能制定十一届三中全会以来的思想、政治、组织路线和一系列政策。"③ 所以，人文价值与制度是密不可分割的，失去了基本的制度，怎么谈得上制度的人文价值呢？制度没有了人文价值，法制教育的人文价值也就失去了根基。

（二）苏联"肃反运动"的教训

苏联作为一个社会主义国家，在建国之初，建立了比较完备的法律体系，苏联人民的生存和发展的权利得到了很大保障。苏联的体制既包含着民主和法制的一面，但也包含着共产党高度集权的领导机制，国家权力过度集中在共产党决策机构及其主要负责人手中，制度的人文价值必然起伏不定，依领导人的喜好变化。在复杂的国际环境因素和国内因素的综合作用下，必然以放弃人文价值告终。"在斯大林领导苏联的 29 年中，苏联

---

① 《邓小平文选》（第 2 卷），人民出版社 1994 年版，第 146 页。

② 同上书，第 332 页。

③ 《邓小平文选》（第 3 卷），人民出版社 1993 年版，第 272 页。

的社会主义法制建设取得了一定的成就，同时又犯了人所共知的破坏社会主义法制的严重错误。据统计，在1937年前后肃反运动时期，1934年参加党的十七大的1996名代表中，1108名被捕，其中不少人被杀。在军队中被捕被杀的高级将领人数之多更加惊人：5名元帅有3名被杀，10名二集团军军长（元帅）全部被杀，57名军长中50名被杀，186名师长中154名被杀，456名团长中401名被杀。其他如军、师、团等各级政委中也有许多人被杀。在军队中大约4万名红军高中级指挥员被杀。在肃反运动中，党、政、军、文化、科学等方面被捕的总计大约400万到500万人，其中大约50万人被杀。"[1] 斯大林的错误给苏联人民造成了巨大的灾难。"邓小平指出："斯大林严重破坏社会主义法制，毛泽东同志就说过，这样的事件在英、法、美这样的西方国家不可能发生。"[2] 到20世纪80年代中期，社会要求改革的呼声高涨，苏共由一个极端又走向另一个极端，从"公开化"，到放开舆论，逐步由政治多元化到多党制，搞乱了人民的思想，导致苏共瓦解、国家解体的结局，这同样与制度的人文价值相悖。具有人文价值的制度，应该是善的制度。善的制度才有最大的公正性，它不仅使大多数人的幸福得到保证，而且也使少数人的幸福得到保证。由此可见，制度实践层面的人文价值建构是何等重要。

（三）法国大革命的教训

1789—1799年，激进主义在法国乃至欧洲政治及社会层面盛行，统治法国多个世纪的封建制度土崩瓦解。法国经历了一个史诗式的转变：封建地主、贵族和宗教特权阶层，不断受到自由主义政治组织及上街抗议的民众的冲击，传统的人文价值观念，逐渐被新的人文价值观念取代。法国革命拉开了现代社会的帷幕，共和、自由、民主的思想深入人心，在世界各国广泛传播开来。

但是，法国革命作为民主革命的经典在受到人们称赞的同时，也因其产生的暴力专政引起人们的反思。随后出现了拿破仑战争，君主复辟，法国在共和国政府、君主立宪制政府及帝国政府下，交替管治了一个世纪。按照启蒙思想家理论设计进行的革命，结果是恐怖革命，革命者被送上断头台，宪法规定的人权在革命的暴风骤雨里荡然无存。"1789年7月14

---

[1]　蒋传光：《邓小平法制思想概论》，人民出版社2009版，第20—21页。

[2]　《邓小平文选》（第2卷），人民出版社1994年版，第333页。

日，巴黎人民奋起攻打巴士底狱，君王路易十六在法国的统治彻底崩溃。然而，暴烈的革命一旦开始，就停止不下来。革命者以人民的名义，把路易十六、旧式贵族、教士、叛乱分子一一送上断头台。革命风暴接着刮到了革命队伍内部，人民开始屠杀人民了。攻占巴士底狱的发动者德穆兰被杀，革命领袖丹东、罗兰夫人等相继被杀，最后，连大革命时期最重要的革命领袖罗伯斯庇尔也被推上断头台。"① 法国革命所能迸发出的伟大力量，使人们认识到，正确处理人权与自由、人权与平等、人权与民主、人权与法治之间的关系的现实意义。

人权的保障需要在国家权力和人民的主权之间形成良性互动。国家权力有两面性，它可以侵犯人权，也可以保护人权。就如同，法治也可能成为阴谋家的遮羞布，在最公正的程序下冠冕堂皇地运作最不公正的内容。人权需要上升为法律的权利和自由，否则既容易跨界越位，导致无政府状态，也容易成为国家权力干涉自由的借口，导致对自由和人权的压制。所以，既要防止个人权利和自由的泛滥，也要防止国家权力的肆意扩张，在个人自由和国家权力之间，建构起一道既相互依存、又相互隔离的屏障，才能实现良好的社会秩序和个人自由的和谐统一。

离开了人文价值、离开了社会经济发展、离开了最广大人民的幸福和快乐，一切都是欺骗。权力与权力之间，法治与权力之间，权力、法治与大多数人之间，大多数人与少数人之间，需要对话、沟通、合作、共处、共赢，这才是根本。社会的治理离不开一个国家的传统，既需要建立在一个国家的传统文化基础上，又需要总结历史、面向世界、面向未来。这就是法国大革命给我们留下的沉痛教训。

二　人文价值的制度性重构

人文价值是制度的灵魂。制度是人的制度。制度的健全在于制度的至上性与人文价值的统一，而关键在于用制度制约权力。

（一）制度的健全

一般认为：制度是一个社会的存在所遵循的基本规定。狭义的制度指法律、规则，而广义的制度还包括传统、伦理、习俗等。在诺斯看来，"制度是一个社会的博弈规则，或者更规范地说，它们是一些人为设计

---

① 乐天：《把权力关进笼子》，《读者》2010 年第 15 期。

的、型塑人们互动关系的约束。从而，制度构造了人们在政治、社会或经济领域里交换的激励。"① 他所认为的制度的性质是一种规则体系、框架；制度的目的是为了约束人、限制人；制度是从人的争斗、竞争中产生的；制度是对相互关系的一种规定，也就是说，制度是一种关系性规定；制度涉及社会生活的政治、经济等主要领域。对于制度的约束性，诺斯认为有两个方面，"制度通过为人们提供日常生活的规则来减少不确定性。② 制度约束包括两个方面：有时它禁止人们从事某种活动；有时则界定在什么样的条件下某些人可以被允许从事某种活动。"③

　　健全的制度不仅要保护多数人的利益，同时也不能侵犯少数人的利益。所以，制度的健全，是制度的博弈过程。制度的健全不可能凭主观意志狂飙突进，而只能是渐进的相互斗争、相互妥协的过程。制度的健全在于制度本身对社会生活相对完整的规范，在于制度的开放，不断与社会系统的各个层面相互交换信息和能量，实现自我更新。制度的健全取决于人们对制度本身的认识；同时，取决于人的自身素质的全面提高。然而，制度要完善，其根本路径不能从制度本身去找，也不能从人本身去找，而是要从社会生产的发展、从生产关系、从经济条件中寻找。在马克思看来，"人们自己创造自己的历史，但他们是在既定的、制约着他们的环境中，在现有的现实关系的基础上进行创造的，在这些现实关系中，经济关系不管受到其他关系——政治的和意识形态的——多大的影响，归根到底还是具有决定意义的，它构成一条贯穿始终的、唯一有助于理解的红线"。④所以，制度的完善，实际上是与人类整个的物质文明和精神文明的进步联系在一起的。只有建立在社会生产力高度发展的基础上，才有相对完善的制度。

　　（二）制度的至上性

　　制度的物质基础没有否定制度的相对独立性，"经济上落后的国家在哲学上仍然能够演奏第一小提琴，18 世纪的法国对英国来说是如此（法

---

　　① ［美］道格拉斯·C. 诺斯：《制度、制度变迁与经济绩效》，杭行译，上海人民出版社2008 年版，第 3 页。

　　② 同上书，第 4 页。

　　③ 同上。

　　④ 《马克思恩格斯选集》（第 4 卷），人民出版社 1995 年版，第 732 页。

国人是以英国的哲学为依据的），后来的德国对英法两国来说也是如此"。① 可见，人类建立的先进制度是可能的。那么，制度的相对独立性，究竟意味着什么呢？意味着制度对人有何价值和有多大的价值。也就是说制度的至上性问题。制度的至上性是指制度的圣神性。人文价值作为制度的灵魂，不是对制度的否定，而是人对制度的人文性理解，是制度的人性基础。人对制度要有一种热情、甚至是宗教一样的情感，伯尔曼认为，"法律必须被信仰，否则它将形同虚设"。② 他所理解的对法律即对制度的信仰，既包含人的理性和意志，同时也包含人的情感、人的直觉，甚至是人的牺牲精神。在当代，即使是在技术发达的西方国家，比如美国等，宗教因素对制度的运行也是不可缺少的。伯尔曼还认为，多数文化中的法律最开始可能就是从宗教中产生的，可是，现在这些宗教因素已经逐渐消除，"现代法律应完全根据其工具性来加以解释，也就是说，法律应当被理解为是一件来贯彻特定政治、经济和社会政策的精心制作的工具"。③他还进一步分析，"这样，法律像经济人一样，被看成压抑其梦想、信念和激情，不关心终极目的，一味任用理智人。同时，法律制度，从整体上看，也像经济制度一样，被看成是庞大、复杂的机器——科层制（借用马克斯·韦伯的定义）——其中，各个部件依据特定刺激和指令履行特定的职能，它独立于整体的目的"。④ 这是一种"世俗—理性模式"的制度，它忽视了制度总是积极的、活生生的、超越理性的要素，使制度与人对立，失去制度应有的价值。可见，人对制度的遵从，既包括人的理性也含有人的热情，这才是真正的制度的至上性。

（三）人的制度

制度本身不是目的，制度更不是少数特权者控制社会和钳制人的思想的工具。制度的重要特性是它的价值性，制度是人的制度，制度总是关涉人的幸福和美好未来，否则，制度就没有存在的必要，这才是制度的本质特征。

那么，什么样的制度才是人的制度呢？这是需要作伦理分析和论证的。人的制度应该有人的制度的特点。人的制度有很多特征，最主要的特

---

① 《马克思恩格斯选集》（第4卷），人民出版社1995年版，第704页。

② ［美］伯尔曼：《法律与宗教》，梁治平译，中国政法大学出版社2003年版，第3页。

③ 同上书，第14页。

④ 同上书，第15页。

征是制度的正义性。罗尔斯认为："正义是社会制度的首要价值，正像真理是思想体系的首要价值一样。"① 正义几乎可以等同于真实，理论即使再简洁和精致，如果不真实，不符合实际情况，就必须拒绝和修改，而制度即使再有效率和条理，如果不反映人的根本利益和人的基本诉求，就必须改造和废除。正义的制度是保护所有人的，并不是仅仅保护我们日常所认为的少数人的利益。他认为："正义否认为了一些人分享更大利益而剥夺另一些人的自由是正当的，不承认许多人享受的较大利益能绰绰有余地补偿强加于少数人的牺牲。所以，在一个正义的社会里，平等的公民自由是确定不移的，由正义所保障的权利决不受制于政治的交易或社会利益的权衡。"②

人的制度，体现了相对性。制度的正义性、合理性是相对性，没有绝对的正义的制度，这也就是说，人有时也要选择一些不正义的、不合理的制度。人的这种选择不是对正义的否定，相反，正好说明制度是人的制度，制度是人文性的制度。在一个国家看来不正义、不合理的制度，可能正是另一个国家的人民选择的正义的制度。但是，这是有条件的，"允许我们默认一种有错误的理论的惟一前提是尚无一种较好的理论，同样，使我们忍受一种不正义只能是在需要用它来避免另一种更大的不正义的情况下有可能。"③ 可见，制度是普适性与地域性的统一。借口制度的地域性、相对性，保护不正义的制度，不接受人类普遍的文明准则是错误的，因为这只能阻碍人类社会整体的进步，维护独裁政体，压迫人和奴役人；同样，借口制度的普适性而干涉他国的内政，也是错误的，如果一个国家的主权得不到尊重，制度的正义性的基本价值就会丧失。不过，有一点是明确的，"作为人类活动的首要价值，真理和正义是决不妥协的"。④

人的制度，还意味着制度具有开放性。制度的开放性主要体现在社会制度的基本结构层面，制度对人的基本权利和义务的分配，是由社会的生产关系即经济基础决定的，也就是说，制度的正义是指社会的政治结构、社会的经济和社会安排是一种开放式的安排。即全体人民在机会上是平等

---

① ［美］约翰·罗尔斯：《正义论》，何怀宏、何包钢、廖申白译，社会科学出版社 1988 年版，第 3—4 页。
② 同上书，第 4 页。
③ 同上。
④ 同上。

的，都能平等地、自由地追求幸福，在制度安排上不能存在歧视。同时，制度是对人的潜能和人的创造力的激发，制度不是对人的思想的控制，更不等于用条条框框约束人的思想。也就是说，制度要真正反映人的诉求和人的需要。

（四）制度制约权力

判断一个社会的制度是不是人的制度，实际上就是看制度是否制约权力、在多大程度上制约，即制约的力度、效度、广度。制度对权力的制约力度是指制度对权力的控制力。在制度安排上，对权力的控制，不存在缺口、漏洞和网开一面。我们说，制度对权力控制不力，往往其根本原因在于制度的安排上对权力的控制本身就存在缺口。此外，在权力的运行过程中，监督失范和缺位，权大于法，权越于法。制度本身的力量小于法，还不足制约法，这就需要加强制度的力度，最大限度地缩小权力。而建立大社会，小政府是加强制度对权力制约力度的根本走向。

制度对权力制约的效度，是指制度对权力制约的效果。制度是否健全，是否体现了人文价值，不能从制度本身来判断，而关键的是要从对权力制约的效果来看。制度的精致和完美，仅仅是书面上的东西，并不能说明实质问题，如果仅仅把制度的完美作为一种欺骗性的摆设，那么，精致的制度和完美的制度是极其有害的。制度对权力制约的效度，要从制度对权力制约的价值来判断。也就是说，制度关涉人的幸福，使人的幸福最大化，那么，这样的制度对权力的制约是有效的，体现了最大的效度，反之，效度就很低，或者丧失。在社会转型时期，一个有远见的政党、一个有世界胸怀的民族，关心的应该是制度对权力制约的效度，而不是制度本身的形式上的完善，更不能被制度形式上的完善遮蔽了社会改革的步伐。

制度对权力制约的广度，是指制度对权力制约的范围和领域。到底制度对权力制约该如何界定，该有多宽、多广。一般认为，凡是权力触及的地方，制度都应该加以制约；凡是权力有可能触及的地方，制度都应该提前介入，加以预防。制度对权力的提前预防，关键在运行的机制和运行机制的流畅上，而不能把制度形式和书面上规定的完善直接等同于制度对权力的有效预防。制度对权力制约的广度，主要是为了防止公权力向私人领域渗透，防止公权力干涉人的正常生活。当然，制度对权力的制约是一个辩证的制约。这就是说，权力本身是中性的，本身无所谓好，也无所谓坏，关键是看怎么用权，为谁用权的问题。这也就是说，制度对权力的制约是历史的、具体的，而不是抽象的。尤其要受到社会的生产方式的制约，有什么样的生产方式，就有什么样的制度对权力的制约方式。"物质生活的生产方式制约着整个社会生活、政治生活和精神生活的过程。"①如果权力是用来为人民谋福利，制度不仅不制约，还要加以鼓励。如果权力是为了人类的解放事业，为了全人类的幸福，制度不仅不横加制约，而且还要在制度的设计上为大胆行使权力预留制度性的框架。这也就是说，制度对权力的制约与制度的创新是联系在一起的。制度对权力的制约，包含着制度的创新，包含着为了人民的利益，权力对制度的大胆突破。可见，制度对权力是一种辩证的制约。

（五）权力运行中的妥协

权力的行使体现出人的价值、人的自由和人的尊严，是制度对权力制约的根本方法。这就是说，行使权力的方法是妥协，在妥协中相互才有尊严。要在妥协和退让中达到权力与权力之间的相互制衡。妥协实际上就是一种人文精神和人文价值。有妥协的社会才会生长出博爱精神。对于博爱的基本内容，在孟德斯鸠看来，"关键在于建立对法律和国家的爱。教育应该注重对这种爱的培养。"② 对法律和国家的爱，落实到具体的历史境遇就是对人民的爱。爱是普世的，不论是人民还是"敌人"都要学会妥协，因为没有不变的"敌人"，也许由于认识上的错误，所谓的"敌人"恰好是人民，而"人民"正好是敌人。妥协的权力行使方法，是为了不让行使权力者犯错误、尤其是犯不可挽回的大错误。

权力者并不像通常标榜的那样是人民的代表，也不是道德、正义和良心的化身。而在权力的运行过程中，权力者却往往自认为是道德、正义和良心的化身，是人民的代表，这就是问题的实质。从历史发展的结果反观历史事件的发生，对大多数人的利益的侵犯、对大多数人的政见不合、以及对当权者的反对，也并不是受惩罚和被杀戮的当然理由。权力的行使只有在妥协中才能最大限度地避免悲剧的发生。可见，制度的生命力在于对权力的制约，而人文价值就是制度制约权力的标尺。

（六）结论：法律制度的人文价值是法制教育的人文价值的支撑

法律制度的人文价值是法制教育人文价值的根基，如果法律制度失去

---

① 《马克思恩格斯选集》（第 2 卷），人民出版社 1995 年版，第 32 页。

② ［法］孟德斯鸠：《论法的精神（上）》，孙立坚、孙丕强、樊瑞庆译，陕西人民出版社 2001 年版，第 43 页。

了人文价值，法制教育的人文价值就会失去实体的支撑，变得毫无意义。所以，研究和践行法制教育的人文价值，根本的问题在于法律制度本身就存在或者应该存在人文价值，法制教育只不过以教育的形式对法律制度的人文价值予以确证。

法制教育的人文价值取向，更有利于表达和传递法律制度的人文价值；当然，工具化的法制教育也能表达和传递法律制度的人文价值，只不过是用反人文的方式表达和传递，其最终结果是稀释和消解法律制度中的人文价值。

这就是说，研究法制教育的人文价值，不可避免地要研究法律和制度中的人文价值，也不可避免地要对法律制度中的人文价值进行反思和重构。因为法律制度中的人文价值的增加，从总的趋势上讲，有利于法制教育的人文价值的增值和增量。反之，法律制度人文价值的缺失，从根本上是对法制教育的人文价值的釜底抽薪，迟早会引发法制教育的人文价值的危机。

第五章　法制教育的人文价值的本质

　　法制教育的人文价值之所以具体，是因为它是许多规定的综合，是多样性的统一。法制教育的人文价值的本质是可能获得的，但是，需要发挥人的主观能动性。法制教育的人文价值的本质的认识可以是多种层面、多种角度的。

　　对法制教育的人文价值的本质的理解必须回答：法制教育的人文价值的本质是如何获得的，什么是法制教育的人文价值的本质以及法制教育的人文价值的本质的各种样态。

　　对法制教育的人文价值的本质的认识，来源于对实践的反思。在社会生活实践中，人们往往只重视法制教育的职业性，而忽视人文性。工具价值遮蔽人文价值。把教育对象当成机器，向其灌输法律知识和技能。其结果是，只有职业教育，没有成人教育，即没有使人成为健康的、幸福的、有生活品质的、人的教育。于是，法官、检察官、律师，知法、犯法；被教育的青少年对法制严重逆反；人的个性受抑制，只惧法、畏法、而不护法、亲法。

　　特别是，公民在接受普法教育时面临巨大的挑战：一边接受政府的普法教育，一边面对不依法办事的隶属于政府的拆迁办、野蛮执法的城管、四处围追堵截的维稳队。这些现象，虽然从全局来讲不是普遍的；但是，即使是少数现象也足以引起人们反思现象背后的本质。我们的法律教育缺少什么？我们的法制教育到底把法律和制度讲清楚了没有？

第一节　本质的获得何以可能

一　法制教育的人文价值的本质获得的可能

　　在社会生活实践中，人们接触了大量的法制教育的感性材料，为认识法制教育的人文价值打下了良好的基础；但是，现象不同于本质，法制教育现象是法制教育活动的外部联系和表面特征，是法制教育的本质的外在表现。

在法制教育活动中，我们既能感受到法制教育因不重视人文价值的种种危害，也能感受到重视法制教育的人文价值给个人发展和社会和谐带来的巨大益处。但是，这些现象，不论是正面反映本质的真相，还是从反面反映本质的假象，都只能是认识本质的入门向导。这是因为法制教育的现象是个别的、片面的和表面的东西，它是法制教育本质的表现，但是又不能等同于本质。法制教育的人文价值的本质是法制教育的人文性中许多同类现象的共性，是深藏在法制教育的内部的深刻的东西。法制教育的人文价值表现出来的现象是易逝的、多变的，流动性很大。同样是对法制情景的体验、感悟，不同的人就有不同的体验、感悟，就是同一个人在不同的时间、不同的条件下，对同一法制情景的感悟、体验也是不一样的。而本质却相同，比如，法制教育现象背后的、对人的全面发展的影响，是相对平静的、稳定的。

可见，人的感官，如眼、耳、鼻、舌、身可以直接感知法制教育的人文价值的种种现象，然而，法制教育的人文价值的本质则看不见、摸不着，只有通过我们的理性思维才能把握。

在法制教育实践中，人与文化相互作用产生的人文价值现象，与人文价值的本质之间，是有区别的；同时，二者之间也有联系，这种联系性决定了由人文价值现象到人文价值本质的可能性。也就是说，现象与本质的统一，决定了获得本质的可能性。同辩证唯物主义相反，唯心主义者贝克莱认为，万物是"感觉的复合"，本质是"虚无"的，这就否定了现象和本质的客观性，也否定了通过现象获取本质的可能性。德国古典哲学家康德虽然并没有否认现象和本质的存在，但是他却认为现象和本质之间是对立的，人没办法通过现象来认识本质，本质是主观的，并非客观的，本质是不可捉摸的"自在之物"。实用主义、逻辑实证主义、存在主义等哲学否认本质的客观存在。存在主义者认为，人的本质是"单纯的主观性"存在，世界只是一种"虚幻的假象"，"存在先于本质"。可见，唯心主义不能认识法制教育的人文价值的本质。

在认识法制教育的人文价值的本质时，我们既要坚持现象与本质的统一性；同时，又要注意现象与本质的区别，不要把现象当成了本质。正如马克思所说："如果事物的表现形式和事物的本质会直接合而为一，一切科学就成为多余的了。"① 现象和本质的统一，决定了我们认识法制教育的人文价值的本质的可能，如果法制教育的人文价值的现象和人文价值的本质只有对立而没有统一，那么我们就不能认识法制教育的人文价值的本质了。也就是说，我们既不能脱离法制教育的人文价值的现象去认识法制教育的人文价值的本质，也不能把自己的认识仅仅停留在法制教育的人文现象上，比如，只看到法制教育活动中表面的人文关怀和表面上的人性化教育形式，而不去深究隐藏在后面的法制教育本质。而在探索法制教育的人文价值的本质时，我们最容易犯的就是把现象当成本质的错误，比如，把法制教育的社会功能、统治功能当成法制教育的人文价值的本质。因此，我们要透过现象去认识法制教育的人文价值的本质。

现象不等于本质，所以，要认识和把握法制教育的人文价值的本质就需要发挥人的主观能动性。这是在探索中坚持马克思主义思想的指导性，因为，认识和把握法制教育的人文价值的本质，是一个复杂的过程。"从前的一切唯物主义——包括费尔巴哈的唯物主义——的主要缺点是：对对象、现实、感性，只是从客体的或者直观的形式去理解，而不是把它们当作人的感性活动，当作实践去理解，不是从主体方面去理解。因此，结果竟是这样，和唯物主义相反，唯心主义却发展了能动的方面，但只是抽象地发展了，因为唯心主义当然是不知道现实的、感性的活动本身的。"② 这就是说，旧唯物主义不理解发挥人的主观能动性在认识法制教育的人文价值中的意义。旧唯物主义虽然认为物质第一性，意识第二性，物质独立于人的意识，人的意识能够反映客观的物质世界，但是认为这种反映只是机械式的反映，也就是说，人在客观世界面前是被动的、消极的，人没有主体地位，完全受客体的控制和支配，所以，马克思认为，旧唯物主义对人与客观物质世界的关系，只是从客体的或者直观的形式去理解，旧唯物主义的根本缺陷在于不懂实践活动的意义。为什么不懂呢？就在于不知道发挥人的主观能动性，所以，也就谈不上真正意义上的实践。而在新唯物主义即辩证唯物主义看来，应从感性的活动即社会实践，去理解客观世界，人是在实践的基础上同客观物质世界发生关系的。马克思在实践的基

① 《马克思恩格斯全集》（第 25 卷），人民出版社 1974 年版，第 923 页。
② 《马克思恩格斯选集》（第 1 卷），人民出版社 1995 年版，第 58 页。

础上不仅把客体当成认识的对象，而且也当成改造的对象。人是在改造客体的实践活动中能动地认识客体的。这就是说，法制教育的人文价值的本质，要在法制教育的实践活动中才能认识；而认识的目的，是为了改变现行的法制教育活动的落后性，提高法制教育的实效性，用法制教育促进人的发展。

深言之，法制教育的人文价值的本质是靠人的思维把握的，但是，如果人对法制教育的人文价值的本质的把握仅仅停留在思维阶段肯定是不行的，思维是否真正把握了本质，还需要进入实践，还需要在法制教育实践中与人的发展联系起来。

二　发挥主观能动性获得法制教育的人文价值的本质

在认识和把握法制教育的人文价值的本质时，发挥主观能动性，并不是片面地夸大主体的能动作用。在马克思看来，与旧唯物主义对人的能动性的否定相反，唯心主义片面夸大了主体的能动性。唯心主义认为，人的能动性能决定客观世界，人的意识是万能的，而客观世界只是主体精神或意识的派生物。唯心主义只不过抽象地发展了主体的能动性，究其原因是唯心主义把实践排斥在认识之外，不懂得实践的意义，即真正的、现实的、感性活动的意义。这正如德国古典唯心主义大师黑格尔虽然肯定了主观能动性的作用，即精神能够能动地转化为实在，并把实践看作精神转化为实在的重要环节，但是，他所理解的这种转化过程是神秘的"绝对精神"的自我发展、自我认识的过程，他所理解的实践只不过是人的绝对精神自我认识的环节，所以，唯心主义抽象地发展了人的能动性。这就告诉我们，在认识法制教育的人文价值的本质时，需要发挥人的主观能动性，才能到达目的，但是，对主观能动性并不能片面地夸大。过分强调精神的作用，就会滑向唯心主义的泥潭，分不清楚探究法制教育的人文价值的本质的目的是对法制教育活动的改造、提高法制教育的实效性、最后的归属点是为了人的福祉、为了人的自由和解放，而把法制教育的人文价值的本质引向玄虚，为本质而本质，为研究而研究，把人文价值抽象化、一般化，这是非常有害的。

从客观事物的复杂性看，要发挥人的主观能动性，才能认识和把握法制教育的人文价值的本质。

首先，要发挥主观能动性，下功夫在法制教育的实践活动中观察大量的、生动的法律现象、法治状况、教育状况，获得丰富而有用的人文材料。这是因为，只有以教育现象为基础，才能认识教育的本质。反之，既没有事实，也没有材料，两手空空，或者只抓住片面的事实、点滴的材料，是不可能认识法制教育的人文价值的本质的。观察大量的现象，并不是说越多越好，而是说要有典型性，要能说明问题，有助于认识本质。材料的获取需要发挥主观能动性，没有主观能动性的发挥，是不可能获得好的和适当的材料的。对材料的获取就是一个走下法制教育的讲台、走出书斋、开展调查的过程。

思想上对获取生动的法制教育材料的重视是发挥主观能动性的前提。"你对于那个问题不能解决吗？那末，你就去调查那个问题的现状和它的历史吧！你完完全全调查明白了，你对那个问题就有解决的办法了。一切结论产生于调查情况的末尾，而不是在它的先头。只有蠢人，才是他一个人，或者邀集一堆人，不作调查，而只是冥思苦索地'想办法'，'打主意'。须知这是一定不能想出什么好办法，打出什么好主意的。换一句话说，他一定要产生错办法和错主意。"①

对法制教育的人文价值的本质的获取，归根结底是一个实践的过程，而不是一个从理论到理论，从书本到书本，从思维到思维的过程。在本本中是观察不到生动的法制教育的人文价值的现象的，毛泽东指出，"本本主义的社会科学研究法也同样是最危险的，甚至可能走上反革命的道路，中国有许多专门从书本上讨生活的从事社会科学研究的共产党员，不是一批一批地成了反革命吗？就是明显的证据"。②

其次，在现象的基础上深化认识。"要完全地反映整个事物，反映事物的本质，反映事物的内部规律性，就必须经过思考作用，将丰富的感性材料加以去粗取精、去伪存真、由此及彼、由表及里的改造制作工夫，造成概念和理论的系统，就必须从感性认识跃进到理性认识。这种改造过的认识，不是更空虚了更不可靠了的认识，相反，只要是在认识过程中根据于实践基础而科学地改造过的东西，正如列宁所说乃是更深刻、更正确、更完全地反映客观事物的东西。"③ 这就是说对本质的认识依赖于感性认

---

① 《毛泽东选集》（第 1 卷），人民出版社 1991 年版，第 110 页。
② 同上书，第 111 页。
③ 同上书，第 291 页。

识，而感性认识要发展到理性认识。对法制教育的人文价值的认识，不能仅仅停留在现象的考察上，以为占有了大量的感性资料就已经掌握了本质，还必须对法制教育活动中的各种人文现象进行分析，进一步深化并上升到理性认识，从而把握人文价值的本质。

第三，对法制教育的人文价值的本质的认识是一个过程。这是因为，人的实践不会完结，人的发展不会完结，人对本质的认识和把握，也不会停留在某一个阶段。认识的结果还需要实践的反复检验。实践是检验真理的唯一标准，是否正确地认识了法制教育的人文价值的本质，只能放在实践中检验。法制教育的实践永远不会完结，人对法制教育的人文价值的认识的检验永远不会完结。

人对本质的认识是一个辩证发展的过程，从一级本质，到二级本质到三级本质等，是个逐步深入的过程。毛泽东指出："对于过程的推移而言，人们的认识运动是没有完成的。任何过程，不论是属于自然界的和属于社会的，由于内部的矛盾和斗争，都是向前推移向前发展的，人们的认识运动也应跟着推移和发展。依社会运动来说，真正的革命的指导者，不但在于当自己的思想、理论、计划、方案有错误时须得善于改正，如同上面已经说到的，而且在于当某一客观过程已经从某一发展阶段向另一发展阶段推移转变的时候，须得善于使自己和参加革命的一切人员在主观认识上也跟着推移转变，即是要使新的革命任务和新的工作方案的提出，适合于新的情况的变化。"① 毛泽东的论述有丰富的时代启示。也就是说，我们对法制教育的人文价值的本质的认识，要联系当今的时代特征，密切结合以人为本、科学发展、和谐发展的时代主题，适应变化了的形势，才能达到目的。因为，不论是法制教育的人文价值研究本身的提出，还是推动研究发展的动机，以及研究本质的目的，都是时代的产物。

法制教育的人文价值的本质是客观的、普遍的，又是具体的、历史的，所以，认识和把握它，需要我们发挥主观能动性，密切结合正在完成的伟大的时代任务。

三　本质的认识过程：法制教育的现代转型

法制教育是中国经济、政治、社会、文化、生态建设的需要，归根结

---

① 《毛泽东选集》（第 1 卷），人民出版社 1991 年版，第 294 页。

底是人的全面发展的需要，法制教育具有历史性、时代性、现实性。法制教育实效性的变化，反映了中国社会的变革和人的发展的诉求，具有与时俱进的特点。因此，探讨法制教育从知识、素质到人的发展的现代转型，是把握法制教育的人文价值本质的关键。

（一）法制教育的现代转型的内涵

法制教育是对人进行法律制度教育的总称。自从人类建立国家制度，认可、制定法律以来，就有了法制教育。法制教育的漫长历史，基本上是工具化的法制教育。中国古代和近代的法制教育，是统治阶级的工具。中国真正开始法制教育的历史，是从中国共产党成立以来开始的。法制教育是在中国共产党领导下，进行的思想政治教育的一部分，所以，把1921年到1978年的法制教育，称为传统的法制教育时期。其主要特点是以完成革命任务为中心，目的是求得中华民族的独立和中国人民的解放；法制教育的主要任务是反对旧法统，同时也对人民进行革命法律、制度、规则、规章的教育。这一历史时期的法制教育，是取得土地革命、抗日战争和解放战争的保证。新中国成立后，在初期我国制定了反映政治、经济特点的较好的法律，但由于战争思维的影响、国际局势的复杂、更重要的是我国刚开始探索社会主义建设的道路，法制教育不可避免地受极"左"思想的影响，不仅法律被当成阶级斗争的工具，而且教育也当成阶级斗争的工具。从总体上看，不重视法律，法律虚无主义盛行，法制教育基本上不受重视。从1978年的十一届三中全会以来，我国把工作中心转移到经济建设上来，法制教育也由此踏上了现代转型之路。

转型本来是一个生物学概念，指由一物种演化为它物种。西方学者借用生物学上的转型来指社会转型，用来描述社会结构的进化和演变。社会转型是指社会制度和社会精神的整体演变，即由传统社会向现代社会变迁。法制教育的现代转型，是指法制教育由传统形式转向现代形式，即法制教育结构的转变。

法制教育的现代转型到底是一个什么问题，这是法制教育的关键。我们说，社会经济基础的变化引起了社会上层建筑的变化，而最终又反映在人的变化上，这是人类文明发展的总趋势。法制教育的现代转型，实际上是人的现代转型，是人的现代化，这就是问题的实质。"人，既是现代化建设的主体，又是现代化建设的目标。作为主体，只有现代化的人才能担当现代化建设重任；作为目标，只有实现人的现代化才能真正体现现代化的价值。"① 法制教育的现代转型，是现代人的主体意识觉醒的反映，体现了法制教育从社会本位向人本位的转变。这是法制教育学科发展科学化的必然趋势，是法制教育从经验型走向科学型的过程。即法制教育从工具价值到人文价值的转变，也即从法律知识到法律素质再到人的发展。

（二）法制教育转型的根本缘由

法制教育的现代转型在我国是从"文革"结束后，伴随"中心任务"的转移开始的，为什么提出这个问题却又是现在呢？随着社会主义市场经济的不断建立和完善，我国的经济结构、经济成分、分配方式、就业方式、人的思想观念、人的发展方式，发生了很大的变化。法制教育的转型，是由经济决定的人的存在方式在教育上的一种反映。人是社会的主体，社会是由人组成的。社会的变迁、教育的转型是由经济挪动的，经济基础变化了，社会制度、人的教育方式，不可能不发生变化，这是不以人的意志为转移的，是客观的。在新的历史时期，法制教育所担负的任务显然不仅仅是传授法律知识、培养人的法律素质所能解释的。人的全面发展是社会主义社会的最高价值，是时代赋予的任务。正如江泽民指出："我们建设有中国特色社会主义的各项事业，我们进行的一切工作，既要着眼于人民现实的物质文化生活需要，同时又要着眼于促进人民素质的提高，也就是要努力促进人的全面发展。"② 随着网络的普及、大众媒体的发达、人的文化知识素质和能力的普遍提高，教育者不再是法律知识的占有者、权威者，而转化为法制教育的对话者，也就是说，法制教育者在对他者进行教育的同时，要同时接受他者的"反哺"，这就是毛泽东所言的向群众学习，群众是真正的英雄，要甘当群众的小学生，从"给法"、"送法"、"赐法"，转到因为人、为了人、服务人。

问题是，现阶段就提出人的发展方式的转变是不是为时过早？在马克思看来，未来社会"是这样一个联合体，在那里，每个人的自由发展是一切人的自由发展的条件"。③ 社会主义社会废除了私有财产制度和旧式分工制度，马克思把这种制度当成一种"自由人联合体"。我国现阶段处于社会主义初级阶段，社会主义初级阶段仍然是社会主义社会，具有社会

---

① 郑永廷等著：《人的现代化理论与实践》，人民出版社 2006 年版，第 1 页。
② 《江泽民文选》（第 3 卷），人民出版社 2006 年版，第 294 页。
③ 《马克思恩格斯选集》（第 1 卷），人民出版社 1995 年版，第 294 页。

主义社会的本质属性。人的发展是社会主义社会的最高价值追求。法制教育的现代转型是社会主义本质决定的，这种转型把人的发展作为法制教育的全部旨归。因为，没有人的发展，就没有社会主义社会；没有人的发展，法制教育就会丧失本质规定性，就不是社会主义的法制教育，也没有存在的必要。正如马克思所言，"私有制只有在个人得到全面发展的情况下才能消灭，因为现存的交往形式和生产力是全面的，所以只有全面的个人才可能占有它们，即才可能使它们变成自己的生活活动"。① 为此，毛泽东指出："没有几万万人民的个性的解放和个性的发展……要想……建立起社会主义社会来，那只是完全的空想。"② 邓小平也指出："中国的事情能不能办好……关键在人。"③ 可见，人的发展是法制教育现代转型的最高价值追求。

（三）法制教育现代转型的过程

我国的法制教育经历了法律知识教育到法律素质教育再到人的发展的历史进程。这三个阶段的划分，以法制教育的主要任务为标准。但是，这种划分是相对的，各个阶段的任务是相互联系、相互交叉的。

其一，知识阶段。"文革"后，我国逐步恢复了法制，尤其是十一届三中全会以来，在政治生活领域，发扬社会主义民主，健全社会主义法制，成为大政方针。普及法律知识，教育人就成为我国法制教育不可逾越的起始阶段，要"在党政机关、军队、企业、学校和全体人民中，都必须加强纪律教育和法制教育"。④ 1985 年 11 月，中共中央、国务院第 23 号文件转发中宣部、司法部《关于向全体公民普及法律常识的五年规划》指出："全民普及法律常识是我国人民政治生活中的一件大事，是社会主义精神文明建设的一个重要组成部分。"1985 年 11 月 22 日第六届全国人大常务委员会第十三次会议通过《关于在公民中基本普及法律常识的决议》指出："大力加强法制宣传教育，在公民中普及法律常识。"1991 年 3 月 12—14 日，中宣部、司法部召开会议，贯彻落实中共中央、国务院批转《中宣部、司法部关于在公民中开展法制宣传教育的第二个五年规划的通知》和七届人大常务委员会《关于深入开展法制宣传教育的决

---

① 《马克思恩格斯全集》（第 3 卷），人民出版社 1960 年版，第 516 页。

② 《毛泽东选集》（第 3 卷），人民出版社 1991 年版，第 1060 页。

③ 《邓小平选集》（第 3 卷），人民出版社 1993 年版，第 380 页。

④ 《邓小平文选》（第 2 卷）人民出版社 1994 年版，第 360 页。

议》，提出了"二五"普法以宪法为核心，以专业法为重点。宪法和专业法知识的学习成为"二五"普法的重要任务。这个以普及法律知识为主要任务的法制教育阶段，是我国法制教育现代转型的基础，是不可逾越的起始阶段。

其二，素质阶段。1996年开始执行的"三五"普法规划，在认真总结前两个五年普法经验的基础上，不仅强调对法律知识的学习，而且还要求把学法与用法和守法结合起来，"努力提高广大干部群众的法律素质，为坚持依法治国建设社会主义法制国家打下坚实的基础"。为此，1996年5月15日，第八届全国人民代表大会常务委员会第十九次会议通过《全国人民代表大会常务委员会关于继续开展法制宣传教育的决议》，强调把法制宣传教育与法制实践、经济建设和社会发展相结合，从依法治国的高度出发，全面推进各项事业的依法治理。2000年3月16日司法部、教育部、中央综治办、团中央联合下发了《关于进一步加强青少年法制宣传教育的通知》，强调指出，党的十五大确立的依法治国、建设社会主义法治国家的战略目标的实现，有赖于全体公民的法律素质提高和法治观念的增强，要抓好青少年的法制教育，树立社会主义的法治观念和意识。2001年5月27日，中共中央、国务院转发《中央宣传部、司法部关于在公民中开展法制宣传教育的第四个五年规划》，在转发通知中指出，提高全体公民首先是各级领导干部的法律意识和法律素质，是贯彻落实依法治国、建设社会主义法治国家基本方略的重要内容。强调以提高全民法律素质和全社会法治化管理水平为目标，坚持学用结合，齐抓共管，促进依法行政、公正司法和依法治理。2002年10月25日，为了贯彻《关于加强青少年学生法制教育工作的若干意见》，教育部、司法部、中央综治办、团中央在北京召开电视电话会议，强调提高青少年法律素质是提高全民族素质的关键，把对青少年学生的法律素质的教育和培养，作为我国现代化建设的基础。这个阶段是法制教育现代转型的关键。

其三，人的发展阶段。从"五五"普法起，法制教育除了继续强调法治实践和提高人的法律素质之外，还强调法制教育对人的需要的满足和对社会的适应，这标志法制教育转向人的发展。2006年3月，中共中央、国务院转发了"五五"普法的通知，在"五五"普法的主要目标中强调，法制宣传教育要适应党和国家工作的大局，适应整个社会和广大人民群众对法律知识的现实需求，紧密结合国家民主法制建设的新进展、新成果，开展法制宣传教育和法治实践。党和国家的工作大局，就是要践行科学发展观。科学发展观的第一要义是以人为本，可见，这一阶段的法制教育，把人民的利益、人的发展放在了突出的地位。这里并不是说，以往的法制教育，不注重人民的利益和人的发展，而是说，明确地提出满足人民群众在法律方面的现实需求，是从这次普法开始的。2011 年 7 月，中共中央、国务院转发了"六五"普法的通知，强调指出，"六五"普法规划的制定背景是，中国特色社会主义法律体系的形成，整个社会和广大人民群众法治意识的不断增强，对法制宣传教育提出了新的更高要求。在"六五"规划中，强调法制宣传教育，要坚持以人为本，着眼于群众的实际法律需求，把教育过程变成做群众工作的过程，在这个过程中服务好、实现好、维护好、发展好最广大人民的根本利益。这就把人的利益、人的发展放在了突出的地位。但是，法制教育向人的发展的转变，只是法制教育现代转型在认识上的开始。认识上进步，并不等于实践上的完成，在人的发展的道路上，还有很长的路要走。

（四）法制教育现代转型的路径

其一，功能转型路径。法制教育的现代转型的首要路径是功能上的转型。功能上的转型决定了法制教育系统内部其他要素的转型。所谓功能转型路径：就是法制教育主动适应人的发展，调整、整合、继承、创新系统要素的方法。现代社会，在贝克看来是风险社会，在吉登斯、哈贝马斯看来是现代性社会，现代社会产生了马尔库塞所言的单向度的人、凡勃伦所言的有闲阶级，这些片面的知识人和片面的素质人，需要人的全面发展，这几乎是思想家们的共识。因此，在社会深刻转型时期，法制教育要把人的需要作为法制教育的出发点和归宿，把法制教育的社会功能和个人功能统一，整合法制教育的工具价值和人文价值，把人文价值作为法制教育的核心价值，把人的发展作为法制教育的最高价值。

法制教育的功能转型是基于对法制教育的知识人的反思，因为"知识人的世界是一个意义缺失的世界。人与其他动物一样，都有他的生存的现实过程，但人之生命活动又不是与这种现实的生活过程相等同的，人与其他动物之区别还在于他总要对他的现实生活作出反思，去追寻现实存在的各种意义"。① 可见，法制教育的功能转型，是对知识人和人的片面的

① 鲁洁：《一个值得反思的教育信条：塑造知识人》，《教育研究》2004 年第 6 期。

素质发展的反思。

其二，主体转型路径。法制教育主体转型路径，是指现代法制教育由教育者的主体性转变为教育者与受教育者的主体间性。主体间性也称为多主体性、交互主体性。20世纪，西方现象学大师胡塞尔首先提出主体间性一词，他用交互主体、主体间性取代个人的主体性，每一个人都拥有共同的世界。海德格尔认为主体间性是主体之间的共在，是对同一对象的认同。伽达默尔从解释学的角度提出主体间性是解读活动中读者与作者的互相肯定，是"视域交融"。马丁·布伯认为主体间性应从非本质的"我—它"关系走向本质的"我—你"关系。哈贝马斯认为主体间性是主体在语言交往中的精神沟通、理解、共识。马克思认为建立在个人全面发展和共同的社会生产力作为社会财富基础上的自由个性，是人的自由而全面的发展，是个体与个体、个体与群体、个体与自然的统一，是人的真正解放。

传统的法制教育忽视教育对象的主体性，把法治理念的形成、法律信仰的确立、良法善治的获得，等同于人的认知过程。随着时代主题的转换，以人为本的科学发展观成为建设中国特色社会主义的指导思想，因此，在当代，人的个性、人的主体性、人的个体价值，得到前所未有的肯定。现代法制教育是建立在教育者和受教育者地位平等的基础上的，法制教育的教育者与受教育者，从传统的主客二分过度到主体间性。法制教育既要重视发挥教育者的主导性，也重视发挥受教育者的主体性、主动性、创造性。

其三，内容转型路径。先进的良法善治理念的传播，在很大程度上既是一个道德伦理问题，也是一个文化建设问题。在法制教育中，要把法律的至上性、人民利益的至上性与党的事业的至上性三者统一起来。把"事业"之间的冲突统一到党的事业上来，把"利益"之间的冲突统一到人民的利益上来，把"法律"之间的冲突统一到宪法上来。

法制教育要提高实效性，必须在法制教育的内容上实现转型，理性审视法制教育，实现法制教育内容的综合化，增加法制教育内容的包容性、时代性、先进性、创新性。要把法制教育与思想道德建设结合起来，在法制教育的内容上，既要以中国特色的社会主义法律理论体系为主体，又要借鉴中国古代和西方法制教育的内容，要正确处理法制教育本土化和法制教育全球化的关系，即法制教育要有民族眼界、世界眼光。

法制教育的内容要以马克思主义思想为指导。马克思主义是中国特色社会主义建设实践的指导思想，当然，也是法制教育的指导思想。因此，在法制教育中，要坚持马克思主义、毛泽东思想、邓小平理论、"三个代表"重要思想、科学发展观对法制教育的指导地位。要把社会主义核心价值体系融入法制教育，用社会主义的核心价值体系引领法制教育，努力探索中国特色的社会主义法制教育。

把权利教育放在突出地位，实现权利教育与义务教育的统一。因为传统的法制教育重义务、轻权利，在社会深刻转型时期，法制教育的内容要教育人重视权利，同时，把权利和义务统一起来。要加强对人的自由、人的生存、人的发展、人对幸福的追求的教育，把对社会的贡献与个人价值的实现统一起来。

其四，方法转型路径。法制教育方法的人文价值取向，是现代法制教育方法的总趋势。所谓人文价值取向的法制教育方法，就是在法制教育中，尊重人、理解人、关怀人。法制教育要从人民群众的生活实践出发，贴近生活、贴近实际、贴近受教育者，转变主体视角，关心、反映人民群众日益增长的法制教育需要，把群众的法制教育需要作为法制教育方法选择的出发点和归宿。

改革法制教育技术。法制教育方法要主动适应现代社会的变革，要研究数字技术、网络技术、卫星通信等技术的变化，努力完善公共法律服务平台，运用新载体、新方式、新话语，增强法制教育的技术性、感染力，提高公民学习法律的主动性和积极性。

要大力提倡法制教育的实践教育方法。法制教育从根本上讲是社会实践，因此，最有效的法制教育方法无疑是受教育者结合自己的法律需要，主动在社会实践中，用法律维护自己的权利，全力尽自己的义务、在实现权利和履行义务中坚定法律信仰。

良好的法治文化的熏陶侵润，是很有效的法制教育方法。社会风气、党风、政风对法制教育有很大的影响作用。良好的风气，起着净化法制教育环境的作用，能提高法制教育的实效性；而党员、干部国家机关、政府部门、执法部门的模范守法、执法、护法行为，是最有力的、潜移默化的法制教育方法。

要在多学科、多层面、多领域渗透法制教育。法律是复杂的社会生活的反映，因此，法制教育的方法也不是单一的，要在社会的各个领域、各个层面渗透法制教育，要全方位进行法制教育。既然生活中处处有法律，生活中处处也应有法制教育。

第二节　本质的宏观认识

法制教育的人文价值的本质，既离不开宏观的认识，也离不开微观的认识，只有把宏观和微观结合起来，才能全面认识法制教育的人文价值的本质。法制教育的人文性对人的生存和发展的关系，称为法制教育的人文价值。也就是讲，法制教育的人文价值，指法制教育的人文性对人的影响和效应。法制教育的人文价值在关系中产生，是一个关系范畴，法制教育的人文价值，要在理论上不断丰富内涵，才能反映法制教育实践，揭示法制教育的规律。

从本体论上讲，法制教育的人文价值确立了属人世界中人的中心地位，即制度、知识、职业、工具、法律从属于人；从方法论层面讲，人是万物的尺度，是我们观察、解决、处理法律世界、制度世界的立足点和尺子；从价值论层面讲，人是归属点，法律、制度、教育的目的是人的福祉。这就是对法制教育的人文价值的本质的宏观认识。

一　人是存在的本体：从本体论的视角认识

在法制教育过程中，人是一种存在，是本体。本体论在一般意义上，可以用来描述事物的本质。在对法制教育的人文价值的本质进行描述时，我们往往有意或无意地借鉴人类对本体论研究的思想资源：要么是唯物的，要么是唯心的。对本质的把握，只有从本体论上思考才是最深刻的，也是我们在探索问题时不能回避的。为了自觉地运用辩证唯物主义和历史唯物主义的立场分析法制教育的人文价值的本质，思想上的简短回顾和清理是必要的。

在希腊哲学史上，从米利都学派开始，哲学家们就努力探索组成万物的最基本的元素"本原"，即"始基"。对"本原"探索的理论成果就是本体论，本体论是研究存在"being"（是，存在）的学问，在巴门尼德看来，是以外便无非是，存在之为存在者，不会有不存在者存在，存在永远不变，仅有思维与之同一。巴门尼德对本体的探讨确立了本体论研究的基本方向，对"是"只能由思维向超验的领域探索，不能通过感觉从经验中获得，在超验领域获得的"是"具有绝对的普遍性和本原性，必然只能是一。他的这一思想很多希腊哲学家在一定程度上有所忽略，只有苏格拉底和柏拉图才有所领悟。如原子论虽然认识到思维与感觉的不同，但对"本原"的探索是否能由经验获得却很模糊，也就是说原子论并没有区分超验和经验，而苏格拉底的对话已经破除了经验归纳方法获取真理的可能，柏拉图的理验论则把超验世界的"理验"作为真理的根本。各派哲学家力图把世界的本原归结为某种物质的或精神的实体，归结为某个抽象的原则。亚里士多德认为哲学研究的对象是实体，研究实体或本体的哲学高于其他一切科学，是第一哲学，从他开始探讨本质与现象、普遍与特殊、一般与个别的关系问题。笛卡儿把研究本体的哲学称为形而上学本体论。莱布尼茨试图通过纯粹抽象的途径建立完整的、关于存在和世界本质的形而上学。康德用先验的哲学体系代替本体论，认为本体论研究的是事物的普遍性质以及物质存在与精神存在之间的区别。黑格尔提出了唯心主义的本体论、认识论和逻辑性三者统一的原则。现代西方哲学的实证主义、分析哲学流派反对任何形而上学和本体论，但也有一些哲学家试图建立关于存在学说的本体论。比如，胡塞尔试图建立先验本体论，海德格尔试图建立基本本体论，哈特曼试图建立批判本体论。这些哲学家借助于超感觉和超理性直接建立的概念体系，其观点是唯心主义的，也是不可知论者。

在中国古代，本体论也叫作本根论，它是研究万物产生、存在、发展变化根本原因和根本依据的学说。我国古代把天地万物归结为无形无象的东西，比如，朴素唯物主义的"气"、客观唯心主义的"理"、主观唯心主义的"心"等。

在唯物史观看来，物质是第一性的，意识是第二性的，意识是对物质的反映，世界统一于物质，物质是世界的本原。从这一立场出发，首先要肯定，主体的人不是自热界的异在，是逐步转化为客体世界的一部分，是世界发展到一定阶段的产物。人作为自然界因果链条上的、必然的、有机的一环，永远无法摆脱自然规律的支配。人是因为人才成为认识的主体，客观世界也是因为人才成为认识的客体。客观世界是人生存和发展的环境，人为了在环境中求得幸福，才从事认识活动。人一方面不断扩展作为客体的直接或间接的生存条件；另一方面，作为主体的人永远受客体制约。这从马克思恩格斯对人的意识产生的论述，能够得到很好的说明。他们认为："意识起初只是对直接的可感知的环境的一种意识，是对处于开始意识到自身的个人之外的其他人和其他物的狭隘联系的一种意识。同时，它也是对自然界的一种意识，自然界起初是作为一种完全异己的、有无限威力的和不可制服的力量与人们对立的，人们同自然界的关系完全像动物同自然界的关系一样，人们就像牲畜一样慑服于自然界，因而，这是对自然界的一种纯粹动物式的意识（自然宗教）。"① 人是从自然中产生的，人在没有认识自然之前，人与自然是对立的，人认识了自然，自然与人就是一种全新的关系。人具有社会性，人的社会关系也受制于人与自然的关系。人与动物的不同之处在于人的意识。为此，马克思恩格斯接着指出："这种自然宗教或对自然界的这种特定关系，是由社会形式决定的，反过来也是一样。这里和任何其他地方一样，自然界和人的同一性也表现在：人们对自然界的狭隘的关系决定着他们之间的狭隘的关系，而他们之间的狭隘的关系又决定着他们对自然界的狭隘的关系，这正是因为自然界几乎还没有被历史的进程所改变。"② "另一方面，意识到必须和周围的个人来往，也就是开始意识到人总是生活在社会化中的。这个开始，同这一阶段的社会生活本身一样，带有动物的性质；这是纯粹的畜群意识，这里，人和绵羊不同的地方只是在于：他的意识代替了他的本能，或者说他的本能是被意识到了的本能。"③ 人的意识在分工中获得了发展，然而，"分工只是从物质劳动和精神劳动分离的时候起才真正成为分工。从这时候起意识才能现实地想象；它是和现存实践的意识不同的某种东西；它不用想象某种现实的东西就能现实地想象某种东西。从这时候起，意识才能摆脱世界而去构造'纯粹的'理论、神学、哲学、道德等等。但是，如果这种理论、神学、哲学、道德等等和现存的关系发生矛盾，那么，这仅仅是因为现存的社会关系和现存的生产力发生了矛盾"。④ 这就是说，人的社会关系受制于人的自然关系，人的意识使人真正建立起了属人的世界，属人世界的关系是生产关系和生产力矛盾关系的反映。

　　法制教育的人文价值是属人世界社会关系的反映，归根结底是生产关系和生产力运动关系的反映。法制教育的人文价值，反映了人在法制教育

---

①　《马克思恩格斯选集》（第 1 卷），人民出版社 1995 年版，第 81—82 页。

②　同上书，第 82 页。

③　同上。

④　同上。

实践活动中人的超越性和人的制约性的统一。法律、制度、教育应为了人，人是中心；但是，人并不是不受法律、制度和教育的制约。

法制教育的人文价值的本体论分析，是为了正确地处理人与制度、知识、职业技能、教育活动本身的关系。人是属人世界的主体，人受客观世界的制约，但是，人又不能在客观世界迷失，如同人不能在客观世界产生虚妄。人在制度和体制面前迷失，会导致制度对人的压迫；同样，人在客观世界面前虚妄，也会导致人自身的毁灭。人是属人世界的主体，人是现实的人，具体的人，人不是抽象的人。人对制度的主宰是建立在对人自身的认识和对客观世界的认识的基础上的。人认识的目的、法律制定的目的以及制度设计的目的，是由于人和为了人。但是，在人的自由而全面发展的道路上，通向一个绝对万能的外在力量——上帝之路，与通向思维中的绝对理念之路，都会受阻。这也是在认识和把握法制教育的人文价值的本质时必须注意的。

在以往的法制教育实践中，恰好是没有正确地认识和处理人与制度、人与法律、人与教育的制约关系。而是把人置于这种关系的控制之下。法制教育的人文价值要追求的是人对关系的驾驭和控制，人是法律和教育的主人，而不是相反。法制教育的人文价值的本质，就是确立人在属人世界中的地位。属人世界是法制教育的人文价值的立论之基，是从本体论视角分析法制教育的人文价值的意义所在。对这个问题，当代学者李连科认为，"人在自己同外部世界的关系上能够作为主体而出现，首先就是因为人本来就是这个世界的产物和有机组成部分；逐步转化为客体的外部世界是人的生存和发展的基础，人对这个客体的关系首先是'受动'的，即受制约的关系；人作为自然存在物，永远受制于自然的生存条件；人作为社会存在物，永远受制于社会的生存条件。人的自觉能动性的发挥，人的自由，不在于在幻想中摆脱自然的和社会的客观条件的制约，而在于认识这种制约，并且进一步地将这种制约置于自己的控制之下"。①

二　人是万物的尺度：从方法论的视角认识

法制教育的人文价值所揭示的方法，从根本上讲，就是在法制教育中要尊重人，把尊重人贯穿于法制教育的全过程，把尊重人渗透在法制教育

---

① 李连科：《价值哲学引论》，商务印书馆 1999 年版，第 73—74 页。

的各种方法和各个环节中。

法制教育的人文价值的本质，体现的人文方法，是对古今中外人类关于方法论的积极思考。方法论，就是认识世界、改造世界的方法，是用什么方式、方法来观察事物和处理问题的范畴、原则、理论、方法和手段的总和。古希腊，亚里士多德的《工具论》和《形而上学》是方法论的重要文献。亚里士多德创立的逻辑体系，是文艺复兴以前西方思维方法的规范。方法论与近代大工业和自然科学的发展相联系。资本主义的发展促使了近代自然科学的兴起，产生了认识自然的科学方法论的需要。近代方法论的奠基人英国哲学家培根在《新工具论》中，提出了经验归纳法。法国哲学家笛卡儿提出了理性演绎方法论。英国的洛克和休谟进一步发展了经验主义方法论，洛克提出了感觉认识论，休谟提出了批判理性知识怀疑论。欧洲大陆的斯宾诺莎和莱布尼茨发展了唯理的方法论，特别是斯宾诺莎用理性演绎法，效法几何学的公理方法，建立哲学体系。由于 19 世纪以前，自然科学还处于搜集材料的阶段，只有数学和力学有较充分的发展，所以形而上学的思维方法占统治地位。康德打破了形而上学的思维方法，建立了庞大的先验唯心主义体系，形成了先验唯心主义的批判的方法论。在康德看来，概念不是来自感性经验，而是人类认识能力自身固有的。黑格尔指明逻辑的客观性，把整个世界的历史看作绝对理念的逻辑发展。他的逻辑学是辩证唯心主义的方法论。黑格尔的客观唯心主义辩证法，是马克思以前方法论研究的最高成果。

中国哲学史从不同角度表述了对方法的见解。孔子阐述了求知的方法。他强调学思并重，"学而不思则罔，思而不学则殆"，主张"博学"、"多闻"、"多见"。但反对杂乱无章的知识，要求"一以贯之"的方法把知识贯穿起来。墨子注重验证或应用的经验方法。老子、庄子主张直觉的方法，通过冥思直接领会宇宙的根本。孟子主张尽心，反省内求，属于直觉的方法。荀子把观物与体道相结合，在对事物的观察中认识"道"，对道类推求得普遍知识。惠施、公孙龙的论辩割裂了个别和一般、相对和绝对的关系，后期的墨家和荀子则把它们结合起来，这对推动中国古代思想方法论的发展有重要意义。宋到明清，程朱学派主张"道问学"，"格物致知"，"即物而穷其理也"。陆王学派主张"尊德性"。清代的王夫之、颜元、戴震重视认识的方法。王夫之把格物致知分解为：格物是从事物、经验中求道理，即归纳法；致知是思辨推理，即演绎法，两者相互补充。

在中国传统文化中，有着丰富的方法论思想。

自 19 世纪末 20 世纪初物理学革命以后，各门科学都有了突飞猛进的发展。方法论在知识中的比重日益提高，方法论对科学发展的作用也日益显著。这与科学发展的时代特点密不可分。科学发展给哲学方法论提出了一系列问题：控制和信息的关系、规律和预测的关系，观察和实验的关系、归纳和演绎的关系、类推和概括的关系、假说和理论的关系、确定性和不确定性的关系、想象和科学发现的关系、系统和结构的关系、结构和功能的关系等。

20 世纪 50 年代以来，西方科学哲学冲破了对科学理论的静态的逻辑分析，把对方法论的研究同科学发展的历史联系。英国的波普尔、美国的库恩、拉卡托斯和费耶尔阿本德试图从方法论的角度来说明科学理论的革命和发展。波普尔把科学的发展看成证伪。他强调演绎，否定归纳，推崇证伪，贬低证实。库恩提出科学发展是由常规科学和科学革命的交替发展来实现的，科学革命是"范式"（paradigm）的取代。拉卡托斯吸收波普尔和库恩思想的长处，克服波普尔朴素证伪主义，提出在科学研究的秩序中发展科学。费耶尔阿本德认为，一切方法论都有限度。

唯物辩证法是马克思和恩格斯在唯物主义基础上批判继承黑格尔的唯心主义辩证法，创立的方法论。它根据自然、社会、思维的最一般的规律，得出具有普遍意义的方法论。唯物辩证法认为，世界上的一切事物处于普遍联系和永恒运动之中，事物普遍联系的最深刻的原因是矛盾着的对立方面的统一，矛盾分析法是最重要的认识方法。脱离实践会产生主观主义，要坚持主观和客观的一致性，要用实践检验人的认识。唯物辩证法认为，物质世界是多样性的统一。各种事物都有自身的结构，不同的层次、要素，组成系统，事物、现象、系统都有自己的个性；同时，也有某种共性。多样性与统一性、共性与个性是对立的统一。由此产生了归纳法和演绎法、分析法和综合法、由感性具体到思维抽象和由思维抽象到思维具体的方法。不能片面地抬高其中一种方法而贬低另一种方法，应该把它们各自放在适当的地位。马克思主义的方法论，不仅是理论认识的工具，而且是伟大实践的工具。

在马克思看来，方法论通常指的是历史唯物主义的认识方法。历史唯物主义既是社会发展的一般规律的科学，也是一切社会科学的理论基础，同时又是认识和改造社会的根本方法。历史唯物主义正确地反映了社会存在和社会意识的关系，揭示了劳动在人类社会中的决定作用，阐明了社会的物质关系对政治关系和思想关系的决定作用。历史唯物主义认为，社会存在决定社会意识，社会意识是社会存在的反映，它所确立的从社会存在说明社会意识，从生产力说明生产关系，从经济基础说明上层建筑的认识方法，以及从生产力和生产关系、经济基础和上层建筑的相互关系中研究社会发展的规律，对社会科学的各个领域的研究都具有指导意义，当然，对法制教育的人文价值的研究也具有指导意义。

法制教育的人文价值的本质的方法论层面分析，至少给我们提供了两点启示：一、以人类关于方法的思想作为法制教育的人文价值研究和实现的方法基础；二、这里的方法分析体现了法制教育的人文价值的特殊矛盾。法制教育的人文价值给我们提供的方法是人的方法。人是具有一定的思想、素质、信仰、环境、经济条件、社会条件的人，人对方法的思考，方法本身的发展与人的实践、客观条件密切相关。法制教育的人文价值的研究方法、法制教育的人文价值的实现方法，不能脱离具体的人。西方方法论的发展史，是科学的发展史，是生产力的发展史，更是人的需要的发展史。方法离不开对人的思考、总结和说明。中国哲学方法向人的内部寻求发展的路向，也说明方法是人的方法，而不是物的方法。离开了人的方法是毫无意义的。人本身就是人文价值的特殊矛盾。人与动物不同，人有人的目的，人有人的追求，人有人的特点。对这个问题马克思认识得最深刻，"动物和自己的生命活动是直接同一的。动物不把自己同自己的生命活动区别开来。它就是自己的生命活动。人则使自己的生命活动本身变成自己意志的和自己意识的对象。他具有有意识的生命活动。……有意识的生命活动把人同动物的生命活动直接区别开来"。① 恩格斯指出："动物仅仅利用外部自然界，简单地通过自身的存在在自然界引起变化；而人则通过他所作出的改变来使自然界为自己的目的服务，来支配自然界。这便是人同其他动物的最终的本质的差别。"② 人既以生命活动的方式存在，人又能意识到自己生命活动的意义，人通过实践活动满足自己的生命需要，体现了人的特殊性。这也启示我们，在法制教育的人文价值的认识活动和实践活动中，人是认识的立足点和我们的根本方法，离开了人的方法就会

---

① 马克思：《1844 年经济学哲学手稿》，人民出版社 2000 年版，第 57 页。
② 《马克思恩格斯选集》（第 4 卷），人民出版社 1995 年版，第 383 页。

蜕变为方法的异化，造成对人的伤害。正如马克思指出的："动物只是按照它所属的那个种的尺度和需要来构造，而人懂得按照任何一个种的尺度来进行生产，并且懂得处处都把内在的尺度运用于对象；因此，人也按照美的规律来构造。"人按照"任何一个种的尺度"、"内在的尺度"、"美的规律"来生产和构造，说明人的生命实践活动是合规律性与合目的性的统一，人的实践活动本身就体现了一种人的方法，这种方法有利于到达人的目的。

所谓人的方法就是人在生命实践活动中的手段、方式和工具不能构成对人的生命存在的否定，人的手段本身不能反对人、抑制人、压迫人。人的方法还意味着对人的生命活动的积极性的张扬，对人的自由、人的全面发展的向上舒展，对人的幸福的增进，对人的生命质量的提高，对人的物质生活和精神生活的改善。在法制教育活动中，人的方法体现为，法制教育的人文价值的方法的特殊性。这种特殊性是，人作为目的决定了法制教育方法的选择、方法本身的建构和调整。

法制教育中的人不是抽象的人，也不是思维中的、想象的人，而是一定的经济关系、社会关系中的人。人是法制教育的尺度，也是其活动的实效性的尺度，当然，也是法制教育的方法的尺度。以人为本是世界观，同时体现为方法论。法制教育的人文价值的方法，意味着法制教育活动的具体方法的人性化，教育者与受教育者是平等的关系，教育者对受教育者应该给予更多的人文关怀。也就是说，法制教育的方法不能对人的生命存在、人的全面发展构成否定。从方法论层面探讨法制教育的人文价值的方法的原因是：以往的法制教育的方法以教育者为出发点，以社会为本位，在教育方法上对个体的成长形成阻碍。探索的意义在于，寻求法制教育的方法的人性化路径，以人的方法进行人的法制教育。而这，正是法制教育的人文价值的本质的体现。

三　人是最宝贵的：从价值论的视角认识

法制教育是由人的价值、人的可贵、人的宝贵引起的。法制教育的人文价值的本质的价值论层面分析，是分析法制教育的人文价值本身的意义、效用、原因。其意义在于，社会领域之间，人与事物、人与人之间的相互作用实质上就是价值关系，即以一定的价值追求为基本的驱动力的关系。社会科学都与价值论存在着联系，都自觉或不自觉地以价值论为基本的理论前提。因此，对法制教育的人文价值的本质作价值分析，是法制教育的研究和教育活动中不能回避的问题。

价值与日常生活密切相关，人的思想、情感，人的行为，社会的行为都以价值为原动力。所以，价值是非常普遍的概念，价值是一种客观存在，人的行为都要考虑实际的意义，人的行为都需要权衡是否有意义、是否合算、是否值得。在法制教育活动中，需要考虑的是法制教育是否对人的生存有积极的意义，有多大的积极意义。法制教育的教育者和受教育者都是主体，但是，受教育者是主要的主体，法制教育活动主要应考虑对受教育者生存的意义。那种远离生活、远离社会、远离受教育者，甚至对受教育者造成心理压力和身体危害的法制教育，是不受欢迎的，是注定没有效果的。

法制教育的人文价值的本质是法制教育对个人生存和发展的积极意义。这里，首先必须对人的存在有一个正确的理解。马克思和恩格斯指出："全部人类历史的第一个前提无疑是有生命的个人的存在。"[①] 法制教育的人文价值的本质，在内涵上是从人文的角度对人的存在的肯定；在外延上，这种肯定包括对人的多方面存在的肯定。人的存在指人的物质存在、人的精神存在、人的文化存在。而每一个存在又可以分成若干层次。这些划分对多层面、多角度认识和理解人的存在有积极的意义。人的多种存在是相互联系的，人的物质存在是前提、是基础，人精神存在是动力、是支柱，人的文化存在是人存在的土壤、依附。人的文化存在又包括人的社会存在，人的历史存在，人的现实存在等。更重要的是人是自己的存在，也就是说，人是人的存在，这才是问题的关键。

马克思恩格斯对人的存在的前提理解很深刻，"我们开始要谈的前提不是任意提出的，不是教条，而是一些只有在想象中才能撇开的现实前提。这是一些现实的个人，是他们的活动和他们的物质生活条件，包括他们已有的和由他们自己的活动创造出来的物质生活条件"[②]。人的物质存在是其他存在的前提。对此，马克思还指出："人的存在是有机生命所经历的前一个过程的结果。只有在这个过程的一定阶段上，人才成为人。但是一旦人已经存在，人，作为人类历史的经常前提，也是人类历史的经常

---

① 《马克思恩格斯选集》（第 1 卷），人民出版社 1995 年版，第 67 页。
② 同上书，第 66—67 页。

的产物和结果，而人只有作为自己本身的产物和结果才成为前提。"① 人作为物质世界上的特定环节，是"自在"的，人是自然界变化的结果。马克思的意思还表明，人只有作为自己本身的存在，才能成为人的其他存在，也就是说，人的各种存在是辩证的、有机联系的，是"自在"与"自为"的统一。因此，法制教育的人文价值是对人的存在的肯定，这就意味着法制教育的内容、方式不能脱离人的存在。

深言之，价值论是事物之间价值关系的运动、变化和发展的规律的科学。人的认识分为两种：一种是，客观世界事物的属性、本质及运动规律的认识；另一种是，客观事物对于人的生存与发展的意义的认识。前者是一般的科学理论，后者是价值论。价值论就本质而言，是一种特殊的科学理论，对于人的意义而言，也就是事物的一种特殊的属性。当然，这种属性，有的是正面的，有的是负面的。不论是正面还是负面属性对人都有一种意义。正面意义和负面意义，在一定条件下是可以转化的。因此，价值论是具体的价值论，是一定历史条件下的价值论，是一定的社会领域的价值论。

马克思主要是从政治经济学的角度探讨价值，把价值作为在实践中，物与人的需要相互作用的产物，"如果说，人们不仅在实践中把这类物当做满足自己需要的资料，而且在观念上和语言上把它们叫做'满足'自己需要的物，从而也是'满足'自己本身的物（当一个人的需要得不到满足时，他就对自己的需要，因而也是对自己的本身，处于一种不满意的状态）……——如果说，'按照德语的用法'，这就是指物被'赋予价值'，那就证明：'价值'这个普遍概念是从人们对待满足他们需要的外界物的关系中产生的"②，学者李连科认为，差不多所有的价值问题研究者，都没有说这句话有什么错误，在给哲学价值下定义时，也没有超出这段话的含义，但是有的人自己讲类似的话，却又认为这句话是马克思反对瓦格纳的话，不是马克思的观点。他认为，争论这句话是谁讲的并不重要，关键要看这句话对不对，要放在上下文的背景中来理解。③ 马克思的价值范畴是从客观存在的具体事物出发作的科学抽象，坚持了从物到感觉

① 《马克思恩格斯全集》（第 26 卷第 3 册），人民出版社 1974 年版，第 545 页。
② 《马克思恩格斯全集》（第 19 卷），人民出版社 1963 年版，第 406 页。
③ 李连科：《价值哲学引论》，商务印书馆 1999 年版，第 65 页。

到思维的唯物主义路线，瓦格纳的价值概念颠倒了主客观的关系，坚持的是唯心主义的路线。瓦格纳对"需要关系"、"价值一般"等的理解，不是从具体的人出发，而是从抽象的"人"和抽象的"自然愿望"出发，得出了"外界物被赋予价值"的结论，马克思则强调了价值的客观内容和客观来源，认为价值是从实践关系中产生出来的。"人们决不是首先'处在这种对外界物的理论关系中'。正如任何动物一样，他们首先是要吃、喝等等，也就是说，并不'处在'某一种关系中，而是积极地活动，通过活动来取得一定的外界物，从而满足自己的需要。（因而，他们是从生产开始的。）由于这一过程的重复，这些物能使人们'满足需要'这一属性，就铭记在他们的头脑中了。"① 价值哲学的精髓是：既坚持价值的客观性，也同时坚持物为人而存在；既肯定物是价值的前提，也认为人是价值的目的。不懂得这一点，就不懂得价值哲学，也不明白价值哲学对具体的社会科学的指导地位和指导什么以及怎样指导。

　　法制教育的人文价值的本质，实际上是从价值的视野正确处理人与物、人与制度、人与社会、人与教育、人与他人的关系。这从马克思对价值一词的论述能得到说明："《评政治经济学上若干用语的争论》一书的作者贝利和其他人指出，'Value，valeur'这两个词表示物的一种属性。的确，它们最初无非是表示物对于人的使用价值，表示物的对人有用或使人愉快等的属性。事实上，'value，valeur，Wert'这些词在词源学上不可能有其他的来源。使用价值表示物和人之间的自然关系，实际上是表示物为人而存在。"② 价值的本意是"物为人而存在"，而这正是法制教育的人文价值的本质的价值分析的切入点。"物"是广义的物，"物"为人而存在，实际上是"物"为人的生存和发展而存在，也就是为人的需要而存在。

　　法制教育活动要满足人的生存和发展需要，才能真正体现价值的本质和人文价值的本质，实现在法制教育领域里正如马克思所言的"物为人而存在"。这就是说，个人的需要相对于社会的需要而言，个人的需要具有优先性。为此，马克思恩格斯在《德意志意识形态》中指出："社会结

---

① 《马克思恩格斯全集》（第 19 卷），人民出版社 1963 年版，第 405 页。
② 《马克思恩格斯全集》（第 26 卷第 3 册），人民出版社 1974 年版，第 326 页。

构和国家总是从一定的个人的生活过程中产生的。"① 可是，我们往往不能正确处理个人需要和社会需要的关系，用社会需要凌驾于个人需要之上，甚至走向极端，用社会需要否定个人需要。"我们常说社会需要，并说应当去适应社会需要，甚至说满足社会需要，社会课程更是这样告诫青少年的。可是，社会需要究竟是个什么样子？我们何时何地看到或听到'社会'张开口表白它的需要？是谁最先看到或听到了？……社会为什么产生了需要？它怎么能够产生需要的？它产生了些什么需要？为何要我们去适应和满足？"② 社会是由许多阶层组成的，而不同的阶层利益可能一致，也可能不一致。一部分人往往把社会的需要抽象化，未经合法授权借口代表大多数人的利益，而实则损害大多数人的利益。对社会的需要要分析、分辨、考究、具体化，要把社会的需要与具体的人联系起来，才能理解社会的需要和人的需要。最佳的选择是把个人的需要置于社会的需要之上，个人需要优先。一个以市场经济为主体的社会，希望在哪儿？福祉在哪儿？人的自由和解放在哪儿？人的幸福和人的解放是一个艰苦而曲折的过程，资本主义社会仅仅是人的价值实现的一个阶段，但又是一个不可少的阶段，马克思指出："就在于形成一个被戴上彻底的锁链的阶级，一个并非市民社会阶级的市民社会阶级，形成一个表明一切等级解体的等级，形成一个由于自己遭受普遍苦难而具有普遍性质的领域，这个领域不要求享有任何特殊的权利，因为威胁着这个领域的不是特殊的不公正，而是一般的不公正，它不能再求助于历史的权利，而只能求助于人的权利，它不是同德国国家制度的后果处于片面的对立，而是同这种制度的前提处于全面的对立，最后，在于形成一个若不从其他一切社会领域解放出来从而解放其他一切社会领域就不能解放自己的领域，总之，形成这样一个领域，它表明人的完全丧失，并因而只有通过人的完全回复才能回复自己本身。"共产主义社会一定会到来，人的价值一定有彻底实现的一天。③

也就是说，只有人的权利得到实现，人的需要得到满足，社会彻底满足了人，人才能回复到本身，"德国唯一实际可能的解放是以宣布人是人

---

① 《马克思恩格斯选集》（第 1 卷），人民出版社 1995 年版，第 71 页。
② 张楚廷：《课程与教学哲学》，人民教育出版社 2003 年版，第 372 页。
③ 《马克思恩格斯选集》（第 1 卷），人民出版社 1995 年版，第 14—15 页。

的最高本质这个理论为立足点的解放"。① 社会不应当违背人的利益，不应当置于人之上，而人却可以置于社会之上。在法制教育领域，法制教育的人文价值的意义在于：教育活动应满足人的需要；而不是相反，即用人来适应法制教育，人来满足法制教育的需要。

法制教育的人文价值的价值层面的理解意味着，法制教育要尊重人、理解人、关心人，因为人是原因，没有人，就没有法制教育，而不是一味地强调人要接受教育，人要遵守法律、纪律、制度和道德等。这实际上还是一个人与社会的关系问题，对此，学者张楚廷的见解是："我们说要尊重社会，但它值得尊重吗？我们要关心社会，为什么要关心它呢？我们说要热爱社会，它有那么可爱吗？社会应当自己问自己，它应当扪心自问，它的心在哪里？社会的良心在哪里？"② 法制教育的合理性在于：对人的幸福的关照、对人的生存和发展的正面的、积极的关联。就如人与社会的关系一样，"人应尊重社会，但社会应首先尊重人，不尊重人的社会是不值得受尊重的，是应加以变革的，变革得很尊重人，从而成为值得尊重的尊重人的社会"。③

法制教育的过程，实际上是对人尊重到底的过程，社会优先关心人，服务人的过程。人文价值作为法制教育的核心价值，实际上是对什么是法制教育的忠诚的回答，法制教育的基准是人，法制教育才是有价值的。法制教育的过程背离人文价值，表面上是社本主义的课程观，实际上是根深蒂固的官本位思想在作祟。

然而，强调人的需要的优先性，并不是贬低，甚至否定社会的需要，而是说，社会需要也是一种重要的需要，在特定的条件下牺牲个人的利益也是必要的。法制教育的人文价值的价值层面分析，只不过强调，社会需要不能抽象化，不能被少数人异化。因为，人的需要并不能与个人的需要完全等同，人的需要的优先性正是对社会的需要的最好重视、正是社会的需要的具体化。所以，最具时代精神的法制教育，应该是与社会发展的大趋势一致的法制教育，应该是对人的价值充分肯定的法制教育，法制教育的人文价值的灵魂在于为美好的人生服务。

---

① 同上书，第 18 页。
② 张楚廷：《课程与教学哲学》，人民出版社 2003 年版，第 375 页。
③ 同上书，第 376 页。

第三节　本质的微观认识

法制教育的人文价值的本质，是法制教育的人文价值的基本要素之间的内在联系，是法制教育的人文价值的根本性质，是由法制教育的人文价值的固有的特殊的矛盾决定的。法制教育的人文价值的特殊性在于它的人文性。法制教育的人文性归根结底是在法制教育活动中对人的态度问题。用人的态度善待人，用人的态度教育人，就是法制教育的人文价值的本质，这个本质具体体现在尊重、理解和关怀三个方面，这就是法制教育的人文价值本质的微观认识。

一　尊重:法制教育的人文价值本质的体现之一

尊重是法制的人文价值本质的具体体现。法制教育的人文价值就是人对人的尊重，即在法制教育活动中，首要的是法制教育的教育者对受教育者的尊重，这是重点；其次，还指法制教育的教育者的自我尊重、受教育者的自我尊重。在法制教育活动中，教育者应该从哪些方面尊重受教育者呢？

第一，尊重个性。法制教育的受教育者，有独特的心理特征，这些特征是由遗传、家庭和后天的环境造成的，在一定条件下、一段时间内难于改变，法制教育的教育者尊重受教育者的个性，教育才能有的放矢，具有针对性和实效性。对受教育者个性的尊重，实质上就是对受教育者人格的尊重，承认受教育者人格的高贵和不可侵犯。这一点，在现代社会，即使犯罪者被判处死刑，在执行死刑时，也不能侵犯犯罪人的人格尊严，天大的罪行，也应该让犯罪者有尊严地死去。这是人类文明发展的结果，是社会进步的体现。因为，对他人的个性和人格的尊重，实质上就是对自己的尊重，对整个人类的尊重。法制教育者对受教育者个性的尊重，实际上就是对自己作为一个人和整体的所有人的尊重。所以，在法制教育过程中，教育者应该从教育前的人性预设（即受教育者通过法律学习的良好发展趋势）、教材的使用、内容的选择、教育方法、教育者的服饰、教育语言等方面，尽可能使受教育者产生良好的心理反映。

第二，尊重差异。人文价值思想的包容性和整体性是建立在对事物差异的认识基础上的。因为，"各人的观点，喜欢学习的对象以及处理问题的方式，都存在个别差异。如果这些差异为了所谓一致性的利益而受到压制，并且企图使学校中的学习和答问都必须按照一个单一的模式，就不可避免地使学生造成心理上的混乱和故意矫揉造作"。① 法制教育的受教育者与受教育者之间不可能一模一样，而现代的课堂教育、整体授课、大班学习，很少考虑受教育者之间的不同。尊重差异，就是尽可能使大体条件接近的受教育者接受一样的教育。尊重差异，关键是要尊重法制教育受教育者的法律需要。法律需要是开展法制教育的前提，如果法制教育的受教育者，根本就没有法制教育需要，教育者强行开展法制教育，不仅浪费人力、物力资源，而且会产生相反的效果。如果法制教育的受教育者有这方面的法律需要，而教育者开展的却是那方面的法制教育，法制教育效果也是不好的。

第三，尊重选择。自由是人文价值的核心，自由精神，并不要求对象的一致性，相反，承认和鼓励对象在多种可能性中进行自我选择、自我更新、自我完善。法制教育对受教育者选择的尊重，就是通过法制教育，培养受教育者较强的选择意识，增强受教育者的选择能力。法律面前人人平等，每一个人的选择机会平等，不同的选择行为，应承担相应的后果。在法制教育中，法律讲清楚了没有，就是看多种选择的可能给受教育者讲清楚了没有。评价法制教育的效果应该从这里切入，而不是从违法、犯罪率的高低切入。人类文明的进步、社会生产力的发展，为人提供更多的选择。现代市场经济的发展趋势，使人们选择的可能性越来越多，机会越来越多。法律只不过作为社会的上层建筑对各种选择加以提炼、规定。法制教育是一种选择教育，它的特点决定了要引导人在多种选择中，作出法律上的选择。

二　理解：法制教育的人文价值本质的体现之二

理解是法制教育的人文价值本质的具体体现。"所谓教育，不过是人对人的主体间灵肉交流活动。"② 交流就是理解。理解是法制教育的前提，这是由法制教育的人文价值决定的。理解是把法制教育中的人置于一定的场域，是法制教育的本质。法制教育中的理解包括对法制教育的受教育者

---

① ［美］约翰·杜威：《民主主义与教育》，人民教育出版社 2001 年版，第 321 页。
② ［德］卡尔·雅斯贝尔斯：《什么是教育》，邹进译，三联书店 1991 年版，第 4 页。

的过程理解、现实理解和境遇理解。

第一，理解成长的过程。法制教育中对受教育者的理解是一个历史的过程。过程理解是对受教育者的整体理解。了解影响受教育者成长的过去、现在和未来的各种因素。过去因素包括成长的家庭环境、邻里环境、社区环境，受教育者学校受教育的状况，尤其是要了解受教育者的规则、守则意识，守法、护法情况、思想道德状况。现在因素包括受教育者现在的学习、生活、交友、个人学习能力、知识接受状况、法律意识状况。未来因素包括受教育者将来可能的法律需要，职业理想、社会理想、家庭理想，未来可能面临的经济状况。未来因素是引领法制教育的关键因素，法制教育是面向未来的教育，是培养未来的人，这是法制教育的意义。理解是可能的，在当今的信息时代，网络技术高度发达，只要有对受教育者理解的意识，学校、社会、家庭做好相应的信息收集和积累，充分利用现代教育技术的支持，并有相应的制度安排，并不是一件难事。

第二，理解成长的现实。现实理解是指对法制教育的环境的认识。法制教育是在一定的环境中进行的。国家的政治制度、经济制度、社会的法制意识状况、社会整体的法治行为情况、政党自身的建设状况、国家的传统文化意识、社会的风俗习惯，构成了法制教育的现实理解。把受教育者置于成长的场域，理解场域的各种因素对法制教育的影响。尤其是要防止各种消极因素：如，贪污腐败、滥用权利、金钱至上、道德沦丧、麻木冷漠等，对法制教育效果的抵消。教育者要研究社会，研究文化，法制教育才有根。人文价值很注重法制教育的受教育者接受教育的宏观环境，"当我们深思熟虑地考察自然界或人类历史或我们自己的精神活动的时候，首先呈现在我们眼前的，是一幅由种种联系和相互作用无穷无尽地交织起来的画面"①。没有场域意识和行为的法制教育是孤立的法制教育，凸显的是工具价值；有场域意识和场域行为的法律意识体现了人文价值的本质。

第三，理解成长的境遇。成长的境遇指受教育者的微观境遇，包括：接受法制教育时的学习准备情况、心理状况、学习的场地、学习的时间、参加社会实践的气候情况、教育基地的情况、教师的准备情况、教材、选择的教学内容、确定的具体的教育目标、受教育者接受教育时相互之间可能的合作情况、学习者的主动性、积极性。这些微观因素构成了法制教育

_____

① 《马克思恩格斯选集》（第3卷），人民出版社1995年版，第359页。

的受教育者学习法律的直接境遇。教育者应该根据受教育者的微观境遇采取相应的教育行为：从法制教育的受教育者细微的法律诉求、法律需要着眼，帮助受教育者解决生活中的法律困惑。受教育者的守法、护法，应从身边的交通规则、家庭伦理、考场规则等入手。理解成长的境遇的实质是：法制教育的内容要联系人的实际，实事求是地进行法制教育，一切法律规则的学习、遵守是有条件的。爱、公正、心中的善，是法律的灵魂，高于任何现实的法律规则。理解就是从实际出发，建立受教育者的价值观。"只有重建价值世界，才能挽回失落的人，走出虚无。"① 同时，社会也才能更加和谐。

三 关怀：法制教育的人文价值本质的体现之三

关怀具体体现了法制教育的人文价值的本质。人文价值思想认为：人是可贵的，人是至上的，人事高于一切事。法制教育中的法律是有感情、有思想的法律。法制教育中的教育者推己及人，教育者与受教育者之间是融入式的人际关系。法制教育的关怀包括创设情境关怀，过程关怀和合作关怀。

第一，创设情境关怀。法制教育中教育者对受教育者的关怀，不是主观的，而是客观存在的一种关怀。这就意味着法制教育的教育者需要精心地创设教育情境，让受教育者能够感知、体验教育者的关怀；否则，法制教育的关怀仅仅限于教育者的思想意识中，不能变成现实的关怀，还不是真正的关怀。关怀是一种行动、一种客观存在。在情景中，教育者进入关怀角色，把受教育者带到关怀的情景中来。比如，合作学习、案例调查、讨论、讲演、角色扮演、社区服务、参加专业讨论，都可以用来设计为法制教育的关怀情景，加入关怀的内容。创设关怀情景要注意：与法制教育的内容密切相关；关怀是自然的关怀，不是人为的；培养、训练受教育者感知、体验关怀的能力。更重要的是：法制教育者要加强关怀研究，不断反思文化和环境对关怀的影响，提高关怀水平，发展关怀能力，采取更好的关怀方法。

第二，加强过程关怀。法制教育中的关怀是一个过程，它贯穿在法制教育的开始到结束的全程中。在法制教育的整个过程中，教育者要把关怀

----

① 霍韬晦：《新教育·新文化》，中国人民大学出版社 2010 年版，第 176 页。

意识体现为关怀行为，让受教育者感知和体验到关怀。在法制教育的关怀中肯定人、发展人，使人感受法制教育的快乐，增强幸福感、增加向往美好生活的信心，具体地感到生命的崇高。这正是法制教育的人文价值本质的具体体现。过程关怀简单地讲，就是教育者有较强的受教育者意识，并把这种意识化为法制教育的行为。比如，教育者的讲授以受教育者为取向；布置作业、讲课和开展法制教育活动应适应受教育者的技能和兴趣；选择的法制教育内容有利于鼓励受教育者质疑和发表自己的观点；让受教育者从法制教育的本身找到归宿感。

　　第三，进行合作关怀。从主体上讲，关怀不是教育者单方面的关怀，还包括双方关怀，双向关怀，多方关怀。单方关怀是指，法制教育的教育者和法制教育的受教育者相处时，教育者示范关怀，对受教育者的法制教育需要敏感地给予回应。双向关怀是指，法制教育的受教育者感知、体验到法制教育者的关怀，对法制教育者作出的积极回应，反过来关怀法制教育的教育者，这就是教学相长。双方关怀是指，两个法制教育的受教育者之间合作学习，相互关怀。多方关怀是指多个法制教育的受教育者彼此分享学习法制教育的个人体验，或者感悟受教育者在给社会提供法律服务的过程中来自他方的关怀。多方关怀是一种整体关怀，包括了来自家庭、社会、学校和其他教育机构、其他教育者的关怀。可见，关怀的实质是"一个真实的自我和另一个真实的自我在彼此互爱中联系起来，这样一切事物才能在存在的光辉中敞亮"。①

---

　　①　福禄培尔：《人的教育》，孙祖复译，人民教育出版社1991年版，第91页。

第六章　法制教育的人文价值的特征

法制教育的人文价值的特征分为两个层面：一个层面是一般特征；另一个层面是具体特征。法制教育的人文价值的一般特征，是法制教育的人文价值的一般矛盾和规律，一般特征为法制教育的工具价值和人文价值所共有。

法制教育的人文价值的具体特征，是法制教育的人文价值的特有规律，反映了法制教育的人文价值的特殊矛盾，它使法制教育的人文价值与法制教育的工具价值相区别。法制教育的人文价值研究的重点是具体特征。

第一节　一般特征

为了更清楚地认识法制教育的人文价值的具体特征，首先应对法制教育的人文价值的一般特征有所了解。

一　法制教育的人文价值的客观性

法制教育的人文价值是不以人的意志为转移的一种存在，不管我们是否承认、是否喜欢，都存在法制教育的人文价值，这就是法制教育的人文价值的客观性。

第一，法制教育的人文价值的构成因素是客观的。法制教育的人文价值的因素有主体及主体需要、客体及客体属性、主体与客体之间的关系。主体是法制教育中的人，客体是教育活动，主体与客体的关系，是在具体的法制教育活动中形成的人与人之间的关系。这些因素是一种客观存在。因为，在学者李连科看来，"一、客体（自然、社会和精神产品）是客观的；二、主体需要（包括精神需要）是被社会历史客观地决定了的；三、二者之间的关系也必然是客观的"。①

第二，在理解法制教育的人文价值的客观性时，要与价值主体的选择的主观性相区别。人文价值是客观的，但是，主体的人文价值的选择、判断，却是主观的，不能因为主体在人文价值的选择上的主观性而否定人文价值的客观性，从而把人文价值引上唯心主义的道路。就法制教育的人文价值主体的选择本身而言，是一种客观存在，主体的选择不能脱离社会环境，不能脱离具体的存在。

法制教育的人文价值的实现，离不开主体在法制教育实践活动中的创造，是客体的主体化；同时，法制教育的人文价值的实现需要主体发挥积极性，在教育实践活动中实现，这又是人的本质的物化。不论客体的主体化，还是主体的物化，都是一种客观存在。所以，法制教育的人文价值具有客观性。

第三，法制教育的人文价值的客观性是对主体论的单极思维的否定。在法制教育的人文价值的理论和实践中人们往往容易犯主体论的错误。因为，法制教育的最终目标是人的自由而全面的发展，法制教育的人文价值的取向是人而不是物。由此，人们往往容易误入歧途，走向唯主体论。可见，法制教育的以人为本并不等于以主观为本。

当然，我们也不能由于坚持法制教育的人文价值的客观性，而误入唯客体论。在学者王玉樑看来，"坚持以人学或人道价值论作基础去研究价值论，坚持唯主体论的单级思维，就会退回到广受人们批评的理论上混乱的陈旧的西方主观价值论的观点上去……反对关系思维，搞唯主体论的单级思维的思路是走不通的。同样，搞唯客体论的单级思维，把价值视为事物本身固有的属性，忽视价值因人、因时、因条件、因地或环境而异的情况，则是价值理论中僵化的思想，早已被证明是死路一条"。② 所以，要正确地理解法制教育的人文价值中的关系思维，因为，唯客体论和唯主体论都不能正确指导法制教育的人文价值的实践。

二　法制教育的人文价值的历史性

法制教育的人文价值的历史性，是指法制教育的人文价值是一个特定

① 李连科：《价值哲学引论》，商务印书馆 1999 年版，第 100 页。
② 王玉樑：《百年价值哲学的反思》，《学术研究》2006 年第 4 期。

历史阶段的人文价值，没有脱离历史的人文价值，人文价值都是具体的。自从产生了私有制、阶级和国家，出现了法律、有了法制教育，就有了法制教育的人文价值。但是，在法制教育的人文价值的最初阶段，它仅仅作为矛盾的一方面与矛盾的另一方面法制教育的工具价值相对立而存在。在这个阶段，法制教育的工具价值占据了绝对的主导地位，工具价值成为法制教育的核心价值。这时的法制教育的人文价值是最低级、最原初的人文价值。这个阶段，大致是人类发展的奴隶社会阶段。对这个历史阶段的法制教育的人文价值的存在不能持完全否定的态度。一般认为，在奴隶社会，奴隶不是人，纯粹是会说话的工具，没有人，哪来的法制教育的人文价值？其实，从价值本身看：一方面，人文价值和工具价值是矛盾的统一体，价值的存在就意味着工具和人文两个方面的存在。因为，工具价值不可能单独脱离人文价值而存在。只不过矛盾的主导方面是工具价值，决定了法制教育的核心价值是工具价值。另一方面，尽管奴隶不是人，但是奴隶主是人，法律不仅有镇压被统治阶级的职能，还有调节统治阶级的内部关系和执行一定公共事务的职能，就后两种职能而言，法制教育是有人文价值的。

随着生产力的发展，人类经过封建社会进入了资本主义社会。在漫长的中世纪以后，伴随着人文思潮的兴起，法制教育的人文价值逐渐占据主导地位，成为决定法制教育价值的主导因素。

可以说，法制教育的人文价值与人类文明发展的进程相一致。每一个阶段法制教育的人文价值的出现都有其历史的必然性，都是其特定的法律、制度和教育文明程度的真实反映。较高程度的人文价值总是从较低程度的人文价值发展而来，幻想完美的人文价值是不存在的。"一切依次更替的历史状态都只是人类社会由低级到高级的无穷发展进程中的暂时阶段。每一个阶段都是必然的，因此，对它发生的那个时代和那些条件说来，都有它存在的理由；但是对它自己内部逐渐发展起来的新的、更高的条件来说，它就变成过时的和没有存在的理由了；它不得不让位于更高的阶段，而这个更高的阶段也要走向衰落和灭亡。"①

社会主义社会的建立，使法制教育的人文价值获得了巨大的发展。社会主义社会的法制教育的人文价值，反映了社会主义社会的良法善治。在

---

① 《马克思恩格斯选集》（第4卷），人民出版社1995年版，第217页。

社会主义社会，法制教育的人文价值成为法制教育的价值内部占据主导地位的价值，由此决定了法制教育的价值的性质，在整体上是人文性的。在未来的共产主义社会，阶级和国家消亡了，但是，还存在调整公共事务的规范、制度，也存在教育，那时，人文价值将真正得到实现。

　　法制教育的人文价值发展的历史规律的一般性，并没有否认法制教育的人文价值发展的特殊性。马克思和恩格斯在 1882 年 1 月为《共产党宣言》俄文第二版写的序言中指出："俄国公社，这一固然已经大遭破坏的原始土地公共占有形式，是能够直接过渡到高级的共产主义的公共占有形式呢？或者相反，它还必须先经历西方的历史发展所经历的那个瓦解过程呢？"[①] 他们提出了当时唯一可能的答复："假如俄国革命将成为西方无产阶级革命的信号而双方互相补充的话，那么现今的俄国土地公有制便能成为共产主义发展的起点。"[②] 马克思恩格斯的这一探索，包含历史发展的一般规律和特殊规律辩证统一的思想，对研究法制教育的人文价值的一般性和特殊性有重要的启示。在我国的"文革"期间，法制遭到破坏，法制教育的人文价值受到忽视，这仅仅是法制教育的人文价值发展的特殊情况，并不能否认整个社会主义阶段对法制教育的人文价值重视的总趋势。在新的历史时期，科学发展观把以人为本确定为发展的第一要义，法制教育的人文价值的研究和实践正是这一时代精神的体现。

三　法制教育的人文价值的阶级性

　　在马克思主义的阶级分析法看来，法制教育的人文价值的阶级性是指，由于阶级利益不同，法制教育的人文价值所服务的对象也不同。不同的社会，有不同的阶级，也就有不同的法制教育，法制教育的人文价值也因此打上阶级的烙印。比如，资本主义社会法制教育的人文价值与社会主义社会法制教育的人文价值就有本质的区别。

　　法制教育的人文价值的阶级性根源，从阶级的产生来看：阶级产生的根本原因是由于生产力的发展，社会分工的结果。恩格斯认为："第一次社会大分工，在使劳动生产率提高，从而使财富增加并且使生产领域扩大的同时，在既定的总的历史条件下，必然地带来了奴隶制。从第一次社会

---

① 《马克思恩格斯选集》（第 1 卷），人民出版社 1995 年版，第 251 页。
② 同上。

大分工中，也就产生了第一次社会大分裂，分裂为两个阶级：主人和奴
隶、剥削者和被剥削者。"① 因此，阶级在任何时候都是生产关系和交换
关系的产物，时代的经济关系的产物。在列宁看来，"所谓阶级，就是这
样一些集团，由于它们在一定社会经济结构中所处的地位不同，其中一个
集团能够占有另一个集团的劳动"。② 由此可见，法制教育的人文价值是
一定的社会经济关系的反映，具有阶级性。

在中国当代，工人阶级是领导阶级，法制教育的人文价值反映了以工
人阶级为领导的广大劳动人民的意志。所以，我们的法制教育在任何时候
都应以人为本，以劳动人民为本，自觉地站在无产阶级的立场上，维护人
民的利益。那种动辄长官意志盛行，把法制教育作为贯彻少数人的意志、
谋求特殊的集团利益、压制民主、压制基层人民的工具，是极其错误的。

不重视法制教育的人文价值的阶级性，在实践中的表现是：忽视被教
育者的主体性；教育者以万知万能者自居；采取训导的方式进行教育；只
讲义务，不讲权利；只要贡献，不要索取。

但是，在阶级社会，法制教育的人文价值的阶级性是总体上的阶级
性。由于一部分法律和制度执行的是公共事务的职能，因此，这部分法律
和制度是没有阶级性的。科学技术规范、操作规程等，不论是谁违背了，
都要受到客观规律的惩罚。所以，与这部分法律和制度相适应的法制教育
的内容也没有阶级性。

在同一社会内部，法制教育的人文价值的阶级性的具体表现也不同。
民间法代表的是被统治阶级的利益，民间法的法制教育反映的是被统治阶
级的利益。

四　法制教育的人文价值的实践性

法制教育的人文价值来自法制教育的实践，是对法制教育实践的反
映。没有脱离实践的法制教育的人文价值，脱离实践的法制教育的人文价
值，不仅不能解释理论本身，而且还会导致神秘主义。法制教育的人文价
值的实践性源于社会生活的实践本质。正如马克思指出："全部社会生活
在本质上是实践的。凡是把理论引向神秘主义的神秘东西，都能在人的实

---

① 《马克思恩格斯选集》（第 4 卷），人民出版社 1995 年版，第 161 页。
② 《列宁选集》（第 4 卷），人民出版社 1995 年版，第 11 页。

践中以及对这个实践的理解中得到合理的解决。"①

第一，法制教育的实践是法制教育的人文价值产生和发展的基础。法制教育的人文价值发展的历史，就是人类的法律实践和教育实践发展的结果。实践是法制教育的人文价值发展的前提。人类在法制教育的实践活动中，认识到法制教育要真正获得实效，必须注意人文价值。在一定程度上忽视人或者完全忽视人的法制教育，只能导致人在一定程度上逆反或者完全逆反。任何一个有头脑的统治者都不会不注意法制教育的人文价值。法制教育的人文价值是人类文明的产物，只有在野蛮社会和没有开化的民族才会忽视法制教育的人文价值，才把法制教育当成赤裸裸的工具。

第二，法制教育的实践是法制教育的人文价值的基本内容。法制教育的人文价值的理论内容不是理论本身的逻辑推演，而是来源于活生生的法制教育实践。实践不仅决定了理论的产生，而且还决定了理论的基本内容和理论的发展。法制教育的人文价值是人的需要的反映，而这种需要归根结底来自实践。人文主义思潮的兴起，把人从宗教的束缚中解放出来，人产生了受他人和社会尊重的需要，人需要发展自己的个性，人的本质和人的全面发展问题也因此提到了议事议程。尊重人、为了人的人文思想，深刻地影响了社会生活的各个方面，也影响了法制教育。因此，可以认为，法制教育的人文价值是人类发展历程中对先进文明的向往，法制教育的人文价值的内容是对法制教育的实践的总结。

第三，法制教育的人文价值的规律由法制教育的实践决定。法制教育的人文价值的规律不同于自然界的规律。自然规律是自然界各种力量盲目作用的结果，而法制教育的人文价值的规律是在法制教育实践活动中形成和发生作用的，是法制教育主体与法制教育客体以及法制教育环境之间相互作用形成的合力。法制教育实践的合力，决定了法制教育的人文价值在社会生活中的最终结果。法制教育的人文价值规律与自然规律一样是客观的，是不以人的意志为转移的。在法制教育的实践中，要加强对法制教育的人文价值的规律的研究。只有发现规律、认识规律和把握规律，法制教育才能取得应有的效果。法制教育的接受规律、受教育者的法治理念的形成规律、法制教育活动的教育规律、法制教育知识、思想和规范的传播规律等，体现了法制教育的人文价值的特点，是值得研究的。

---

① 《马克思恩格斯选集》（第 1 卷），人民出版社 1995 年版，第 56 页。

第二节 具体特征

法制教育的人文价值的具体特征以法制教育的人文价值的一般特征为基础，但又不同于法制教育的一般特征，它是法制教育特殊矛盾的反映，体现了法制教育的人文价值的独特性。

一 法制教育的人文价值的开放性与内蕴性

法制教育的人文价值的开放性和内蕴性是一对相关的范畴。开放性是理论在纵向和横向上的发展，而内蕴性则是理论的自身包含和规定的特质。没有法制教育的人文价值的内蕴性，法制教育的人文价值的开放性就失去了依托和牵记；没有法制教育的人文价值的开放性，法制教育的人文价值的内蕴就会失去生机和丰富。

（一）法制教育的人文价值的开放性

法制教育学科和理论的发展有力地指导了法制教育的人文价值的实践。法制教育的人文价值的开放性，既包括实践层面的法制教育的人文价值的开放，也包括法制教育的人文价值的理论的开放。法制教育的人文价值的开放性，是指法制教育的人文价值面向相关学科、人对人的认识、人的实践、法制教育自身，不断丰富和发展理论和实践的内涵。开放的实质，是在法制教育的人文价值的理论和实践中，不断与相关领域交换信息和能量，增强理论的说服力和实践的指导意义。法制教育的人文价值的开放性，反映了法制教育的人文价值的内涵的不确定性、变化性、丰富性和创造性。

第一，向相关学科开放。法制教育的人文价值依赖于相关学科。没有相关学科，也就没有法制教育的人文价值。相关学科是开放的、发展的，因此，法制教育的人文价值也不是封闭的。

价值哲学在 50 年代到 70 年代是中国学术领域的禁区、空白、荒僻之壤，到了 80 年代便势不可挡，现在已经成为显学。传统的看法是，价值哲学与马克思主义理论相排斥，马克思主义拒斥人道主义，价值哲学属于唯心主义的范畴，所以，一提到价值哲学人们总是不厌其烦地论证价值的客观性和社会性。价值哲学的发展，直接影响到法制教育的人文价值理论的发展。

由于对个体和人性的全盘否定，在我国相当长一段历史时期，人学成为理论的禁区。改革开放以来，在"解放思想，开动脑筋，实事求是，团结一致向前看"①的思想指导下，人学的禁区打破了，人学研究逐渐成为热潮。这对法制教育的人文价值的理论有着重要的影响。

在新时期，主体性教育理论的研究成为热点，以学生为本的教育思想得到广泛传播。主体性理论有力地指导了在教育的实践中发挥学生的主体性。这对法制教育的人文价值的理论和实践的影响巨大。

第二，面向人对人的认识开放。对人的认识是一个由简单到复杂、由浅薄到深刻的过程。在古希腊德尔菲（阿波罗）的神庙上有一句箴言"认识你自己"，鲜明地表明了人类对自己理解的伟大历程。

人类对自古以来人类社会出现的战争的反思进一步加深了对人的理解。20世纪两次世界大战牵涉到世界上的大部分国家，战争的规模空前庞大，战争造成的损失在人类历史上罕见。尤其是第二次世界大战，法西斯德国和军国主义日本成百万规模地集体屠杀平民，施行空前的种族灭绝。战争的苦难，一再引起了人类对生命价值的思考。

苏联在斯大林领导下的肃反运动，使大批优秀干部和共产党员被杀，苏联肃反运动的典型性，给人对生命的反思留下极好的反面例证。在中国的"文化大革命"中，"左"倾路线走向了极端，出现了大量骇人听闻的、极端不珍视生命的现象。这些现象引起了人不断的认识自身，从而促使了人们对人文价值的重视。因此，法制教育的人文价值的开放性就在于：它始终以人类对自身的理解为导引；理论自身也随着法制教育的人文价值的实现，而内涵愈加丰富。

第三，面向社会实践开放。在工业社会，生产力的进步，科学技术的高度发达，使人类的生活水平获得了极大的提高，但是，在人类的生活总体上得到改善的同时，也带来了前所未有的危机。全球性的生态平衡被破坏，比如，温室效应、大气污染、海洋污染、耕地锐减、森林的覆盖面积减少、沙漠不断扩大等，环境的危害和威胁，已经不是某一个地区、一个国家，而是整个世界。造成环境失衡的原因在于，人类的工具价值理性过去彰显，人对自然的过分掠夺，不重视人类的整体利益和人类的长期利益，也就是说，人对人的生产和生活实践本身还缺乏深层次的思考。这就

---

① 《邓小平文选》（第2卷），人民出版社1994年版，第141页。

引起人对环境保护法和对环境保护法教育的人文价值的思考。

人的实践呼唤人文价值的回归，人的实践的发展必将与人对人文价值的重视同步。法制教育的人文价值，就是在当代中国，对法制教育实践的一种积极回应。随着实践的深入，法制教育的人文价值的地位将变得更加重要。

第四，面向法制教育自身开放。这是指法制教育对自身的认识是一个永无止境的过程。开放性要求人正确认识教育对象，对教育对象有一个开放的态度和行为。因为，我们处在一个开放的时代，人的思维、认识和行为无不打上开放的时代特征，"首先表现在对认知对象的开放。教育要使每个认知主体走出与认识对象之间的孤立、单线、片面联系的关系，使他们学会以一种'复调式'的解读方式去认知所要掌握的对象与文本，而不是以一个孤立个体狭隘的认识、视界按一种'独白式'的方法去认知活动，力求在认知主体与对象之间建立一种开放式的关系，以多种视角，用多种方法，从多种线索去开发出两者之间丰富、多面关系，置认知对象于开放的系统和过程之中。其次，也是更为重要的，就是要促使每个认识主体善于向其他认识主体（包括其他个体、群体、以及社会、人类）开放"。①

可见，法制教育的人文价值的实现坚持开放原则，意味着对法制教育的对象即受教育者的多角度、多层面的认知。这种认识的目的是为了把握法制教育中的多种联系，尤其是要超越把法制教育的价值仅仅停留在工具价值的低级认知阶段，要把法制教育中对教育对象的认知，与人的自由而全面的发展联系起来。法制教育的人文价值的开放，不仅仅是对认知对象的开放，而且还有认知对象自身的开放，即受教育者不仅被认知，而且也主动地加入对认知的建构。人不是被动地接受法制教育，而是法制教育的主人，人对法制教育的作用，将间接地影响到教育和立法以及法的实施。开放原则实质上是对有限的法制教育活动的超越。

（二）法制教育的人文价值的内蕴性

法制教育的人文价值的内蕴性，是指法制教育本身含有人文的特质、元素。这就是说，在法制教育活动中本身就存在着客观的人文特质。法制教育离不开人，法制教育不可能是教育者的自话自说，它需要考虑教育对

---

① 鲁洁：《走向世界历史的人——论人的转型与教育》，《教育研究》1999 年第 11 期。

象的感受，教育者和受教育者所处的文化环境。否则，法制教育就只能是一种赤裸裸的镇压工具。只有承认法制教育的内蕴特征，并不断地认识、深入发掘和丰富法制教育的内蕴性，才能使法制教育走上正确的道路。

第一，法制教育的人文价值内含情感性教育。法制教育的人文价值内蕴着对人的情感关怀，体现了一种情感教育方式。也就是说，法制教育要关注受教育者的感受、情感的发展。情感是法律信仰的基础，只有在情感的基础上，才谈得上对法律的信仰。法制教育的情感性，不仅是教育者对受教育者的情感投入和付出，也是受教育者对法制本身的一种情感理解。在实施法律和执行制度时，要讲求合理性，要对违反法律和制度的对象讲人文关怀，执法要人性化。这将有助于受教育者对法制的理解。

法制教育的人文价值内蕴的情感性教育方式的实质是教育要以人为本，即把教育对象的物质和精神利益放在根本位置。正如学者朱小蔓指出："我国政府提出以人为本的社会治理思路，以人为本说到底是以人的生命为本，而生命中最核心的东西是情感。如果对表征生命价值方向和面貌的情感都不关心的话，何谈以人为本。所以，从这个意义上来说，我认为以人为本就是以关注人的情感为本，关注健康情感的发展，使之有助于道德，有助于精神和谐发展的人的形成，有助于和谐社会的构建。"① 也就是说，要通过对法制教育对象的情感关怀，提高法制教育的质量；同时，让法制教育对象把情感作为法制教育活动的一种动力，以便加深对法制教育的情感理解、情感认识和情感实践。

第二，法制教育的人文价值有秩序的内在含义。法制教育不仅包括现行法律和制度的教育，它也是对自然、社会和人与自然、社会以及人自身的内在秩序的一种理解。法制教育的重点是现行的法律和制度，但是，现行的法律和制度又不是全部的内容。因为在孟德斯鸠看来，"从最大限度的广义上说，法是源于客观事物性质的必然关系。从这个意义上推断，所有的存在物都有属于自己的法"。② 他还认为，"因为我探讨的并不是法律本身，而是法的精神，而且这个精神蕴涵于所有的法律所涉及的各种事物之间的可能存在的各种关系之中，因此我应该尽量遵循这诸多关系和事物

---

① 朱小蔓：《情感德育论》，人民教育出版社 2005 年版，第 12 页。
② ［法］孟德斯鸠：《论法的精神》（上），孙立坚、孙丕强、樊瑞庆译，陕西人民出版社 2001 年版，第 5 页。

的内在秩序，而将法律的自然秩序置于其次。"①

也就是说，法制教育内蕴着对万事万物的秩序的认识，在法制教育中应该贯彻这种精神，这样的法制教育就不会流于狭隘。法制教育的人文价值内蕴着人对秩序的理解，这是法制教育的大视野，真正反映了法制实践和教育实践的现实，体现了法制教育的本真。

法制教育的人文价值所内含的秩序，与工具价值的秩序有本质的区别，它需要与人对自身的认识联系起来，而这又是一个历史过程。也就是说，是现代社会的发展，才使法制教育的人文价值中的秩序内涵凸显。秩序内涵的重要意义在于：与法制教育的人文价值内涵的情感性保持一定的张力，从而推动法制教育的人文价值在理论和实践上不断发展。

第三，法制教育的人文价值内蕴着追求和谐的崇高境界。人文价值内蕴的和谐境界指引着法制教育的理论和实践。法制教育在于使人秩序化生活，最终达到与自然、社会、人自身和谐相处，进入天、地、人、神协调的境界。和谐意味着一种层次很高的理解和融通。当然，和谐并不是矛盾的消除，而是说，人的主体性更强，知道通过教育和法律的手段去解决矛盾和对立，这便是一种崇高的境界。

法制教育对和谐境界的追求意味着，在社会生活实践中人应该尽最大的努力消除人与法律、人与制度、人与教育的分离。使法制教育真正关涉人。因为法制教育乃至社会的整体不和谐，是因为体制和人的思想实际赶不上变化。怎么办呢？只有通过立法、法律修订、法律的实施、制度的革新、教育改革来实现。通过认识变化，认真地对待变化，使落后的体制和思想赶上变化，达到和谐。

和谐境界表明：法制教育不仅关涉人的衣食住行、交往、男女之事等，而且关涉普遍性问题。"特别是把世界（包括人在内）作为一个整体来考虑的这样一种最大最高的普遍性问题。"② 普遍性问题的解决，无疑就是人对和谐境界的不懈追求。人，一方面把法律、制度等作为工具，热衷于通过这些工具对具体东西的占有，另一方面通过这些工具追问认识的意义究竟是什么，为何是。人的终极指向，是最大的普遍性问题，这就是

　　①　[法] 孟德斯鸠：《论法的精神》（上），孙立坚、孙丕强、樊瑞庆译，陕西人民出版社2001年版，第12页。

　　②　张世英：《哲学导论》（修订版）·导言，北京大学出版社2008年版，第1页。

法制教育的人文价值所言的和谐境界。

二　法制教育的人文价值的整体性与细节性

这是一对辩证联系的范畴。整体由细节组成，而细节离不开整体。因此，法制教育的人文价值具有整体性和细节性。

（一）法制教育的人文价值的整体性

法制教育的人文价值的整体性，是指法制教育的人文价值对人的生存和发展的系统关联性。即法制教育的人文价值是一个整体的价值，只能整体地理解。

第一，法制教育的人文价值与法制教育的工具价值相联系，离开工具价值的人文价值是没有的；同样，人文价值是工具价值的核心、灵魂和目的，离开人文价值，工具价值就没有任何意义，也难以为继。法制教育的人文价值的整体性理解在于：用人文价值整合工具价值，让工具价值为人文价值服务，形成整体的价值。也就是说，法制教育的人文价值体现了一种新的教育观，即法制教育中的科学教育与人文教育的整合，这种整合不是科学与人文的简单相加，也不是科学与人文的整合，而是用人文来整合科学，实现法制教育的知识、能力、情感和价值维度的有机统一。反之，科学与人文的叠加，难免会出现科学教育和人文教育相互争夺各自的势力范围；再如，科学与人文的整合，究竟该如何融合，融合后是一个什么样子，在理论上很难说清，在实践上也缺乏操作性。而用人文整合科学就不同了，它是一种人文价值教育观，正确地摆正了目的和手段的位置。

第二，法制教育的人文价值的整体性，意味着法制教育活动满足的是人的整体需要，即人的全面发展，完全占有自己的本质。也就是说，人有获取法律知识，了解社会制度，确立自己的法律信仰、法治理念的多方面需要。这些需要是一个整体，法制教育提供的就是这种整体的需要，而不是单一的某一方面需要。比如，重法律知识，轻法律情感的培养，就不能满足人的整体需要。法制教育"不仅要认识世界，获得知识，而且要形成品德、发展能力，乃至提高主体性，教学认识正是在反映世界基础上改造、塑造认识主体的过程，是认识客观世界和改造主观世界的统一。"[1]

---

[1]　黄济、王策三主编：《现代教育论》，人民教育出版社 1996 年版，第 404 页。

法制教育既是科学，又是艺术，法制教育不但要传授法律和制度知识、培养人的法律技能、训练人的制度适应性技巧，而且要陶冶人的法律情感和对社会制度的感情，是理性思维和情感体验的统一体，是真善美的统一体。

第三，法制教育的人文价值的整体性还在于构成法制教育的人文价值的各个因素是一个整体。主体及主体需要、客体及客体属性、主体与客体之间的关系，哪一个方面都不能缺少，缺了，都不能构成法制教育的人文价值。而就各个要素本身而言，也是一个整体，也应整体理解，比如，法制教育的内容、目标、方法、评价等就是一个整体。

（二）法制教育的人文价值的细节性

法制教育的人文价值的细节性，是与法制教育的人文价值的整体性相对应的概念。对法制教育的人文价值不仅要整体性理解，而且要细节性理解。细节性理解就是细致入微地理解法制教育活动对人的关照和满足，关心人的微小的生存意愿、法律诉求、发展愿望，帮助人解决微小的法律和制度困惑。哪怕人再细微的权利受到侵犯，法制教育都有道义上义不容辞的责任帮助人维权；哪怕再微小的违法、违纪行为、轻微犯罪行为，法制教育都应鼓起人护法的勇气。只有法制教育的细致入微，才有整个社会的防微杜渐，法治社会才可能建立；否则，千里之堤，溃于蚁穴，和谐社会的建立很难取得实质性的进展。至少在理念上要有这样的认识，否则，法制教育是难以有真正的实效的。因为，如果法律对细节问题都不能解决，人们肯定对法律不会抱有大的希望；如果教育对人细微的潜能都不能开发，人们肯定不会把教育当成人的教育。

第一，法制教育要真正关心人的日常利益。因为，对人的日常利益的关心，能真正激起人对法制教育的热情，让人理解现行法律，努力去完善现行法律。关心人的日常利益，就是从与人相关的小事入手，导入法制教育，把法制教育与人的日常事务联系起来，让人理解、思考现行的社会制度，从而使人将现行的社会制度设计得更加合理。更重要的是，从关心人的日常利益入手，能有效地避免把社会利益与人的利益对立起来，把人的利益抽象化。这就是毛泽东指出的："一切群众的实际生活问题，都是我们应该注意的问题。假如我们对这些问题注意了，解决了，满足了群众的需要，我们就真正成了群众生活的组织者，群众就会真正围绕在我们的周围，热烈地拥护我们。"① 这就是说，关心人的日常利益是法制教育的关键。

第二，法制教育要从理解、体验周围的规则入手，才能彰显人文价值的魅力。

法制教育总是具体的法制教育。交通规则、婚姻家庭法、学生守则、考场规则、招生程序、教师规范、廉政守则、训练大纲、谈判注意、作战规则、决策要点，等等，都是理解法律和制度的切入点。也只有从这些切入点入手，法制教育才不会空泛，容易被人接受，体现出人文性。问题不在于人们是否忽视这些细小的切入点，问题在于由小到大，可以帮助人理解国家的宪法、基本法律，理解国家的经济制度、政治制度、文化制度、社会制度。因此，可以说，从理解、体验周围的规则入手，是法制教育的基石，没有对围绕人的周围的规则的理解和认同，整体的法制教育大厦就会垮塌。对于这一点，就好比日常的纪律一样，是小中见大的，对此，学者檀传宝认为，"纪律，它是人们对于受委托的工作，对履行公民的权利和义务、社会规则和法律所采取的正确态度。或者说，它是人们遵守国家、社会、集体制定的法律、规则、秩序的行为表现"。② 这说明，细节性寓于整体性。

第三，法制教育要与本国的具体国情联系。与本国的具体国情相联系，也称宏观的细节性。宏观的细节性是相对于宏观的整体性而言的。宏观的整体性是指法制教育受人类共同的文化、制度文明的影响。而宏观的细节性是指法制教育受本国的历史、文化、传统的影响。

法制教育的人文价值要在教育实践中真正得以体现，必须处理好两种关系。一方面，法制教育不能脱离人类文明的康庄大道，必然受他国的人权观、自由观、法治观、发展观的影响；另一方面，法制教育的根基又在一个国家的民族文化中，受一个国家现实的政治、经济、文化的影响。

中国当今的法制教育必须从民族文化的根基出发，力求解决中国面临的人的生存和发展的现实的、具体的问题，不能照搬国外的人权观、自由观、法治观。具体讲，就是要把法制教育与道德教育结合起来，走法治与德治相结合的道路，坚持中国自己的人权标准和法治标准，走中国特色的

---

① 《毛泽东选集》（第 1 卷），人民出版社 1991 年版，第 137 页。
② 檀传宝：《学校道德教育原理》，教育科学出版社 2000 版，第 110 页。

法制教育道路。

三　法制教育的人文价值的交往性与体验性

法制教育的人文价值的交往性与体验性是联系在一起的，交往中有体验，体验是交往中的体验。法制教育的人文价值的体验是指主体与认识对象在交融中的感悟，而法制教育的人文价值的交往则是主体与认识对象的广义上的联系，这种联系体现了平等、人性、进步、文明的原则。但是，这二者在具体的内涵上各有其具体的规定性。

（一）法制教育的人文价值的交往性

法制教育的人文价值的交往性，是指法制教育活动中主体之间的交往构成人文价值的社会属性。主体在交往中得到满足，法制教育的人文价值得以体现，离开了交往，主体与客体分离，受教育者成为灌输、打磨和训练的目标物，人的个性被压抑，不仅法制教育的人文价值不能实现；而且，法制教育的工具价值也会因失去依附的对象而完全流失。

第一，交往是"现实的人"的交往。"我们开始要谈的前提不是任意提出的，不是教条，而是一些只有在想象中才能撇开的现实前提。这是一些现实的个人"。①"现实的人"是唯物史观的基础，是我们理解交往的前提。现实的人既不同于黑格尔"自我意识的人"，也不同于费尔巴哈"抽象的人"，马克思恩格斯坚持从实际生活出发考察人，不是从人们所想象的东西出发，也不是口头说的、思考出来的、想象出来的人出发，去理解有血有肉的人。现实的人究竟是什么，这同他们的生产一致，也就是说，他们生产什么，他们怎样生产，他们就是怎样的人。人的本质是一切社会关系的总和。所以，我们要关注的是现实中的人。理解现实中的人，才能理解交往，也才能理解法制教育的人文价值。

第二，交往是社会中的交往。法制教育的人文价值在社会交往中体现和实现，脱离社会交往，人文和人文精神就仅仅是一种文化，所以，真正的人文价值只能存在于现实中。交往发生于社会的生产活动，对于交往与生产，马克思认为："只有以一定的方式共同活动和互相交换其活动，才能进行生产"，"只有在这些社会联系和社会关系的范围内，才会有他们

---

① 《马克思恩格斯选集》（第1卷），人民出版社1995年版，第66页。

对自然界的影响，才会有生产"。① 马克思还认为："生产本身又是以个人之间的交往为前提的。这种交往的形式又是由生产决定的。"② 也就是说，凡是生产，就必定体现交往。交往是与一定的生产状况相适应的人们共同活动和相互交换活动体现的社会关系。人是社会交往中的人，而不是处在某种幻想的与世隔绝的、离群索居的人。因此，人的价值在交往中展开和获得。法制教育的人文价值也只能存在于交往中，交往赋予了法制教育的人文属性，借以满足主体的需要。

第三，交往是主体际性的交往。主体际性，又称主体间性。主体际性热兴起于 20 世纪 90 年代以来的哈贝马斯热。它经历了主体与客体相分离、主体性的辉煌、主体性的黄昏、主体间性出场几个发展阶段。主体际性是主体之间的协调性、相关性和统一性。主体际性以个人主体性为基础，如果个人没有主体性，也就没有主体之间的主体性，即主体间性。主体之间的关系是一种现实的客观现象，主体间性是生产实践的表征，因此，主体间性具有哲学本体论的意义。主体间性除了具有哲学本体论的意义外，还有哲学方法论的意义，即在主体之间的交往中尊重人、同情人，设身处地为他人着想、强调交往中的倾诉和倾听，反对压迫、强制以及话语霸权。马克思主义哲学关于人与社会发展的阶段揭示了主体间性发展的历程。人是关系性存在，同时也是历史的存在、现实的存在、文化的存在、自然的存在。马克思指出："人们的社会历史始终只是他们的个体发展的历史，而不管他们是否意识到这一点。"③ 马克思还指出："那些发展着自己的物质生产和物质交往的人们，在改变自己的这个现实的同时也改变着自己的思维和思维的产物。不是意识决定生活，而是生活决定意识。"④

因此，人的主体际性交往不仅有历史维度，也有现实的维度，人的交往是受现实的客观条件，尤其是受物质生产条件和现实生活条件决定的。可见，法制教育的人文价值是由交往实践决定的。正是由于人们在交往过程中工具价值彰显、人文精神失落、法律失去权威性，才召唤和凸显人文价值。主体际性交往的实质就是发挥多主体的积极性，创造民主宽松的环

① 《马克思恩格斯选集》（第 1 卷），人民出版社 1995 年版，第 344 页。
② 《马克思恩格斯全集》（第 3 卷），人民出版社 1960 年版，第 24 页。
③ 《马克思恩格斯选集》（第 4 卷），人民出版社 1995 年版，第 532 页。
④ 《马克思恩格斯全集》（第 3 卷），人民出版社 1960 年版，第 30 页。

境，使法制教育的人文价值得以体现。

（二）法制教育的人文价值的体验性

法制教育的人文价值的体验性，是通过体验这种教育活动方式所展现的法制教育属性。法制教育中的体验是指法制教育的主体，在实际生活的交往中体会、感悟、反思、内化，形成法制意识和法制素质。体验作为一种教育理论和实践古已有之。体验式的教育最早可以追溯到古希腊哲学家苏格拉底。苏格拉底教导学生时，常常根据具体的情景，用启发式的方法向学生发问。苏格拉底寓德于行，寓教于乐，他通过问题启发学生思考，让学生自己面临困惑、分析困惑、走出困惑，在体验中解决问题。在当代，国外采用体验式的教育方法进行德育教育，已经发展较为成熟，有一套理论和实践模式的，是美国的西点军校。比较有影响的体验式教育还有日本的情景训练式教育，新加坡的日常生活体验式教育等。

法制教育的人文价值的体验在哲学上属于人的认识领域。在人的认识的各个阶段都存在体验。康德把人的认识分为感性、知性和理性三个阶段，感性是对印象接受的能力，知性是对规则的接受能力，而理性则是对原理的掌握能力。感性、知性和理性组成人的认识的完整的体验结构。

第一，法制教育的人文价值的体验首先表现为感性直观体验。在这一阶段，人通过法制教育对法律和制度产生的认识是表面的，并没有法律的制定者和制度的设计者所预想的那样深刻。法制教育的人文价值的体验开始于对法制的感性认识。感性的特点是具体、生动、丰富、确定和真实。康德认为，人由感性假象陷入错误是由于知性的错误造成的，黑格尔片面强调思维的重要性，费尔巴哈则相反，片面强调思维对感性的依赖性。康德把感性分为感觉和想象力两部分，感觉包括内感觉和外感觉。内感觉是指心灵和思想本身引起的体验；外感觉是指由触、视、听等物理因素和味、嗅等化学因素引起的感觉。想象力是对不在场的对象的感受能力，先于经验发生、复制对象的能力。马克思揭示了感性实践的基础，认为人的感性是在社会实践基础上不断发展的过程。感性是人的实践的感性活动，是人的实践活动的结果。他指出：人的感性的形成"是以往全部世界历史的产物"，"人化的自然"① 是人们自身的实践活动，才逐步产生和发展

---

① 《马克思恩格斯全集》（第 42 卷），人民出版社 1979 年版，第 126 页。

起来。因此，法制教育的人文价值的直观体验是建立在法制教育实践的基础上的，并不是先验的。

第二，法制教育的人文价值的体验表现为理性反思体验。反思是一种思考，即沉思、深思，对心灵的经验、意识活动的认识。通过法制教育，对良法善治、公平正义、法律信仰、制度的人性化进行深入理解，理解时围绕人的需要、人的本质展开。对这一问题，在黑格尔看来，反思是指"后思"，"意指跟随在事实后面的反复思考"。① 反思作为哲学概念，是事后的思考，就如黑格尔对哲学的比喻，是黄昏才起飞的智慧女神的猫头鹰，总是来得太迟。马克思肯定了黑格尔对哲学是后思的观点，同时批判了黑格尔的唯心主义思想，马克思指出："反思的形式，这形式表现着思想对存在的关系，两者的相互关系。"② 反思要通过反思的对象才能表现出来，说明反思的基础是事物之间的联系。反思同时意味着反省、内察，所以，反思是一种批判性思维，康德在《纯粹理性批判》中指出：我们这个时代可以称为批判的时代。没有什么东西能逃避这批判的……因为只有经得起理性的自由、公开检查的东西才博得理性的尊敬。只有批判性思考，才能发现规律，抓住本质。反思不仅是理性体验的高级形式，还是一种辩证思维形式，是人才有的高级思考形式。为此，恩格斯说："辩证的思维——正因为它是以概念本身的本性的研究为前提——只对于人才是可能的，并且只对于正处于较高发展阶段上的（佛教徒和希腊人）才是可能的。"③ 理性反思如果仅仅停留在思维的阶段，还不是目的，思维的基础是实践，是人的社会实践活动，体验也不仅仅是思维中的体验，它必然跨出思维的疆界进入实践，所以，体验应该是实践的体验。马克思在《关于费尔巴哈的提纲》中有一段著名的论述"从前的一切唯物主义（包括费尔巴哈的唯物主义）的主要缺点是：对对象、现实、感性，只是从客体的或者直观的形式去理解，而不是把它们当作感性的人的活动，当作实践去理解，不是从主体方面去理解。因此，和唯物主义相反，能动的方面却被唯心主义抽象地发展了，当然，唯心主义是不知道现实的、感性的活动本身的"。④

---

① 黑格尔：《小逻辑》，商务印书馆 1980 年版，第 7 页。
② 《马克思恩格斯全集》（第 40 卷），人民出版社 1982 年版，第 203 页。
③ 《马克思恩格斯选集》（第 4 卷），人民出版社 1995 年版，第 331 页。
④ 《马克思恩格斯选集》（第 1 卷），人民出版社 1995 年版，第 54 页。

旧唯物主义把存在理解为外在于人的实践活动的自然存在，马克思所理解的存在包括人化的自然和社会活动。这就是说，法制教育的人文价值的反思并不是像唯心主义认为的那样，是纯粹的脱离存在和实践的反思，在辩证唯物主义看来，法制教育的人文价值的反思，是基于现实的法制环境、国家的法制传统和正在进行的法治化建设的现实进程的反思。

第三，法制教育的人文价值的悟性体验。法制教育的人文价值的悟性体验是对法律本质、制度本质、教育实质的彻底把握。这种把握是感性发展的最高阶段。它与理性对本质的把握不同，它不需要逻辑上的推理。法制教育的人文价值的悟性体验是领会、领悟，是感性、理性和辩证思维三者的通融，是对法制教育本身和法制教育体现出来的本质的明澈，是法制教育本性的直觉式透察。如果把法制教育的"悟"理解为直觉，把法制教育的"思"理解为基于法治进程为基础的理性思维，那么法制教育的悟性体验就是"悟"与"思"的结合，二者不仅相映成辉，而且志趣相同。但是人们对法制教育的人文价值的"悟"、"悟性"的理解是有差别的。在哲学家康德看来，"感性、知性、悟性"的认识理论与中国传统哲学的悟性思维不同。而有的学者认为："悟可以解释为对事物本性的一种直觉的察照，与分析或逻辑的理解完全相反。实际上，它是指我们习惯于二元思想的迷忘心一直不曾感觉到的一种新世界的展开。"① 可见法制教育的人文价值体验的"悟"的根本特点是交融性，法制教育进入主体的视域，并与主体相融。这正如慧能所说，"我心自有佛，自佛是真佛"，"自悟自修"（《坛经》）。

法制教育的人文价值体验的"悟"具有本体的意义。法制教育的人文价值的悟的本体意义是通过法律的"公正"和教育的"人性"来体现的。要到达悟性体验的层次，在于"法律公正"和"教育人性"。在这里，法律公正和教育人性是通向哲学本体的路径。这就好比是孔子所言的"仁"和"善"，老子所言的"道"和"德"以及慧能所言的"佛"。"大学之道，在明明德，在亲民，在止于至善。知止而后有定，定而后能静，静而后能安，安而后能虑，虑而后能得。""重积德则无不克"（《道德经·第五十九章》）"佛是自性作"（《坛经》）。可见，法制教育的人文

---

① 铃木大佐：《禅与生活》，光明日报出版社 1988 年版，第 68 页。

价值的"悟"体现了人的本性，是人本能地对法制教育的通体关照，而这种关照是直接的，能直接揭示法制教育的本质。

同时，法制教育的人文价值的"悟"也有方法论的意义。也就是说，法制教育的人文价值的"悟"在法制教育活动中，有一套行之有效，可以操作的教育方法。慧能是这样来看这种方法的："以心传心"，"不假文字"（《坛经》），也就是说法制教育的人文价值的"悟"是通过超越语言、文字、逻辑和思辨，把握法制教育和法律、制度的本质和规律，而这种把握的成果又很难用语言和文字表述。对于具体该怎么"悟"，老子用"玄览"（帛书《老子》作"玄鉴"）来说明。"玄览"的具体做法是"塞其兑，闭其门，挫其锐，解其纷，和其光，同其尘"（《道德经·第五十六章》。通过内心的入静达到"常无欲，以观其妙"（《道德经·第一章》）的目的。这样就能认识和掌握法制教育的规律，提高教育的质量和加快法治建设的步伐。总之，法制教育的人文价值的"悟"在操作层面，使中西文化汇为一流，不仅共同浇灌同为人类制度文明的思维之花，而且使人类的美好生活不断跃入新的天地。

体验性也因此把法制教育的人文性表现得淋漓尽致。体验不同于简单的"扮演"，也不是短时间的"速成"，它拒绝功利性的直白式的教育。因为功利式的直白教育很多时候会使人产生逆反心理，很难收到教育的成效。体验式教育不急于向教育者得出结论，而是把结论蕴含在生活中，通过建构人文环境，对受教育者进行人文关怀。在体验中教育者与受教育者良性互动，体会法律和制度的精神，对良法信仰，对恶法斗争，培养法制感情，内化法制知识内容，形成积极的健康的法制品质。体验能较好地满足主体学习法制、全面发展以及和谐社会的建构等多方面的需要，因而具有很高的价值。

法制教育的人文价值的体验性表现的形式是多种多样的。按体验的空间分为学校活动、家庭活动和社会活动等。按体验的内容分为学习活动、娱乐活动、艺术活动、体育活动、科技活动、家务活动、社会活动、交往活动、旅游活动等。按活动的时间可以分为长期的体验活动、中期的体验活动、短期的体验活动、暂时的体验活动。按主体对体验活动的行为态度分为，主动引发的体验活动和被动接受的体验活动。按活动产生的实际效果分为，正价值体验活动、负价值体验活动和零价值体验活动。法制教育的人文价值的体验性，把体验与成长结合，主体在感受中体会法律的力量，确立对法律制度的信仰。这是一种由封闭走向开放、由监督走向信任、由枯燥走向鲜活、由训诫走向交流的教育方式，富有人文价值的属性，其实质是充分发挥主体的积极性。

第七章 法制教育的人文价值的构成要素

法制教育的人文价值的构成要素，是指法制教育的人文价值的结构，即法制教育的人文价值由哪些部分组成。法制教育的人文价值的构成要素是对法制教育实践的总结、抽象，它是建立在实践基础上的理论。认识和把握法制教育的人文价值的构成，有助于理解法制教育的人文价值的本质，进一步深化法制教育的人文价值的认识，增强理论对实践的指导作用。

第一节 主体要素

人是价值的主体，没有主体就没有价值。这里的人，是法制教育活动中的、具体的、现实的、个体的人。法制教育的人文价值的主体，是指法制教育者和受教育者。

一 法制教育的人文价值的主体

法制教育的教育者是指具有一定的法制教育专业知识，在特定的条件、时间、地点从事具体的法制教育工作的人。它既可以是专门的法制教育工作者，也可以是兼职的法制教育工作者；既可以是学校的教师，也可以是公、检、法、司法行政机构的法律专业人员。法制教育的教育者还可以由学校的学生担任，比如，学生学习了一部分法律知识后，可以向社会上不懂法的人宣传法律知识。

一般而言，法制教育的受教育者，是指法律知识、法律技能比法制教育者相对较少，在一定的条件下接受教育的人。由于思想道德是法制的基础，所以，法制知识和技能并不是判断是否接受法制教育的唯一的主体标准。因此，法制教育者的人是不固定的，在一定条件下是教育者，在另一条件下可能是受教育者。比如，法制教育者因违背法律而犯罪，可能接受受教育者的管教，这时，教育者和受教育者的位置就互换了。

（一）主要的受教育主体是司法职业人员

在我国，相当一段时期，人们认为最需要普及法制教育的是群众，认为群众没有文化，不懂法，需要司法职业人员向群众做法制宣传教育。不可否认，在过去一段时期，我国文盲众多，确实需要有文化知识的干部尤其是司法职业人员给群众宣传法律。但是，随着我国教育文化水平的提高，如果我们现在还是停留在这样的认识水平上，那就很值得商榷了。群众需要普法，但是，在我国最需要接受法制教育的是领导干部、共产党员、公检法司的人员，尤其是立法人员、方针政策的制定人员、决策人员。

不可否认，在专业知识上，法律专业人员、党政干部都比一般的群众强，为什么又是他们最需要普法呢？因为普法的内容不仅仅是普及法律知识，更重要的是培养公平、正义的观念。立法人员，如果没有公平正义的观念，立法出了问题，制定的法律不仅对法治本身是一个破坏，还会带来相当严重的社会危害后果。直接的后果，就是加剧社会的不公正，破坏社会的稳定。对公检法司的法律专业人员的普法教育是重点。对他们的法制教育内容不仅仅是法律知识的教育，还有思想政治教育。没有较强的思想政治素质，这部分人员会把法律作为牟取私利的工具，靠山吃山，靠法吃法，把司法作为敛取横财的工具，走上司法行业家族化，地方势力化的路子。其结果是：在法律之上行走的人最看不起法律、最践踏法律，于是乎，情可以通法，权可以压法，钱可以买法。所以，加强对这部分人的思想政治教育，用马克思主义中国化的理论成果武装这部分人，是普法的重要内容。

这就是说，普法不是形式上对法律知识的了解，而是跳出日常认识范围，进行有成效的普法教育。对领导干部、尤其是党员干部的法制教育是极其重要的。要通过法制教育帮助他们解决法与权的关系问题。不仅是指在理论上、政策上、宣传上、价值共识上解决法与权的关系问题，关键还是在实践上解决法与权的关系问题。要克服长官意志，全心全意为人民服务。要明白权利是人民赋予的，自觉接受人民的监督和社会的监督。只有这样，法制才是人民的法制，法制教育的人文价值的人民性本质，才能在实践中体现出来。

法制教育的教育者是群众。干部和群众不是对立的，干部在法律专业知识上可能比群众丰富，但是干部更应该经常深入群众，向群众学习，倾听群众的呼声，为群众的利益服务，在群众中获得锻炼，培养对劳动人民的感情，否则再多的法律知识也是没有价值的，因此，从法律的阶级性和人民性讲，干部尤其是司法干部应该经常接受群众的教育。"人民，只有人民，才是创造世界历史的动力。"① 这就是说，法制教育一旦进入实践领域，就是一个公平、正义的问题，一个为人民服务的问题，即是说，对待群众的态度问题，这就不仅仅是法律专业知识能够解决的了。只有群众，只有人民，才是真正的老师。那种以为掌握了一点法律专业知识就可以给群众进行法制教育的想法和做法，其实质是唯心主义的英雄史观在法制教育领域的表现。只有唯物主义的群众史观才第一次真正地、彻底地、全面地、科学地解决了法制教育领域谁是真正的教育者的问题。

列宁指出："旧的社会史观有两个根本的缺陷，一是只局限于考察人们的思想动机，看不到人们的物质动因；一是看不到人民群众的作用。"② 要克服旧历史观的缺陷，就应坚持社会存在决定社会意识，肯定人民群众创造历史的伟大作用。人民群众是社会历史的主人，也是法制教育的主人。可是，在现实中，一些司法人员，一面执法，一面违法，还一面对群众进行"法制教育"。一些干部，以权代法、用权压法，就在于没有弄清楚自己是最需要接受法制教育的人。

毛泽东指出："群众是真正的英雄，而我们自己则往往是幼稚可笑的，不了解这一点，就不能得到起码的知识。"③ 因此，在法制教育中应该树立群众观念，自觉接受群众的教育，热情、虚心，眼睛向下看，放下架子，当群众的小学生。这就需要深入群众，体验、感悟群众的幸福和疾苦，时刻把人民群众的利益放在心上，虚心地接受群众的法制教育。

（二）理解法制教育的人文价值的主体要素应注意的问题

应注意的第一个问题是：法制教育的人文价值的主体要素包括国家、社会、集体吗？有人认为法制教育的人文价值除了满足个人的需要之外，

---

① 《毛泽东选集》（第3卷），人民出版社1991年版，第1031页。
② 《列宁选集》（第2卷），人民出版社1972年版，第586页。
③ 《毛泽东选集》（第3卷），人民出版社1991年版，第790页。

还满足国家、社会、集体的需要，因此，法制教育的主体也包括国家、社会和集体。这种论点从表面看也有其合理之处。在过去，我们所强调的正是法制教育满足社会和国家的需要，比如国家的法制建设，社会的安定，降低犯罪率，等等，而不太关注法制教育满足个人的需要；可是，正是这种认识和建立在这种认识之上的法制教育的指导思想，严重脱离了人的需要，脱离了对个人生存和发展的关注，使法制教育受人蔑视，实际效率极其低下。

法制教育中的国家、社会、集体是由个人组成的，没有个人就没有国家、集体和社会；没有个人的需要，就没有国家、社会、集体的需要；没有对个人需要的满足，也就谈不上对国家、社会、集体需要的满足。个人不能用"类"的概念来抽象化，把个人抽象化，就会因抽象而虚置个人的利益，其结果是：法制教育不关心个人，个人也不关心法制教育。对个人的抽象化，就如"费尔巴哈设定的'一般人'，而不是'现实的历史的人'"。[1] 马克思指出："社会结构和国家总是从一定的个人的生活过程中产生的。但是，这里所说的个人不是他们自己或别人想象中的那种个人，而是现实中的个人，也就是说，这些个人是从事活动的，进行物质生产的，因而是在一定的物质的、不受他们任意支配的界限、前提和条件下活动着的。"[2] 因此，法制教育的主体是具体历史条件下的个人。

个人是在一定的历史环境里，从事物质生产的人。法制教育要与个人的生产和生活联系起来，关心个人的生存和发展，才是真正的法制教育。可是，在人类发展的历史中，剥削阶级为了维护自己的统治地位和特权利益，往往把个人抽象化，把人民变成臣民，普天之下的大众为了统治阶级的个人利益可以无条件地牺牲，而统治阶级却不管劳动人民的死活，统治者的"让步"和"仁政"也仅仅是为了统治阶级的利益本身。统治者是法制教育的主体，劳动人民是法制教育的客体，这种剥削阶级的思想对今天中国的法制教育的影响并没有完全消除。所以，一些政府部门的人员、公检法司的人员、领导干部、尤其是立法部门的人员，不深入群众，虚心接受人民的法制教育，其结果：把公平、正义的法制教育的核心理念丢了，把人民的利益丢了，把权力是人民赋予的本忘了，还谈什么依法治国

---

[1] 《马克思恩格斯选集》（第1卷），人民出版社1995年版，第75页。
[2] 同上书，第71—72页。

和人民当家做主呢？

因此，法制教育的主体只能是人，并且只能是一定条件下的个人，而不能是国家、社会和集体。只有确立个人是法制教育的主体，国家、社会和集体的利益才能真正得到维护。

应注意的第二个问题是：教育者和受教育者之间是什么关系？这是探讨法制教育的人文价值的主体要素不能回避的问题。在法制教育中，由于教育者和受教育者都是主体，因此，主体与主体之间的关系实际上就是人与人在法制教育活动中的关系。这种关系的实质是社会关系。在现代社会尤其是在社会主义社会，从法律规定的角度讲，这是一种平等的关系；从现代教育哲学来讲，这是一种主体间性的关系，即主体与主体之间是共生、共荣的关系。学者田九霞认为："主体间性有如下四个特点：其一，主体间性是主体之间的平等合作关系；其二，主体间性是在交往的基础上形成一种相互理解融洽的关系；其三，主体间性是在理解融洽的基础上通过互识达成共识；其四，主体间性是客观存在的，呈现出一种客观性。"[①]也就是说，在法制教育中，教育者与受教育者要相互尊重，尤其要尊重受教育者在法制教育活动中的主体地位，不能把受教育者当成客体，单向灌输。主体间性体现了法制教育的人文价值的精神和实质，有利于发挥法制教育活动中受教育者的主动性、积极性和能动性。

二　法制教育的人文价值的主体需要

主体的需要也就是人的需要。人的需要是法制教育的人文价值的前提，没有人的需要就没有法制教育的人文价值。在法制教育活动中，人的需要体现为人的法制需要。人的法制需要不同于人的一般需要，又同人的一般需要相联系。人的需要是人对客观事物的要求。人的需要与人的社会性相联系。人依靠主观能动性，通过生产实践活动来满足自己的需要。人的需要随着人类的社会实践的丰富而不断发展，而动物的需要则是本能的生物需要。

（一）人的法制教育需要是人在生存和发展中的缺失

人的法制教育需要是人在生存和发展过程中的一种缺失。这种缺失需要法制教育活动来满足。在马斯洛看来，"通常，被看作动机理论的出发

---

① 张耀灿等编：《思想政治教育学前沿》，人民出版社 2006 年版，第 346 页。

点的需要就是所谓生理的驱力。有两项新的研究成果使得我们有必要修正惯用的需要概念。首先是关于体内平衡概念的发展，其次是食欲（人们对食物的优先选择）是体内实践需要或缺失的一种表现"。[①] 需要是一种缺失，是人在社会实践中的一种缺失。人为了弥补这种缺失产生追求的冲动，这就是人们行动的内在驱动力。

人的生存和发展需要法律和制度为其保驾护航，通过自我教育或他人的教育能满足人的这种要求，这就导致了人们在社会实践中对法制教育的追求。

（二）法制教育的人文价值的主体需要的特征

1. 人的法制教育需要是本能性需要

人的法制教育需要，是人对影响自身生存和发展条件的法律和制度的缺失状态。法制教育需要的基础是法制需要。因此，可以从人的法制需要入手分析人的法制教育需要。人在成长中要保持自身的有序发展，就必须与外界保持物质和能量的交换。这是一个自然过程。人需要法制来保护自身的安全，为自己服务。人的法制需要是人的生命活动的内在规定性和生命活动的存在方式。法制需要是人对生存和发展条件的期待。从这个意义上讲，人是法制的存在，因此，法制需要是人的本性。在原始社会，人的成长离不开习俗。习俗是最早的制度。随着人类的进化，人对制度和法律的依赖程度越来越高，法制逐步成为人生存和发展的一种不可少的素质，渐渐演化为人的本能。比如，一些动物也需要秩序：大雁在做长途飞行时，常保持"人"字形，羚羊群在面对危险时，老羚羊常主动牺牲自己。人类在早期，为了捕获猎物，就开始了相互配合。这说明人对秩序、制度的需要是一种自然的、本能的需要。这些本能需要通过教育的方式习得，因此，人的法制需要与人的法制教育的需要是一致的。

2. 人的法制教育需要是社会性需要

人的法制教育需要的社会性，通过人的法制需要的社会性来体现。人的法制需要既是一种自然需要，也是一种社会需要。因为，人不仅是自然的存在，还是社会的存在。自然存在是人存在的前提，社会存在是人存在的本质。在马克思看来，人在其现实性上是一切社会关系的总和。人是生

---

① 马斯洛等：《人的潜能和价值》，华夏出版社 1987 年版，第 162 页。

活在一定的历史文化、风俗传统中的人，人与人之间要进行交往、进行生产活动，才能生存下去。正如马克思所说，"饥饿总是饥饿，但是用刀叉吃熟肉来解除的饥饿不同于用手、指甲和牙齿啃生肉来解除的饥饿"。[①]这就是说，人的法制需要归根结底是由人的社会性决定的，而不是由人的自然性决定的。人的法制需要既在一定的社会中产生，也在一定的社会中变化和发展，当然，也在一定的社会中获得满足。人的法制需要的社会性同时也说明了人的法制教育需要的社会性。

3. 人的法制教育需要是人的目的性需要

人的法制教育需要不是盲目的需要，而是被人意识到的需要。因为，人的目的性需要与人的本能需要并不矛盾，人的本能需要是人的目的性需要的基础，人目的性需要是对人的本能需要的一种有意识的把握。在形式上人的目的性需要是主观的，在内容上人的目的性需要是客观的。在社会生活实践中，人意识到法制教育对生存和成长的作用，自觉地追求法制教育，获取法制知识，培养法律素质，坚定法律信仰，成为人的活动指向的目的。正是人的法制教育需要的目的性，使得人的法制教育需要在表现方式上不再是纯粹的本能需要，而是超越人的本能需要。也就是说，法制教育需要的目的性，是人对实践的一种高度自觉的理性思考。对于人的这种目的性，恩格斯指出："在社会历史领域内进行活动的，是具有意识的、经过思虑或凭激情行动的、追求某种目的的人；任何事情的发生都不是没有自觉的意图，没有预期的目的的。"[②]

4. 人的法制教育需要是动态的需要

这是指人的法制教育需要是变化的、发展的，是一个过程。这是因为，人的法制需要是动态的。需要是建立在人类生产的基础上的，而人类生产又是发展的，人类的法制教育需要必将随着人类的生产实践的发展而发展。在市场经济社会，人类对"法治"的需要越来越强烈。这是由于，市场经济的实质就是法治经济，没有法治就不可能建立起市场经济；而在自然经济社会，"人治"的理念占据主导地位，人对法治的要求并不强烈。

法制需要因社会的不同而呈现动态性。就具体的个人而言，在人成长

---

① 《马克思恩格斯全集》（第46卷上册），人民出版社1979年版，第29页。
② 《马克思恩格斯选集》（第4卷），人民出版社1995年版，第247页。

的不同阶段，对法制的需要也不相同。人一出生就享有生命权，到了适当的年龄享有受教育权；成人了，享有劳动权、婚姻权；还在人世，享有遗嘱权。也就是说，在人的不同的阶段，其法制需要是不同的，人的法制需要呈现动态性。

法制需要同一个人对法制的认识有关，随着人对法制认识的变化，人的法制需求也会发生变化。人的法制需要与一个社会的文明程度、政体、国体有密切的关系。一个法制健全的国家，人的法制需求必定比法制不健全的国家强得多。这就是说，人的法制需求不是静止不变的，整个人类是这样，单个的个体也是这样。

可见，法制需要的变化性决定了法制教育需要的变化性，因此，人的法制教育需要是动态的。

5. 人的法制教育需要是开放的需要

这是指人的法制需要从总体上讲，随着社会生产力的提高，人的各种能力的增强，无论在质上，还是在量上，会向积极的方面发展。也就是讲，人的法制教育需要面向未来呈现无限的开放性。这是由社会的开放性决定的，马克思指出："我们的需要和享受是由社会产生的，因此，我们对于需要和享受是以社会的尺度，而不是以满足它们的物品去衡量的。"[1]当今的时代，由于资本的输出跨出了国界，国与国之间的联系比列宁所称的帝国主义时代更为密切；信息网络的发展，人与人交往的空间和距离缩小了，地球好像变成了一个小村落。这就使人的法制教育需要呈开放的特点。一方面，人的法制教育需要向它国开放。人不仅需要国内的法制教育，而且需要更多的国际法制教育，通过对他国政治、制度和法律的了解来丰富国内的法制教育，达到更充分地学习本国法律和制度的目的。另一方面，人的法制教育需要向本国开放。一国的法制教育要不断研究、改革、完善、提升、加强，才能适应人的需要。第三，人的法制教育需要向自身开放。人要不断审视自己的需要，调整自己的法制理念、教育理念，以便更加适应自身的生存和发展。

（三）人的法制教育需要的层次

1. 人的生存的法制教育需要

人的生存的法制教育需要，是法制教育中最根本的东西。生存是人的

---

[1] 《马克思恩格斯全集》（第6卷），人民出版社1961年版，第492页。

生命存在。生存是人最基本的要求。人需要法律规定自己基本的生存权利并切实维护自己的生存权。所以，一个国家需要用根本法和基本法，规定人的生存权利来满足人的法制需要。如果一个国家的法律和制度不能提供这种需要，那么，这种制度是不值得尊重的，社会也会因此陷入不稳定的状态，人们会起来推翻这种政权，要求制定新的法律，来满足人们最基本的生存需要。

人享有生命的权利。人的生命不能随意剥夺，这是最基本的权利，生命是享受其他权利的基础。人为了维持生命，享有就业权和劳动权，并享有因此而获得报酬的权利。人享有住宅安全不受侵犯的权利。如果人的住宅被随意拆迁，必然带来反抗。人享有获得食物的权利、休息的权利、基本的医疗权利，等等。这些都是基本的权利，其中任何一项得不到满足，人类个体的生理机能就无法正常运转下去，人的生命就会受到威胁。正如马克思恩格斯所言，"为了生活，首先就需要吃喝住穿以及其他一些东西"。①

求生是人的本能。求生是一种神圣的权利。法制教育要教育人对生命珍视，并理直气壮地求生。因此，生存是推动人行动的首要动力。只有法律和制度满足了人的生存需要后，人才会追求其他的法制需要。所以，法制教育必须从人的生存这个最基础的人的要求为起点展开。

2. 人的安全的法制教育需要

人不仅要活着，而且要安全地活着。这就要求法律规定人的人身安全权、健康权，财产权、教育权、医疗保险权，工作职位保障权，结婚权、生育权、家庭安全权，等等。即，法制不仅应满足人的生命存在的需要，而且应满足生命持续存在的需要。人活着，而且安全地活着，持续到生命正常终结时活着，这就是人第二层次的法制需要。

人安全地活着是具体的、历史的。离开人的历史发展以及人的社会历史实践就无法考察人的安全。在私有制社会，人从根本上讲，是不安全的。在公有制社会，人从总体上讲，是安全的。在当今中国，我们应该进一步完善以公有制为主体的多种所有制，并大力加强民主政治建设，使民主政治制度化、法律化，使人生活得更安全。

这是法制教育要迈开的第二步，这一步对人的生存和发展同样重要。

---

① 《马克思恩格斯选集》（第 1 卷），人民出版社 1995 年版，第 79 页。

3. 人的精神的法制教育需要

人不仅是物质的存在，而且是精神的存在。法制教育在满足人的最基本的权利需要的同时，还应进一步满足人的较高层次的需要，即精神需要。人在精神上的较高层次需要，相当于马斯洛所言的人的情感需要、归宿的需要和人的尊重需要。人需要友情、爱情，人需要生活得有信心、有成就感，人需要自我尊重和他人尊重，这都要求法律的规定和制度的设计来满足。

人的精神需要使人对社会和他人满怀热情，体验到生存的真正价值。人的精神权通过法律和制度规定，依靠法制教育让人认知和得以实现。精神权法制需要是人的一种重要的法制需要。这是从唯物史观出发得出的必然结论，恩格斯认为，"庸人把唯物主义理解为贪吃、酗酒、娱目、肉欲、虚荣、爱财、吝啬、贪婪、牟利、投机，简言之，即他本人暗中迷恋着的一切龌龊行为；而把唯心主义理解为对美德、普遍的人类爱的信仰"①。这就是说，不能认为唯心主义才重视精神的作用，唯物主义也十分重视精神的作用。因此，法制教育应通过教育的作用，让人具备获取精神权利的能力。

4. 人的自我实现的法制教育需要

人的最高层次的需要是自我实现的需要。从法制的角度讲，法制应满足这种需要。法制教育应为人实现自己的计划、愿望、理想提供鼓励。

法律对一切有益于人类的科学研究、创造发明的直接规定，对人的交往、人的道德等诸多间接的规定，为满足人的自我实现的需要提供了依据。人的自我实现需要，提出了如何制定一个更为有利于人的生存和发展的法律和制度的问题。这是法制教育应坚持的理念。

社会主义法律的制定，社会主义制度的建立，为实现人的价值、尤其是个人的价值，奠定了良好的基础。在新的形势下，由于社会经济成分、组织形式、就业方式、利益关系和分配方式日益多样化，人实现自我价值的方式也跟着发生了变化，这就要求我们进一步完善法律和制度来满足人的自我实现的需要。

综上所述，人的法制需要是复杂的，这是在进行法制教育时应注意的问题。一般而言，只有满足了较低层次的法制需要，才会产生较高层次的法制需要，但是，这并不是绝对的。由于社会生活的复杂性，有时较高层

---

① 《马克思恩格斯选集》（第 4 卷），人民出版社 1995 年版，第 232 页。

次的法制需要也可能前置。同时，人的法制需要可能是叠加的，在人的发展的某一阶段，同时出现多种法制需要，但总的来说，是以某一层次的法制需要为主体的。人的法制需要像阶梯一样从低到高，依次递升，但是，其次序并不固定，是可变的。人的法制需要是推动人发展的力量。各种法制需要的满足也呈现复杂的形式，贯穿了人的整个一生。某种需要的满足，并不是一劳永逸的满足。人的法制需要的满足与主体本身的素质、主体的具体情况有关，而决定的因素是一个国家的法制状况，归根结底是生产力的发展状况。所以，为了适应人复杂的法制需要，应该灵活而富有成效地开展法制教育。

第二节　客体要素

法制教育的人文价值的客体无疑是法制教育。法制教育也可以称之为法制教育活动。法制教育活动是指社会或者群体用一定的法制理念，对社会成员进行有目的、有计划、有组织的互动影响，使他们形成一定社会所要求的法律素质的社会实践活动。

法制教育活动按形式分：学校法制教育活动，社会法制教育活动，家庭法制教育活动。按时间分：传统法制教育活动和现代法制教育活动。按载体分：网络法制教育活动和前网络法制教育活动。按形式分：包括谈话、开会、理论教育、现场教育等法制教育活动，按内容上分：知识教育、技能教育、素质教育、信仰教育等法制教育活动。

一　法制教育的人文价值的客体

（一）客体要素辨析

法制教育的人文价值的客体，是相对于法制教育的人文价值的主体而言的。它是主体的实践活动、人的认识活动和人的价值活动指向的对象。实践客体、认识客体、价值客体既可以独立存在，也可以重合。在具体的活动中，很难把三者完全区分开。"在现实生活中，任何一个客体的属性都是多层次的、丰富多彩的，这就决定着可以从多个角度、多个层面进行价值活动，从而成为多种身份的统一。"[1]

---

[1]　阮青：《价值哲学》，中共中央党校出版社 2004 年版，第 59 页。

法制教育活动是法制教育的人文价值的客体要素，而在传统的教育理论看来，法制教育活动又由法制教育的主体、客体、主体与客体的关系等诸要素构成①。这里都有客体，如何理解这个问题呢？

这两个客体分属于不同的系统。一个属于法制教育的人文价值这个大系统中的客体，一个属于法制教育活动这个子系统中的客体。区分法制教育客体的不同系统的层次的意义在于：更清晰、更准确地认识法制教育活动的本质。客体的层次性也表明，法制教育的理论和实践是复杂的，系统的分析方法有助于破解这个难题。

然而，这两个客体是有联系的。"当我们深思熟虑地考察自然界或人类历史或我们自己的精神活动的时候，首先呈现在我们眼前的，是一幅由种种联系和相互作用无穷无尽地交织起来的画面。"② 这就是说，我们对法制教育的人文价值客体的认识要与法制教育活动的客体的认识联系起来，要注意事物、现象之间以及系统内部诸要素之间的相互影响、相互制约和相互作用。

要深入理解不同的客体就必须进行要素分析。在马克思看来，劳动过程的基本要素是：人类有目的的活动，即劳动，劳动资料（也称劳动手段，主要是劳动工具），劳动对象。从整个劳动过程的结果看，劳动资料和劳动对象表现为生产资料，而劳动本身则表现为生产劳动。③ 唯物史观是要素分析的基本方法。把法制教育活动与劳动类比，法制教育活动的基本要素是：法制教育者有目的的活动，法制教育的对象，法制教育者与法制教育对象联系的中介，即法制教育资料，相当于马克思所言的劳动资料。当然，还要加上必不可少的主体因素。

正如马克思在劳动发展史中找到了理解全部社会史的锁钥，劳动被视为历史唯物主义的逻辑起点，法制教育活动也是我们研究全部法制教育问题的关键。但是，法制教育活动与一般的物质生产劳动最显著的区别在于，法制教育的对象是人而不是物，因而法制教育比物质生产劳动要复杂得多。

---

① 当然，在现代教育中，受教育者不再是教育的客体，教育者与受教育者之间也不再是主体与客体的关系，而是主体间的平等关系，不过，作者认为，传统的认识影响深远，有必要理清。

② 《马克思恩格斯选集》（第 3 卷），人民出版社 1995 年版，第 359 页。

③ 《马克思恩格斯全集》（第 23 卷），人民出版社 1972 年版，第 205 页。

（二）法制教育活动的主体要素

法制教育活动离不开人。马克思在劳动过程中对人类有目的的活动要素的认识，意味着劳动的主体是人。同样，法制教育活动的主体也是人。

法制教育活动的主体与法制教育的人文价值的主体都是人，但是，其具体内容是有区别的。法制教育的人文价值的主体是相对于法制教育的人文价值的客体而言的，其主体既包括教育者，也包括受教育者，主体与主体之间是平等的主体间关系，法制教育活动作为客体，不仅要满足教育者的需要，而且也要满足受教育者的需要，就教育的实质而言，教育者需要教育，而且，需要受教育者的教育，这是由社会生活的实践性质和人民群众创造历史的伟大地位决定的。

法制教育的主体是指法制教育的教育者，它是相对于法制教育的客体即受教育者而言的。尽管教育者和受教育者在具体的教育过程中也是主体间的关系，但是，教育者负有责任对受教育者进行教育、制定教育目标、选择教育方法、组织教育进程，评价反思教育效果等任务。就法制知识、技能、技巧、信息而言，教育者与受教育者并不是对称的关系。

因此，在法制教育活动这个系统中，对主体可以这样认识：法制教育的主体，在学校，主要是教师；在社会，是政府职能部门、政法部门、司法部门、群团组织、传媒机构等；在家庭，是家庭成员；如果是自学法制知识，自己就是主体。这与法制教育的人文价值的主体既包括教育者也包括受教育者不一样。

最需要接受法制教育的主体和真正的法制教育者主体以及法制教育活动中的主体是可以重合的，但又是非常清晰的。也就是说，要把主体放在具体的法制教育系统中来认识。

（三）法制教育活动的目的要素

法制教育的目的不同于法制教育的目标，法制教育的目标是法制教育要到达的具体标准。法制教育的目的是法制教育的总体价值取向。法制教育活动在于促进人的全面发展，增进人的法治理念，培养人的法律素质，强化人的法律信仰，养成人的公平、正义的行为习惯，使人更好地占有自己的本质。

在唯物史观看来，法制教育实践所包含的能动性和自由，构成了法制教育目的的基础和根源。因为，人的能动性促使人摆脱动物本能的狭隘束缚，通过实践不断超越自己，迈向新的境界。人的实践的根本特点，就是人的意识性和人的目的性。"蜘蛛的活动与织工的活动相似，蜜蜂建筑蜂房的本领使人间的许多建筑师感到惭愧。但是，最蹩脚的建筑师从一开始就比最灵巧的蜜蜂高明的地方，是他在用蜂蜡建筑蜂房以前，已经在自己的头脑中把它建成了。劳动过程结束时得到的结果，在这个过程开始时就已经在劳动者的表象中存在着，即已经观念地存在着。"①

简言之，法制教育的目的就是发展人、开发人、完善人、实现人。即通过法制教育发展人的素质、开发人的潜能、完善人的人格、实现人的价值。个人的发展与社会的发展是一致的。联合国教科文组织总干事勒内·马厄指出："教育应扩展到一个人的整个一生，教育不仅是大家都可以得到的，而且是每个人生活的一部分，教育应把社会的发展和人的潜力的实现作为它的目的。"② 法制教育活动的目的有两重性：个人发展与社会发展。个人发展是社会发展的前提，社会发展是个人发展的基础。

（四）法制教育活动的对象要素

法制教育活动的对象要素，我们习惯称之为教育的客体。教育的客体是相对于教育的主体而言的。问题不在于把教育的对象因素称为客体、对象，还是其他名称，而在于传统的观念认为，客体意味着消极、被动、丧失主动性，受控制、被支配等。关键是我们怎样理解客体和怎样对待对象。法制教育活动的对象是人，我们对待人应有人的态度，即把人当人看，这就是问题的实质。正如学者陈桂生指出："尽管教育以人为对象是尽人皆知的经验事实，然而，迄今为止的教育史表明，虽然从来没有人否认教育对象是'人'，但未必都把人当作'教育对象'，也未必都把教育对象当作'人'对待。人类经过长期的探索，直到近代才逐渐对教育对象有所认识，称得上对教育天地里'人的被发现。"③ 人的发现意味着在法制教育中把教育对象作为一个人去尊重，作为一个人开发，作为一个人去服务，作为一个人去培育。

教育对象是社会的教育对象，具有社会性。不能把教育对象仅仅限于学校法制教育的学生和特定的法制教育活动的受教育者。人的法制知识是在社会中获得的，人的良好的守法习惯是实践中养成的。法制教育的对象

① 《马克思恩格斯全集》（第23卷），人民出版社1972版，第202页。

② 联合国教科文组织国际教育发展委员会编著：《学会生存——教育世界的今天和明天》，教育科学出版社1996年版，第5页。

③ 陈桂生：《教育原理》，华东师范大学出版社2000年版，第13页。

是多样化的存在。家庭法制教育、社会法制教育都有教育对象。在社会转型时期，社会面临的是处于转型阶段的法制教育对象。在媒体高度发达的时代，大众面临的是不特定的、受各种思潮影响的法制教育对象。在网络时代，人们面临的是交互性、超越时空限制的法制教育对象。

在社会生活中，我们都是法制教育的对象，任何人没有例外，并且，我们每个人时时都在接受法制教育，处处都在接受法制教育。但就特定的法制教育活动而言，教育者面对的法制教育对象又是具体的、特定的。有时，我们有法制教育对象的意识；有时，我们没有法制教育对象的意识。

要真正地在法制教育活动中把人当人看，就要求在社会的各个层面，有较强的、理性的法制教育的对象意识，从而为法制教育对象接受法制教育营造良好的环境。

（五）法制教育活动的中介要素

法制教育活动的中介要素，是指连接教育者和受教育者、使教育活动得以进行的媒体、工具、环境、文化、人物、事件等。一般认为教育活动的中介是教材。

法制教育的中介要素是法制教育中的复杂因素。只有对中介进行分析，揭示它的类型和层次，阐明法制教育开展的逻辑体系，才能找出复杂的法制教育现象的必然联系。学者陈桂生把历史上关于教育中介的认识总结为五种观点：即，事物（经验，泛指文化）；功课（即教材）；事物，即教育之材料（不限于"教材"）；教育影响；陶冶材。① 对法制教育中介的认识，既受教育学的影响，同时也受社会的法制建设进程的影响。法制教育活动的中介有法制教育媒介、材料、手段、组织形式、场地、设备等。

法制教育的中介可以是有形的，也可以是无形的；可以是显性的，也可以是隐性的；可以是实体的，也可以是抽象的。在法制教育的中介中，人们重视法制教材的建设，这对顺利开展法制教育活动，增强法制教育的有效性，无疑有巨大作用。

然而，法制教育更应重视文化建设。文化是法制教育最重要的中介，它的表现形式，既可以是教材，也可以是媒介、材料、手段、组织形式、场地和设备，还可以是其他形式。文化是法制教育的中介之源。一个国家

---

① 陈桂生：《教育原理》，华东师范大学出版社 2000 年版，第 9 页。

的法制传统、现行法律、法规、规章、参加的国际条约、公约，乃至一个国家的治国理念、司法判决文书、法学研究论文、著述等，都可能成为法制教育的文化，体现为某种具体的法制教育的中介。

法制教育的中介的选择与一个社会的教育、民主法制、文明程度密切相关，归根结底由一个国家的经济因素决定。现代传媒的发达，网络信息技术的广泛应用，尤其是全球化时代，国与国之间、人与人之间交流的频繁，为法制教育中介的选择带来了不可忽视的影响。"无论是其中的语言—符号文化成分、价值—规范文化成分、行为—作用文化成分，还是知识—技术文化成分，都融入当代人活动之中，又非当代人完全能够左右，但当代人可以从中提炼、抉择，并在此基础上革新。"① 法制教育的中介的文化问题是一个客观问题，只有认清这个问题，才能在法制教育的中介的选择中以先进文化为导向，既遵循客观规律，又发挥人的主观能动性。

二　法制教育的人文价值客体的属性

法制教育的人文价值客体的属性不是自足的属性，而是与人追求美好生活联系的属性。也就是说，法制教育的人文价值客体的属性，是人的本质规定中积极成分的客体化。法制教育客体的属性表明：真正的法制教育活动应该体现人的利益，为了人的幸福。否则，法制教育就会遭人唾弃，成为纯粹的工具。法制教育的人文价值的客体的属性不同于客体物理的、化学的或者生物的自然属性，它是特有的社会现象。没有人，也就没有价值；没有客体，也就没有客体的属性。

在唯物史观看来，法制教育的人文价值的客体的属性是历史的、具体的。它源于实践，又在实践中动态生成。这就不难理解受到同样的违法行为侵害，有的人选择依法维护权利，有的放弃自己的权利，甘愿受冤屈；面对法律事件，有的人宁愿选择合情、合理，而不合法的处理方式；有的人宁愿选择失去人的现实利益，去维护抽象的法律利益。而作为理论概括的客体的属性是对各种法制现象的抽象，同时又是对有关人的发展思想的总结。对法制教育的人文价值客体的属性的考察，使法制教育真正成为人的法制教育。

---

① 陈桂生：《教育原理》，华东师范大学出版社 2000 年版，第 31 页。

（一）法制教育的人文价值客体的人性维度

法制教育客体的人性体现在教育的指导思想、教育的内容、教育的方法、教育的评价和结果上。但是，从根本上讲，法制教育要讨论的人性是教育活动中对教育对象，即受教育者人性的预设问题。因为人性的预设决定了法制教育的指导思想、内容、方法、评价结果。教育活动离不开人性预设。人性预设在形式上是主观的，内容又是建立在一定的物质条件基础上的、不以人的意志为转移的客观活动，具有客观性。有什么样的法制教育的人性预设，决定了有什么样的法制教育理念；有什么样的法制教育理念，决定了对法制教育的受教育者持什么样的态度；有什么样的法制教育态度，决定了采用什么样的法制教育方法；法制教育方法不同，其教育效果大不一样。

法制教育的人性的预设是指，假设法制教育的对象是什么样的人。预设是好人，好说好商量；是歹人，恶对付；是无知的人，严格训导；是明理的人，善加引导；是水平差不多的人，与之讨论；是优秀的人，向其学习。人性的预设角度是多种多样的，有经济人的预设，有道德人的预设，有法律人的预设，等等。法制教育的人性预设是法制教育理论和实践中最深刻和最本质的东西。如果把法制教育的人性仅仅理解为，法制教育的人文关怀、法制教育的人文价值、法制教育的人性化，或者人性化的法制教育，会失之肤浅。

法制教育的人性的预设不是凭空的，它有其深刻的思想根源。人性（human nature）是人的本性、本质、本真、天性、人的基本性质。中国文化关于人性最流行的学说有五类。一类是人的本性是善；二类是人的本性是恶；三类是人的本性无善无恶；四类是人的本性有善有恶；第五类是人的本性分成上、中、下三等。中国传统的人性观，从总体上讲是抽象的、唯心主义的人性观，不过，这些思想为我们研究法制教育人性提供了宝贵的启示。马克思主义的人性观是建立在实践基础上的科学理论，是我们研究法制教育的人性预设的指导思想。人性包括人的自然属性和人的社会属性。人的自然属性是指人的生物性。"人来源于动物界这一事实已经决定人永远不能完全摆脱兽性，所以问题永远只能在于摆脱得多些或少些，在于兽性或人性的程度上的差异。"[1] 社会性是人的根本属性，它决

---

[1] 《马克思恩格斯选集》（第3卷），人民出版社1995年版，第442页。

定了人的自然属性。"人的本质不是单个人所固有的抽象物,在其现实性上,它是一切社会关系的总和。"① 人在社会中结成一定的关系,在群体的合作与竞争中从事物质和精神的实践活动。可见,社会性是人的本质。

法制教育人性的预设分为应然的预设和实然的预设。应然的法制教育人性的预设是理想的人性预设,即法制教育的人性应该是什么。法制教育人性实然的预设,是指在具体的法制教育环境中,对人性的预设。法制教育人性的实然预设,面向具体的法制教育活动,针对具体的法制教育对象;对一个群体的法制教育人性的预设,往往与另一个群体的法制教育人性的预设不同;对一个人的法制教育人性的预设,往往与另一个人的法制教育的人性预设不同,这是实然的教育人性预设的特点。实然的法制教育人性的预设,受应然的法制教育人性预设的影响。实然的法制教育人性的预设还与预设的主体有很大的关系。同样的群体、同样的人,在不同的法制教育主体看来,其具体的人性是不同的。主体所受教育程度、政治思想水平、经济条件、所处的具体环境以及与教育群体、对象、个人的利害关系等,都会影响到实然的法制教育人性预设。

法制教育人性预设的特点,是对应然和实然的法制教育人性预设的抽象概括:

第一,法制教育人性预设的动态性。这是指作为法制教育对象的人,是变化的、发展的人。动态性不同于平常所言的可塑性。"可"在汉语语境里,是一种不确定性,一种可能的趋势。从人性善的立场来看,"可"是向善趋势;从人性恶的立场来看,"可"是向恶的趋势;从人性善恶兼备或人性无所谓善恶的立场来看,是一种不确定的可能性。"塑"在汉语的语境中,是一种外在力量的影响。即主体按照心中的标准或者外在既定的标准把一个对象成型,带有强制性。因此,不能把法制教育人性的预设理解为教育对象的可塑性。

法制教育人性预设的动态性,指法制教育对象是发展的。也就是说,要在人的变化中来把握法制教育对象的各种特性。法制教育对象的动态性,决定了法制教育的可能。如果法制教育的对象永远是确定的,法制教育就没有任何意义。这就要求法制教育者要有活思想,也即是,法制教育的目的、法制教育的目标应根据法制教育对象的变化不断调整。

---

① 《马克思恩格斯选集》(第3卷),人民出版社1995年版,第60页。

　　法制教育的人性预设的动态性意味着法制教育的人是可教的人，可培养的人。这是讲，通过法制教育，对象是一定能发生变化的。人是可以培养的，天下没有不可以育的林，世上没有不可育的才。法制教育是积极的，法制教育人性的预设也应该是积极的预设。

　　第二，法制教育人性预设的向善性。法制教育人性预设的向善性，体现了人的本性。卢梭提出了"自然人"的教育价值取向，他认为不能同时把人教育成"公民"和"人"，而要在"人"（"自然人"）与"公民"（"社会人"）之间作出抉择。他选择前者。"自然人"的特点是：自爱、自主、自立、自制。他主张把"服从"、"命令"、"责任"、"义务"等词汇从"爱弥儿"的字典中取消。① 向善的教育符合人性，使人愉快。卢梭关于自然人的论述最早全面地揭示了教育向善的内涵。裴斯泰洛齐认为"依照自然法则，发展儿童道德、智慧和身体各方面的能力；而这些能力的发展，又必须照顾到它们的完全平衡"。② 康德认为"人的目的是做人"，"人只有靠教育才能成人"；教育目的据以产生的理想为"发展人所有一切自然禀赋和才能"。③ 这些思想，与马克思关于人的社会性的论述，虽然思想基础不相同，但是二者也有一致的地方：最终目标都是人的解放、人的发展。可见，法制教育的人性预设的向善性体现了人的本性。

　　法制教育的向善，最终意味着一种信仰。法制教育的人性的预设的终极目的是寻求教育的善。由小善达到大善，由部分善到达全善。法制教育的实践活动把这一求善的愿望付诸实施，并经过一系列复杂曲折的艰苦过程，由理想变成现实。也就是说，法制教育的人性的向善，体现了法制教育的终极关怀。

　　（二）法制教育的人文价值客体的诗性维度④

　　法制教育的人文价值的诗性，指通过法制教育培养本真人的感性和理性意蕴。其实质是指法制教育的诗性。它包括：在规则和制度的视域里，

---

　　① 卢梭：《爱弥儿》，转引自陈桂生《教育原理》，华东师范大学出版社2000年版，第207页。

　　② 裴斯泰洛齐：《天鹅之歌》，转引自陈桂生《教育原理》，华东师范大学出版社2000年版，第208页。

　　③ 康德：《康德论教育》，转引自陈桂生《教育原理》，华东师范大学出版社2000年版，第208页。

　　④ 部分思想，以"思想政治教育的诗性价值初探"为题，发表在《扬州大学学报》（高教研究版）2011年第2期。

追求理想的诗性人生、探索现实世界意义的完善、提升人性的境界、展示快乐人生的魅力。

法制教育的本身不等于法律和制度，它是一种实实在在的教育，而教育的诗性，无论是在卢梭的自然主义教育观、海德格尔的本真人理论、雅斯贝尔斯的本真教育、老子道法自然的思想，还是苏霍姆林斯基的和谐教育都觅得见思想的踪迹，它既可以追溯到以"情"为本体的哲学基础，也听得见踏上教育现代性复杂之路的深刻回声。法制教育的诗性的本质，体现了马克思关于人的全面发展的思想。

法制教育，是在与法学教育、公民教育、思想政治教育、马克思主义理论学科的教育学性格的反复对比、相互借鉴中，逐步成为一门独立的学科的。其诗性维度是学科发展的引擎。

人们对法制教育的规则、理性内涵并不陌生。这从法律规范的常识性不难理解，然而，对法制教育的诗意内涵往往显得陌生。

1. 诗性人生：法制教育的理想寻求

所谓诗性人生是指：法制教育融理性与感性为一体，带给人的不只是对制度、规范的认识和统治阶级治理国家的理念和方式的倾向性感染，它还以丰富的文化内涵为载体，带给人美的体验，使人产生崇高物象的心灵激荡，引起人的惊异和纯喜，生成主体和客体美的统一，诗性人生由此而生。而这一点，正是传统的法制教育所惊讶和不理解的。现代社会生活的发展，使人不仅追问法律和制度本身，而且高举人的旗帜，开始追问法律和制度下隐性的人，逐步把隐性的人变为显性的人，实现马克思所孜孜以求的解放全人类和人的自由而全面发展的伟大理想，法制教育的诗性意义就在于此。

法制教育的内容本身无所谓现实的诗性，但是，法制教育一旦跨出僵死的法律条文和冷冰冰的制度疆域，与社会生活实践结合，就会产生诗，由诗而生发诗性；法制教育一旦与人相遇、与人的心灵碰撞，谁说不能产生浪漫的情怀呢？在战火纷飞的年代、在革命的艰苦岁月，无数仁人志士砸烂旧法统、旧制度的豪情本身就是诗，革命领袖、劳动人民为此写下了流芳百世的篇章。在新中国建立之初，执政党努力探索中国特色的法制体系，进行改天换地的崭新的法制教育，这当中有不可磨灭的成绩，也有像"文化大革命"对法制践踏的令人痛心的遗憾，这里面难道只有规则，而没有诗性吗？所以，新中国的法制和法制教育的诗性是事实上存在的。社会的进退，促使人不仅研究法制，还研究法制教育中的诗性。是生活、是无产阶级的伟大实践产生了法制教育的诗性；法制教育的诗性又反过来激励和引领着人的生活、革命斗争、建设实践。

法制教育的诗性隐喻在大自然的秩序美中。走进大自然，人在大自然中体验万事万物的秩序、感悟大千世界的规则，提升人感受理性之美，使诗性人生由可能成为现实。人从自然的秩序之美反观人自己的社会规则美，从规则美的感悟中明白深刻的法理。正如苏霍姆林斯基所说："自从出现人类的那个时候起，从人对晚霞的绮丽景色出神地观赏那一时刻，人就开始审视人的本身。美——这是人性的深刻体现。它是我们生活的快乐。"① 这就是说，人生美好、生活快乐，人生如诗，人的美感离不开自然界包含法理的隐喻和开启。

从个人的角度来看，诗性人生就是人由必然王国进入自由王国；从社会的角度来看，就是建设和谐社会，进入共产主义的理想社会。共产主义的理想社会是一个诗性社会。共产主义建立在生产力高度发达的基础上。生产力高度发达，关键在于人的素质的提高。人的素质提高，才能改进和发明新的生产工具，从而促进生产力的发展。也可以说，生产力的发展归根结底，在于人的诗性，只有个人幸福美好得像诗，人的创造潜能才能极大地解放，生产力的提高才成为可能。法制教育从特有的教育角度培养人的诗性。法制教育的独特教育作用是文学教育和其他教育所不能代替的。

在马克思看来，诗性人生的理想在共产主义才能够全面实现，诗性人生是"人以一种全面的方式，也就是说，作为一个完整的人，占有自己的全面的本质"。② 追求诗性人生，树立共产主义的远大理想，坚定共产主义的信念，把对共产主义的追求化为具体行动，是法制教育的内在逻辑。

2. 意义之思：法制教育的现实完善

法制教育的诗性与人生、世界的意义联系在一起。不同的人眼里有不同的人生、不同的世界。这就是说，意义世界是历史的、具体的、特殊的。法制教育从独特的角度和方法，完善主体，提高主体的法律素质和能力，促进主体对自我、他人以及社会的认同，达到构筑意义世界的目的。

---

① ［苏］苏霍姆林斯基：《育人三部曲》，人民教育出版社 1998 年版，第 717 页。
② 《马克思恩格斯全集》（第 42 卷），人民出版社 1979 年版，第 123 页。

我国由计划经济转向市场经济，公民个人的主体性增强，个体由消极、封闭到主动、开放，激发了无穷的创造力；人们的交往范围不断扩大、个性张扬、个人价值的实现、个人利益的肯定和追求，为个人的全面发展打下了扎实的基础。但是，面对转型时期气象万千的变数，个体在与他者的关系上，又陷入了困境，人们产生了"我是谁"的迷惘，人对意义世界的追问，又不可能不成为探讨的时代主题。

人对意义世界的追问，实际上是对人的生存状态的肯定和否定的过程，这个过程就是人的认同。人的认同是一个辩证发展的过程，它与人的成长和人类社会的发展相伴随，有时呈现出一种危机的状态。"认同与认同危机是一个问题的两种状态。如果说认同是肯定的状态，认同就是一种包含差异的认同，那么当代认同危机是认同发展和演化到一定阶段必然出现的否定性状态。从认同危机的角度看，认同危机也是一种认同，它是成熟了的、对自己的认同进行否定的认同。认同作为一个过程，总是在认同——认同危机——新认同之间的螺旋式的运动之中。"① 认同的实质就是意义世界的建构。它包括三个方面的内容：一是对自我意义的认同，二是对他者意义的认同，三是对自我与他者恰当张力的认同。认同也可以说是现代性条件下处理个体价值与共同价值张力的问题。

如果说人对意义的追问，是一种认同的话，那么，这种追问和认同是与人的主体性和个性密切联系在一起。由于中国传统思想文化的封闭性，中国习俗和宗法对个性的压制不是短时间内能够消除的，个性的解放，主体性的发挥是个特别艰巨的任务。"为此，从中国的现实出发，我们必须承认对于个体价值的确认和个体独立人格的培养是我国教育的一项至今远未完成的重要任务。与此同时，还要看到，我们是在整个世界人类发展背景下完成这项任务的，为此，它决不可能不受到整个人类发展的历史进程的影响。"② 因此，个性的张扬和异质个性的彰显，对个体价值的追求和共同价值的维护无疑是我们面临的深刻的问题。人对意义世界的追问，实际上就是对自己和他人所抱的信心。

法制教育对解决意义世界的问题表现出了巨大优势。通过法制教育，让人了解一个国家的国体、政体，自觉维护统治阶级的社会关系和社会秩

---

① 王成兵：《当代认同危机的人学解读》，中国社会科学出版社 2004 年版，第 18 页。
② 鲁洁：《走向世界历史的人——论人的转型与教育》，《教育研究》1999 年第 11 期。

序，了解国际公约、规则、惯例，有利于个人对世界的认同。通过法制教育，让人自觉接受作为社会规范给人们提供的行为模式，有利于成为一个守法的好公民。通过法制教育，让人自觉用法律规范评判、衡量他人行为的合法性，自觉护法，同时，用法律预测自己的行为，用法律为自己的幸福服务。可见，法制教育对平凡人生和世界意义的不断追寻，体现了法制教育的诗性维度。

总之，意义闪耀着人性的光辉，人生活的世界才如此值得人留恋。如果生活对人不再有意义、不再美好，人又没有赋予生活以新的意义，那么，这种生活就失去了美，不再是人的生活。法制教育赋予了人的生活的意义，从这一点上讲，我们是离不开法制教育的诗性之维的。

3. 人性之美：法制教育诗性的境界提升

人追求和创造美的生活，"由此便构成和显现出人性之美、人情之美、人品之美和人格之美。人的性、情、品、格'对象化'为人的生活世界，美就是人的生活，美就是人的世界"。① 人对美好生活的追求体现了人性之美、人情之美、人品之美和人格之美。法制教育的诗性维度，体现了人性、人情、人品和人格的美好。

第一，人性之美。这是指人的天性之美。人性之美是生活之美中人最自然和最基础的美。人性之美是人在成长过程中对自己的信心，也是人类对自己解放自己和不断迈入发展新境界的原初动力。比如人的同情心、怜悯心、欢喜心就体现了人性之美。人性之美是照耀人的艰苦生存的星光，因人性之美，人获得了最初的美丽，其他美都是人性之美的展现。人性之美尽管带有很大的先天性，但是人性之美却是在社会生活中体现的。没有社会，人性之美是不能被感知的，也是不存在的，从这一点上讲，人性之美是客观的。法制教育的人性之美体现在人对犯罪的惩罚和对弱者的保护上。尤其是当法律洗去多年的沉冤，法律的人性得以充分体现，这是最有说服力的生活中的法制教育，每当这时，法制教育的人性之美尽显其中。

第二，人情之美。这是指人性之美在人与人交往中的体现。人情之美是人类独具的美，动物是没有人情之美的。人情之美体现在日常生活的饮食起居和待人接物之中。人与人之间崇高的友谊就是人情之美。比如，"君子"之间的交往是平淡的，主要是精神上的交流、相融，好比白开水

---

① 孙正聿：《探索真善美》，吉林人民出版社 2007 年版，第 213 页。

一样寡淡，但是体现了人情美。"小人"之间的交往是建立在利益基础之上的，是基于人与人之间的利害关系的交往，表面看好像甜酒一样甜，实际上体现的是人情的阴暗和恶。这就是《庄子·山木》所谓"君子之交淡若水，小人之交甘若醴"。

法制教育的人情之美体现在法律的规定中：婚姻法对夫妻相互扶助的规定；对没有劳动能力和没有财产来源的家庭成员抚养的规定；对禁止溺婴的规定。民法中对当事人的处分原则的规定。刑事诉讼法对自诉案件的规定。继承法对继承人与被继承人之间权利的规定；对未出生的婴儿保留应继承份额的规定，等等，无不展现人情之美。可见，法制教育的重要作用是滋养生命、丰富生命、涵养生命、激发生命的创造力，造就更多的现时代的君子，使人情之美大放异彩。

第三，人品之美。这是指人的道德之美。在生活中，人品之美是灵魂之美、导航之美、指引之美、方向之美。离开了人品之美，人的意义性存在将消失。法制教育在塑造人的灵魂中起着重要作用。宪法对马克思主义指导思想地位的规定；对共产主义道德的规定；对培养社会主义"四有"新人的规定；民法对诚信原则的规定；合同法对信守合同和履行合同的规定，等等，在法制教育中体现了人品之美。

第四，人格之美。这是人独特的格调之美。人格之美与人品之美相联系。人品越美，人格也越美。人对美的生活的追求，无疑指向崇高的人格之美。人格之美通过人的内、外两个方面体现出来。在内，就是人的内心和谐；在外，就是人与他者和谐。人格之美是一个人格调的高雅，主要又是人精神方面格调的高雅。没有精神上的高雅格调，再豪华的别墅、再多的山珍海味、再艳丽的服装、再高的权位、再高级的轿车，也谈不上人格之美。人格之美的造就，离不开法制提供的标准，即对法律人和道德人的规定。在法律和制度的规定中既有最低的底线伦理要求，也在法律的原则和序言以及若干弹性条款中规定了终极要求。法制教育塑造人的精神，不仅包括法律精神而且也包括道德精神。法制教育使人自身不断超越，那种认为法律是道德的底线是不全面的。全面理解法律，丰富法制教育的内涵成为人格之美的必然诉求。

4. 快乐之行：法制教育的无穷魅力

法制教育是人的快乐之行，是指它既有过程上的愉悦和满足，也有结果上的自由和幸福；它既给人短暂的愉悦，也给人终极的关怀。从快乐的主体看，法制教育不仅给受教育者带来快乐，而且教育者在教育的过程中也获得快乐。可是，人们往往想到、看到和做到的是法制教育的规范、警戒、劝导和惩罚，其实，法制教育更重要的是一种快乐的过程。法制教育并不是满足于法律所规定的权利和义务，不是僵死的教育，法制教育更要培养一种牺牲精神和对法制的"违法"精神。只要一个人对法律、国家、制度、前途抱有积极的态度，对中国特色的社会主义和共产主义充满信心，就能从立法的源头、本意和法制教育的整个过程中努力去探究法制的真精神、真本质。因此，法制教育是无比快乐的，法制教育有无穷的魅力。

法制教育的快乐，由主体之间在相互的交往中产生。这是一种人之美、教之乐。然而，教之乐并非没有教之"苦"、教之"痛"。因为，法制教育并不能消除违法犯罪，法制教育并不能完全达到预期的效果。教育和法制教育从来都不是万能的，但是，也绝对是不能替代或取消的。好的法制教育是人性的至善、至美，对人来说，难道不是一种享受吗？法制教育培养出的法律信仰，是对人的终极关怀，是终极之乐。

无论是教育者，还是受教育者，法制教育一旦与人联系起来，把人放在第一位，超出狭隘的法制教育本身，不是为了教育而教育，而是为人类壮丽的远大事业——共产主义奋斗，它就是愉悦的，是快乐之行。法制教育并不限制自己对他人、对集体、对社会和对国家多尽义务，少享受权利或不享受权利。法制教育的快乐之行在于超越法制教育本身，培养一种道德精神；反之，把法制教育当成一种控制人的工具或者仅仅为小集团的利益服务的工具，它就令人讨厌之，招惹人边缘化之，甚至抛弃之。

就受教育者而言，法制教育带来身心上的愉悦。这种愉悦源于法律条文的逻辑魅力、制度的现实紧迫性、教育者的人格魅力。法制教育者高超的法制教育技艺、优美的语言表述、恰当的内容安排，等等，带给受教育者的是过程的愉悦；反之，法制教育者居高临下、你打我通、强制灌输、内容空洞、脱离实际，带给受教育者的将是痛苦。因此，把法制教育的内容建立在人与人理解的基础上，符合人性的追求和需要，才是至善至美的法制教育。一旦法制教育的内容和方法脱离或背离人性，就会变成被受教育者时时暗中抛弃的"空壳"。受教育者无法从这些"空壳"化的法制教育中领悟到法制的根本，法制教育不再是愉悦的教育，而是对思想和行为的禁锢。所以，消除法制教育的唯我性和空洞性，把法制教育侵润在人性和需要中，法制教育才是真正的快乐之行。

就教育者而言，法制教育同样是一种快乐之行。在法制教育中，教育者和受教育者是平等的主体，法制教育是心与心的交流，思想与思想的碰撞，思想与现实的结合，不再是毫无生机的法条和尘封的知识，而是奉献的快乐，成长的喜悦；法制教育者在给予受教育者以表扬、鼓励和肯定的同时，也从受教育者的进步中得到激励、获得意义、增加继续进行法制教育的动力。法制教育的教育者与受教育者双方正是在这种教与学的矛盾中不断跨入新的境界、获得新的意义、产生更多的愉悦。

（三）法制教育的人文价值客体的希望维度

法制教育的人文价值的客体的希望维度，即法制教育的希望维度，是指在法制教育中相信幸福一定会到来、未来一定美好。人没有希望，就不能活下去；社会没有希望，将走向灭亡；法制教育没有希望维度，法制教育和教学就不能发展。法制教育是鼓舞人、激励人向上、帮助人走出困境的学科；它不仅教给人保护权利，鼓励人与各种违法犯罪斗争，而且法制教育本身就意味着希望。希望是法制教育的内在指引，失去了希望的本质规定，法制教育的理论就不能发展，也不能有效地指导法制教育实践。失去了希望，法制教育就只能被工具价值消解和湮没，对人而言，将丧失价值。

1. 法制教育的希望维度的内涵

何为法制教育的希望维度？法制教育的希望维度是法制教育过程中理性的、积极的判断，是人在法制教育实践中本性的回归，体现了以人为目的的理想和追求。正如学者檀传宝指出："教育是人对人的返身性实践活动，离开价值判断、价值理想和价值追求的教育从来就没有存在过。"[①]法制教育的希望维度，在于提振个人、社会和学科本身对未来的信心。它具体体现在人的法律素质、法律信仰、法治理念对人追求美好生活的效用和意义上。希望维度的内涵需要综合把握，它不仅是个法律概念、伦理学概念、社会学概念、心理学概念，还是个哲学概念。从哲学的角度，才能理解法制教育的希望维度的本质。

希望是人的一种存在，没有希望就没有人。希望是对有限的超越、对在场的超越。希望有着丰富的内涵，在学者张世英看来，"希望使人不满

---

① 檀传宝：《教育是人类价值生命的中介》，《教育研究》2000 年版，第 19 页。

足于和不屈从于当前在场的现实。人生的意义就在于超越现实，即超越在场、超越有限，而挑战自我，不断创新"。① 法制教育僵死的内容，往往导致所教、所学、所练的都是现实的、在场的东西，而忽视不在场的、虚拟的东西，其结果是抑制人对未来的向往。法制教育的希望维度，就是力求使人超越在场，变得富有想象力和幻想力。而这，正是支撑法律家、政治家、教育家、法律务实工作者、有生机和创新能力的好公民的动力。

因为社会的进步和人的全面发展，不可能完全依靠按部就班的陈规旧制。陈规旧制对社会实践反映慢。在固定程序的框架下，计划和规定总是赶不上变化，指导思想不明确和头痛医头式的立法，往往导致社会的混乱。这也是有法不依、执法不严的原因。在唯物史观看来，法制教育要立足于社会客观的物质生活条件，要教育人增强预见性，增加法律和制度的弹性规定，对虚拟和不在场加大立法的力度。

在法律实施和法律监督中，同样需要教育有关人员，树立超越在场的意识，把德治与法治密切结合，把人民的利益放在第一位，以人为本，而不是把当前在场的东西限制在固定的模式下，窒息个人和社会对未来的希望，对美好生活和美好社会的追求。这就是说，法制教育传达的稳定观念是动态的稳定观念。

法制教育的希望维度的意义在于，把不现实的质转化为现实的质，把不在场的质转化为在场的质。这个质就是人对未来的向往，它可以是个人的愿望，也可以是社会的愿望；可以是知识、能力、素质、信念，也可以是制度、伦理、法律等。法制教育的希望维度意味着在现实与愿望之间有一条界线，要冲破这条界线，需要人的艰苦努力。希望指引着人从既定的框架挣扎出来，不希求最终的结果，永远没有最好，只有更好。在法制教育给人营造的希望世界里，人的艰苦努力，实际上就是人在他所属且参与的世界里，人不是一种异己力量，更不是无能为力，人是主动的，而非被动，"我可以希望这，可以希望那，可以作出这种选择，也可以作出另一种抉择，我是自由的"。②

法制教育传导给对象的不是人或者社会既定的命运和前提，而是一种指引，一种主动的态度。当然，法制教育给人的希望，并不能彻底消除失

① 张世英：《哲学导论》，北京大学出版社 2002 年版，第 407 页。
② 同上书，第 409 页。

望。在人面临的具体环境中，可以说，人的希望总是与失望相伴而生。由于人和社会发展的无限性，具体的个人从既定的法律和制度的设计出发，有时可能如愿以偿，有时也可能失望而归，这既取决于个人的能力素质和所处的条件，也取决于社会的复杂多变，比如社会法制的完善，社会整体的文明程度，社会的经济状况，等等。而这并不等于否定了希望的存在，正好证明了法制教育的希望维度的客观性。因为希望，人勇气倍增，以有限的人生和受限的个体，勇敢地面对无限和茫茫的人生和社会的复杂性。

到此，可以看出，法制教育的希望维度给人的导向确实是一个大境界。如果说，美的境界解决最后的问题的话，这应该是一个美的大境界。在法制教育这个可以窥得见大世界的窗口里，"人生的希望有大有小，有高有低，我以为人生最大最高的希望应是希望超越有限，达到无限，与万物为一，这种希望乃是一种崇高的向往，它既是审美的向往，也是'民吾同胞'的道德向往"。①

法制教育的希望与人的本性、目的、需要、自由选择相一致。希望是客观存在的，只要有人，只要生命在延续，就有希望；只要有人类社会就有希望。法制教育的希望维度体现了法制教育的正价值，是法制教育作为一门学科存在的根本，是推动法制教育实践发展的动力。法制教育的希望维度，追问法制教育对人和社会的最终意义，把重建人的精神家园视为旨归。在过去相当长的时期内，人们对法制教育的希望维度要么熟视无睹，要么以为不证自明，因而对法制教育缺乏深层次的哲学追问，人们对希望的内涵缺乏理解，严重扭曲和异化了法制教育的价值，把法制教育这一活生生的实践活动异化为纯政治斗争、阶级压迫、阶级统治的工具，彻底阉割了法制教育对其价值主体生命意义的追求和实现。在新的历史时期，法制教育成为人追求美好生活的助手，社会和谐发展、科学发展的有生力量，所以，对希望维度的发现、认同和实践上的重视，是时代的需要。

对于具体的个人而言去，在具体的环境中，人的生存和发展不得不面临各种苦难历程。法制教育的希望内涵在于：激发人的斗志、疏通人与法、人与制度的关系；教育人关心国家利益、集体利益和个人利益，学会用法律保护自己、他人、集体和国家，同各种违法犯罪斗争；增强法律素质，学习在生存和发展中，从法制的视角、立场、观点，观察、分析、解

---

① 张世英：《哲学导论》，北京大学出版社 2002 年版，第 412 页。

决自我面临的生存和发展问题，学习使用法律的策略、方法和艺术；法制也是一种文化，有利于开发人的潜能，启迪人的智慧，发挥人的创造力。

2. 希望的本质是自由

希望在本质上是对有限的超越，是一种超越在场的虚拟。而希望的存在恰好又不在希望本身，而在于主体的自由，因而也可以说，希望就意味着自由，失去了自由，也就是失去了希望，失去了人文价值和法制教育。这就是说，自由是法制教育希望维度的现实路径。在学者薛晓阳看来，"自由是希望的基础，也是希望的本质，在自由中希望显现出人的解放。没有自由的希望就不是希望，失去自由希望就会变成绝望。教育与自由的对抗，就是教育与希望的对抗。扼杀自由就是扼杀希望，扼杀希望就是扼杀未来"。[①]

希望与自由的联系是具体的、历史的。法制教育的问题，就人的发展而言，起源于人对自由的追求。法制教育是人的自由的一种表达方式，如果追问下去就是法律对人的自由的保护和对人的权利的规定，而这一切又是由特定社会的物质生产条件、经济条件、生产力发展的水平决定的。所以，希望根源于自由又是具体的、历史的。希望根源于自由说明了自由的在先性、优先性。

在马克思看来，人是社会关系的总和。社会性是人的本质属性，自然属性是人的社会属性的基础。希望和绝望都是人的社会性的体现，而自由则是生命的本能，是人作为生命体的存在。希望在道德上是一种善，而绝望则是一种道德上的恶。善恶的取向与教育、法制教育的关系极大。人文性的教育使人向善，而工具化的教育使人向恶，具体的善和恶离不开法制教育活动所处的历史条件。

可以说，自由的在先性在于，人对生命的自由本质的敬畏。只有灵魂的自由和升华，人的生命才如此值得颂扬。人与生俱来的自由本质使人的生命在社会领域获得道德上的意义，于是，人在生命的历程里无论多么不幸、有多大的牺牲，都有希望伴随；具体的人都努力着去争取社会领域的部分善，并向宇宙中的全善靠拢。所以，古往今来，我们不得不感念生命的崇高，不得不产生对自身的敬畏感。

可以认为，从本质上讲，法律、教育、规则、伦理、纪律只不过是人

---

① 薛晓阳：《希望德育论》，人民教育出版社 2003 年版，第 183 页。

的自由的表现形式，而不是对人的约束和限制。这就是说，人文化的法制教育或者说体现了人文价值的法制教育，即便是给人带来约束和限制，也是带有自由性质的约束和限制，是人心甘情愿的约束和限制，是自找的约束和限制，而不是他人的工具化的强制、暴力和统治。这种人文性的法制教育在本质上不是寻找束缚的力量，而是寻找自由，以及与自由相随而来的希望。

为此，涉及作为希望之基础的自由，到底是积极的自由，还是消极的自由问题。不弄清这个问题，就难于明白希望的真正基础。自由要作为希望的基础，应该是积极的自由，而不是消极的自由。因为，消极的自由带给人更多的是失望，而不是希望，只有积极的自由才能带给人希望，才能作为希望的基础。积极的自由不仅意味着解除外部的束缚，而且要培养自由意志。培养人的理性、纪律、道德、伦理，是合理的自律和合理的压制；而消极自由则否定人的自主意志，对人采取自然主义的放任自流的方法，表面上看，人是绝对自由的，其实人的生命激情和创造力在失去理性中逐渐消融。正如康德所言，"通常称之为幸福的东西，如若没有一个善的意志去匡正它们对心灵以及其行为诸原则的影响，以使其与善的意志之目的普遍相合，那么它们就会引发自负甚至骄横"。① 善良意志就是善本身，是一种力量。

在古希腊，关于自由的规律的科学称之为伦理学，即道德论。也就是说，法律、纪律、教育是必要的，是人生存和发展必不可少的力量，有理性的自由才是真正的自由，而建立在理性自由基础上的希望才能称得上真正的希望。可见，自由与理性是一致的，"作为实践的理性，或是作为一个理性存在者的意志，理性必须认为自己是自由的。也就是说，一个理性存在者的意志，只有在自由观念中，才能够是它自己的意志，因此，从实践的观点来看，这样一个意志必定为一切理性存在者所拥有"。② 因此，积极的自由来源于人的理性，法制教育在本意上，就是培育人内心的理性力量，使理性成为希望之基，从而焕发出人不为任何艰难困苦的生命活力。

3. 希望是对人的终极关怀

法制教育的希望性存在，不论在观念层面还是在实践层面，对人都具

---

① 康德：《道德形而上学基础》，中国社会科学出版社 2009 年版，第 1 页。
② 同上书，第 91 页。

有终极意义，是一种终极关怀。法制教育要探寻法制教育本身的发展，要反思法制教育的现状，就不能不关心法制教育是人的法制教育。法制教育要立足于人的发展，成为有良知的法制教育，就不能不以人文价值为核心价值。如果一味地用抽象的社会的要求，来代替人自身发展的希望，法制教育就会窒息人的生机。其结果是：社会因此失去人的生机而丧失活力。所以，我们讲的法制教育是有意义的法制教育，是善的法制教育，是追求人的美好生活的法制教育。这样的法制教育不可或缺的是人文价值，人文价值中不可或缺的是希望维度。

追求好的生活的法制教育之所以是善的法制教育，是因为它与人的美好追求和人的终极目的联系起来，法制教育自身也像人一样是有信仰的，它关照人的生活。法制教育是人生活的一部分或人的生活的一种形式，这是法制教育的真谛。"等待一个更好的生活，期盼一个更好的存在，追求更高的善和美好，这就是教育必须守护的目的，离开这个目的，任何教育都不能算是好的教育。"①

希望对人的终极关怀也是具体的、历史的。希望对人的效用是有限和无限、今生和永生的统一。人对美好生活的追求是有限与无限、绝对与相对的统一。人努力追求今生的美好生活，但是，这个追求却是今生中的永生，有限中的无限，在今生，人是不会达到目的的。人永远在有限的人生中充满无限的希望。正如夸美纽斯所言，"我们在今生中的一切行动与情爱都表明，在这个世界上面，我们达不到我们的终极目的，一切与我们有关的事情和我们本身全都另有一个目的地。因为我们一切所成、所作、所思、所说、所谋、所获、所有全都含有一个等级的原则，我们虽则永远在往上爬，爬到较高的一级，但是我们仍旧往前进，绝对没有达到最高的一级"。② 法制教育能帮助人满怀希望地追求今生的美好生活，就今生而言，这是有限的；在今生中，人对美好生活的追求是没有止境的，这又是无限的。同时人对今生的追求的意义又是永恒的，它超出了今生，是无限的。所以，人的奋斗是世世代代相延续的，这就是人的终极目标在今生之外。法制教育给人提供的希望是具体的，也是辩证的，在于法律和制度是辩证的、具体的，是稳定性和变化性的统一。法律和制度对人的权利的确定和

---

① 薛晓阳：《希望德育论》，人民教育出版社 2003 年版，第 48 页。
② ［捷］夸美纽斯：《大教学论》，教育科学出版社 1999 年版，第 3 页。

保护也是相对和绝对的统一，正因为如此，才能理解法制教育的人文价值的希望维度给人的终极关怀，并不是一条笔直地通向上帝之路，它是有限和无限统一的终极关怀，是具体的、历史的终极关怀。

法制教育的希望，是存在的希望还是技艺的希望，决定了法制教育的境界和视野。这涉及教育希望的深层本质，"教育不能把希望作为一种可以利用的工具，教育可以利用学生的兴趣，但无论如何不能利用学生的希望，因为希望是存在，是生命本身；希望自身就是目的，它不可以被利用。希望存在于人心灵世界中，与人的生命一同生长，它不可以从生命中抽取出来作为生命的工具。然而，在我们的教育中，希望正在被利用，正在从存在的希望变成技艺的希望。一方面，我们在呼唤学生心灵中的希望，另一方面，我们又在消灭他们面向希望的信心和勇气"。① 这就是说，希望在本质上是存在的希望，而不是技艺的希望。

争议的实质不在于希望是存在的，还是技艺的，而在于，希望是为了什么，人为什么要有希望，教育为什么要有希望，法制教育为什么要有希望。问题是，如果希望是为了人的美好生活，存在的希望和技艺的希望都是存在的。技艺的希望只要是善的，为了具体的人本身的美好生活，就不仅仅是工具意义的希望，还是人文意义的希望。这就是工具和人文在一定条件下的相融性。其实，教育的希望，它既是存在的希望，也是技艺的希望。没有技艺的希望，也就没有存在的希望。在唯物史观看来，存在的希望不是抽象的希望，它是具体的、历史的存在，这就必须以技艺的希望为基础，失去了技艺的希望，存在的希望就没有意义。也就是说，在法制教育的过程中，希望是可以被当成教育、教学过程中的手段的，我们可以用美好生活的条件作为召唤，用公平、正义和秩序指引学习法制知识的热情，用违法犯罪的后果宣示守法的价值和意义。为了人的希望何尝不可以是技艺。而现实中希望的存在正是技艺的存在，这就是社会的现实。我们只有正视希望的技艺性存在，用人成长的善作为导引才是解决问题的良好路径。

然而，希望可以是技艺的存在，但是，在本质上它又是存在的希望。希望是本体的，人的希望就是人本身。只有通过视野的转换，才能扩大法制教育的眼界，摆脱法制教育中存在的束缚和禁锢，而不管这种束缚和禁

---

① 薛晓阳：《希望德育论》，人民教育出版社 2003 年版，第 40 页。

锢是来自法制教育的内容还是手段，比如，立法的缺陷、法律实施的漏洞、法制教育设备的限制、法律专业教师的缺乏、法制教育经费的投入不足、法制教育的认识不到位、法制教育学科建设不完善，等等。

希望的存在，使法制教育拥有开阔的视野和眼界；与人类的命运和个人美好生活相关联，法制教育才能提升境界和拓展视野。没有一个大的视野，法制教育就不会有大的境界。在本体希望的视野中，法制教育是人的一种生活，是生命的一部分；在接受法制教育的过程中，人与自由、理想相结合，不断向无限、宇宙和他者接近。这种希望维度是具有生命灵性的希望。在这种境遇中，由于两级相通，希望既是本体的也是技艺的。于是，法制教育的希望才是真正的希望，人的希望才成为人本身，通过法制教育，人的意义、未来、理想才真正进入人的生活和梦想的世界。

第三节　关系要素

法制教育的人文价值不可缺少的要素是主体与客体的关系要素。主体与客体的关系要素是沟通主体与客体的桥梁、中介。关系要素把主体的需要与客体的属性关联起来，没有关系要素，主体的需要将被虚置，客体的属性也将失去意义。关系要素使可能的价值变成现实的价值，使价值得以生成，关系要素是最能体现价值的本质和特点的要素，所以，法制教育的人文价值的要素，不能回避关系要素。

在讨论法制教育的人文价值的要素的组成时，对法制教育的主体和客体一般没有多少争议，但是对主体和客体如何形成价值的问题，则可能有不同的看法。这主要是缘于国内外学者对价值形成的不同理解。

主观论者把价值等同于人的需要，认为价值是主观的、心理的东西，比如，人的欲望、兴趣、情感的满足。而客观论者又走上了另外一个极端，认为价值是客体本身固有的属性，价值的存在与主体没有关系。这两种观点的共同点是把价值当成独立的东西，而没有认识到价值在生成过程中存在的复杂的关系要素。在反思的基础上，国内价值哲学界的大多数学者逐渐达成共识，不再把价值理解为一个实体。价值不是单纯的、独立的存在物，也不是一个属性概念。在互不联系的主体与客体上，并不存在独立的价值属性，这就是说，价值是一种关系的质，它只能存在于关系之中。

可见，法制教育的人文价值的关系要素是人文价值的重要要素，但是，它本身并不等于价值，它必须与法制教育活动中的主体、主体属性、客体、客体属性一起才能形成法制教育的人文价值。

尤其要强调的是，法制教育的客体具有人文性。失去了人文性，即使有关系要素把主体与客体关联起来，也不能形成法制教育的人文价值。也就是说，关系要素时刻不忘对人的生存和发展的审视。换言之，法制教育的关系要素是从法制教育独特的视角尊重人、关心人，是为了人建立的关联。

一 法制教育的人文价值关系要素的客观性

法制教育的人文价值的生成需要几个条件：一是要有人文价值的主体即法制教育活动中的人。这里的人主要是受教育者即法制教育的对象。从教育者在教育活动中也受教育的角度讲，教育者也是主体，但是，不是主要的主体，而是次要的主体。人是法制教育的人文价值生成的前提。二是法制教育中的人要有对法律和制度的需要，这种需要是为了满足人的生存和发展，目的是为了人能过上美好的生活。离开了人的这种需要就不可能形成人文价值。三是法制教育活动。这是指在法制教育过程中，教育者与受教育双方的相互作用、相互影响。四是法制教育活动的属性，这是指法制教育活动以人的美好生活为宗旨，法制教育活动中的载体、内容、方法、艺术都体现这一属性。五是把这些要素联系在一起的中介。

法制教育的关系要素是一种客观存在，这就是说，法制教育的人文价值不是作为一种既定的质存在于法制教育的主体与客体之间，也不存在于主体需要与客体属性之间。法制教育的人文价值形成于客体的属性与主体的需要满足与被满足的那一刻。也就是在这一刻，可能的人文价值变成了真正的人文价值。只有真正的、现实的人文价值对人才有意义，因此关系因素是特别重要的。

可见，在法制教育中，作为联系主体与客体的关系要素不是抽象的，而是具体的。在关系中，人是主动的、积极的要素，而客体的属性不会自动满足人的需要，人才是矛盾的主要方面和起决定作用的要素。当客体不能满足人的需要时，人会创造条件，比如，改革法制教育，甚至修改现行法律，完善社会制度，来满足人的需要。人决定着主体与客体之间是否发生联系、发生怎样的联系、在何种情况和条件下发生关系。可见，法制教育的人文价值尽管受作为客体的法制教育活动的属性的制约，但是，人却是决定的环节，正如毛泽东指出："世间一切事物中，人是第一个可宝贵的。"① 这也就是说，价值归根结底是人的价值，法制教育的人文价值，只不过是法制教育视域中人的价值，这就是问题的实质。

二　法制教育的人文价值关系要素的动态性

法制教育的人文价值的关系要素是动态性要素。由于主体与客体的关联，法制教育的人文价值发生于客体的属性和主体的需要满足和被满足的那一刻。这就是说，法制教育的人文价值的生成是客观的、具体的，这是不是就意味着法制教育的人文价值一经生成就不改变，就独立地、永恒地存在呢？不是的。作为法制教育的人文价值的主体的人是具体的、历史的，人的社会实践每时每刻都在发生变化，人也在每时每刻发生变化，人的需要也必然会每时每刻发生变化；同时，由于社会生产力的发展，社会的人文环境不断发生变化，法制教育的人文意蕴也在不断丰富和发展中，法制教育的人文属性随着社会的人文内涵和法制教育的发展而发生变化。也就是说，在法制教育活动中，人的某一方面的法制需要满足了，随着社会法治进程的推进、民主政治的发展，特别是由于人成长的需要，会产生新的法制需要，这就使得客体的属性与主体的需要之间不断产生新的满足与被满足的效用关系，法制教育的人文价值因此呈现动态性。

关系要素的动态性既合规律性、也合目性，是合规律性与合目的性的统一。法制教育的客体的属性以人的美好生活为目的。要满足人的这个目的，必须符合社会发展的客观规律、人自身的成长规律、人良好的法制品质的形成规律，只有既合目的性又合规律性，人文价值才得以产生。

三　法制教育的人文价值关系要素的形成

法制教育的人文价值的主体与客体的关系是构成法制教育的人文价值的组成部分，而主体与客体的关系内部又是由复杂的要素组成。只有深入揭示关系要素的内部成分及其关系才能了解关系要素的本质。

关系要素来源于客体，它本身不是主观的，因为价值来源于客观的外部世界为人的生存和发展提供的客观条件，这些客观条件具有满足人的物

---

① 《毛泽东选集》（第 4 卷），人民出版社 1991 年版，第 1512 页。

质需要和精神需要的属性，进而人利用外界的属性来满足自己生存和发展的需要。如果宪法没有规定人民享有广泛的民主自由权利，人也就不可能指望法制教育具有培养人的权利意识和政治生活的参与意识。如果民法没有对公民的公共生活作出开明的、平等的、自由的规定，公民就不可能通过法制教育来培养自己的公民意识和公共社会的责任感。这说明，法制教育的价值来源于客观外部世界，法制教育的人文价值的关系要素是否成立，成立什么样的关系要素，不是主观的，它取决于客观的法律是否健全、制度是否完善、教育改革的情况、教育者的教育理念、采用的教育手段等。

关系要素的产生取决于主体的选择。法制教育的人文价值是客观的，但是并不是讲，它不依赖于主体的选择；同样，主体尽管有需要，但是，如果他没有选择的积极行为，主体与客体不发生任何关系，也不能产生价值。在法制教育中，主体的价值选择是非常重要的，主体的价值选择既体现了主体的能动性，又体现了主体与客体的联系，也正是主体在法制教育活动中的积极选择，确立了人在法制教育活动中的主体地位，人才成为法制教育的人文价值的能动的、活跃的主体。

法制教育主体的选择意味着，法制教育活动有许多属性，这些属性是由教育规律、教育内容、教育方法决定的。这些属性一般是相对稳定的，能满足人的生存和发展的要求，但是，特定的人由于具体的情况各不相同，选择不同，形成的具体的人文价值也不相同。有的人缺少法律知识，有的人缺少法律信仰，有的人则缺少良好的守法习惯，主体的选择必然有差异。法制教育客体有许多属性，但是，这些属性还不等于价值，这些属性仅仅是法制教育的人文性的承担者，人文价值要通过主体的选择，主体与客体统一才能产生，这既是主体客体化的过程，也是客体主体化的过程。正因为如此，法制教育才既具有社会意义，也具有个人发展的意义。

法制教育的人文价值的主体与客体的关系是以法制教育的实践关系为基础的，人利用法制教育活动来满足自己的需要与动物本能的生存需要不同。人的活动不仅具有自然性，而且具有社会性。"生命的生产，无论是通过劳动而达到的自己生命的生产，或是通过生育而达到的他人生命的生产，就立即表现为双重关系：一方面是自然关系，另一方面是社会关系。"① 人文价值中的主体与客体的关系，实质上是社会关系。法制教育

---

① 《马克思恩格斯选集》（第 1 卷），人民出版社 1995 年版，第 80 页。

的主体，参与法制教育活动，有可能法制教育活动能够满足人的需要，也可能不能满足人的需要。法制教育活动可能产生两种价值，一种是肯定价值，一种是否定价值，或者以某一种价值为主的价值，或者兼而有之的价值。由于社会生活实践的变化，法制教育活动中主体的复杂性（即互为主体），这就使得人建立的主体与客体的关系也呈现复杂的性质。社会生活的复杂预示着：法律、制度和教育不会自动满足人生存和发展的需要，人也不能依靠法律和制度以及教育的恩赐，人在社会交往中，形成各种社会关系，参与立法和法律实施活动，建立和完善社会制度，不断改革教育思想和教育方式，来满足人的需要，形成法制教育的人文价值中的主体与客体之间的关系。

四 认识法制教育的人文价值关系要素的积极意义

（一）自觉以价值哲学为指导

对价值哲学的反思，是主体与客体的关系成为法制教育的人文价值的要素的哲学基础。有代表性的观点：一、认为价值就是人的需要，人的需要得到满足就有价值，没有满足就没有价值，这种观点把价值等同于"有价值"。二、认为价值就是客体的属性，价值的大小取决于客体本身，这种观点把价值等同于事实。三、认为价值是主体与客体的关系。前两种观点是对价值自发的、本能的理解，第三种观点是对价值的自觉的、本质的理解。在学者王玉樑看来，"要使价值哲学从自发进入到自觉，关键是要以科学的理性思维为指导，科学地认识价值的本质。这就必须有适合价值哲学特点的思维方式。价值是主客体相互作用的产物。价值范畴是关系范畴，而不是实体范畴，也不是事物固有的属性。要科学地理解价值，必须坚持全面的、彻底的关系思维。既要重视主体的作用，重视价值的主体性，又要重视客体的作用，要重视价值的客体性，还要重视价值中介的作用，重视时间、地点或环境、条件的作用。必须反对唯主体论的单极思维和唯客体论的单极思维，坚持全面的、彻底的关系思维，才能科学地认识价值的本质"。[①] 这就是说，主体价值论和客体价值论不能揭示价值的本质，只有全面的、彻底的关系思维才能揭示价值的本质。

可见，离开了关系要素，离开了人与法制教育活动的关系，就不能揭

---

① 王玉樑：《百年价值哲学的反思》，《学术研究》2006 年第 4 期。

示法制教育的人文价值的本质。所以，在分析法制教育的人文价值的组成要素时，关系要素是重要的要素。

（二）有利于揭示法制教育人文价值的本质

法制教育的人文价值的本质，是法制教育的人文性对人的生成和发展的效用。人文性不能自动满足人的需要，法制教育的人文属性的价值不是自足的，它需要与人联系起来才有意义，不与人联系起来，就会走到客体价值的老路上去。同样，人在生存和发展中，会产生人文需要，就法制教育活动而言，要求法制教育鼓励人、激励人、鞭策人，对人积极肯定，但是，这毕竟只是人单方面的需要，如果没有法制教育来满足，同样是没有意义的。这就是说，法制教育的人文价值的本质分析，只能用关系思维，用关系的方法才能揭示。

人的主体需要与客体属性的关系是目的与手段的关系，法制教育的人文价值的本质诉求就是要解决好目的与手段的关系。但是，不能走上极端，不能把法制教育的人文价值追求的目的当成超越一切情景、利益，脱离一切条件和手段的至善，并用这个至善来衡量法制教育活动的价值。否则，法制教育的人文价值将走上超验的道路。

目的与手段的二元划分，在存在论的意义上，将世界划分为事实世界和价值领域，这正是古典哲学物质世界与精神世界、经验世界与理念世界的产物。出路在于：法制教育的实践领域手段与目的浑然一体。当然，这里的浑然一体是指一致性和统一性，并不是混同，也不是目的与手段的等同。而这种浑然一体在唯物史观看来，是人的认识对实践的正确反映。

人的可贵之处，不在于有生存和发展的需要，而在于把这些需要变为现实。人参与立法，根据社会生活的变化修改法律，研究和完善法制教育，使其向有利于人的方向发展，使方法和目的成为一个整体，主体与客体的关系要素恰好反映了实践的整体性。

（三）有利于反映人生存和发展的实践

人不仅是自然的存在，而且是社会的存在，社会性是人的本质属性。主体与客体的的关系，一般而言，是物质和精神两个方面相互作用的关系，但二者又不能完全对等。认识的主体与客体的关系是为了解决哲学的基本问题，用来说明认识的过程。在认识的过程中，主体的内涵比意识的内涵广，所以，可以这样认为，认识的主体与客体的关系以哲学的基本问题为基础，是在实践基础上的反映与被反映的关系。

价值的主体与客体的关系、认识的主体与客体的关系、物质与精神的关系，三者之间的联系又是什么呢？价值的主体与客体的关系，是以认识的主体与客体的关系为基础，而认识的主体与客体的关系，又以物质与精神的关系为基础。也就是说，价值关系也是一种认识关系。首先，主体要有自我意识，要有主体的人自身的观念，失去了自我，也就失去了价值；其次，要有自己的明确的需要；再次，在认识领域要对认识的对象即客体的性质有所认识；最后，在价值领域来讲，就是要对客体的属性有所认识。

当然，性质和属性用于分析问题的所属领域不同，二者不能完全等同。而价值的主体与客体的关系的最终基础又是物质与意识的关系，这就站在了辩证唯物主义的立场上。换言之，价值问题可以看成一个认识问题，价值的主体是处于一定社会关系、从事实践活动的人，客体是进入人的实践活动领域并与主体相联系的、人的实践的对象。在人的生存和发展的实践中，主体与客体是认识与被认识、利用与被利用、改造与被改造的关系，客体制约着主体，主体能动地反映客体，二者统一的基础是实践。正如马克思所言，"凡是把理论导致神秘主义的神秘东西，都能在人的实践中以及对这个实践的理解中得到合理的解决"。① 可见，法制教育的人文价值的关系，是基于特定领域人的认识关系中的主客体关系的体现，法制价值的人文价值在本质上是一种社会实践。

（四）积极回应现代性视域里的法制和教育

在英语里，现代性一词，17 世纪就通用了，该词有褒有贬。学术界有以下几种观点：一、理解为一个特定的历史时期。马克思·韦伯认为现代性是一个历史断代术语；二、理解为一种特定的社会生活和制度。吉登斯认为，现代性是现代社会或工业文明的缩略语，它涉及对世界的一系列态度、经济制度、政治制度；三、理解为一种特殊的叙事方式；四、认为现代性的典型表征就是它的流动性。② 学者于伟认为，现代性的核心理念众多，有几十种，从研究的可能性出发，现代性的要素是理性（认知意义上的）、历史理性（人类中心主义）、科学及世俗性等，这些因素与教

---

① 《马克思恩格斯选集》（第 1 卷），人民出版社 1995 年版，第 60 页。

② 于伟：《现代性与教育——后现代语境中教育观的现代性研究》，北京师范大学出版社 2008 年版，第 13—15 页。

育密切相关。① 其实，现代性既涵盖现代工业文明，也涵盖人的主体性和制度的建构，其显著特点是社会生活的急剧变化性。

在现代性的视域里，法制不再是统治阶级的恩赐，法制更强调反映客观的社会历史规律。在工业社会里，统治者经过与被统治者的反复博弈逐步感悟到法制要在一定程度上反映民意的必要性。随着社会历史的进步，在总体趋势上，法制反映民意的意向呈增强趋势。也就是说，法制的主体与客体的关系在相互作用中，不断交融。

在现代性视域里，教育活动强调关注教育对象的需要，教育者与受教育者之间是主体间的关系，民主、平等、参与是教育活动的主旋律，也就是说，受教育者不再是被动的受教育者，而是主动的受教育者。法制教育的人文价值的主体与客体的关系不能完全等同于教育者与受教育者的关系。但是，法制教育活动一定涉及人与人之间的关系。生产力的发展，人的文明程度增强，法制的现代化和教育制度的改革，在客观上需要更加先进的教育理论作出积极的回应，于是，法制教育的人文价值的关系要素理论应运而生。

---

① 于伟：《现代性与教育——后现代语境中教育观的现代性研究》，北京师范大学出版社2008 年版，第 15 页。

第八章 法制教育的人文价值的实现

法制教育的人文价值的实现是理论研究的归宿，认识和把握法制教育的人文价值的本质、特征和组成要素，是实现的基本前提；但是，法制教育的人文价值的实现有自己特殊的规律。法制教育的人文价值的实现，首先要考虑在什么情况下实现，即实现的背景；还要探究法制教育的人文价值实现的规律和方法。只有问题解决了，法制教育的人文价值的理论研究才有意义。

第一节　何为实现

法制教育的人文价值的实现与法制教育的人文价值不同。法制教育的人文价值是一个关系范畴，是客体的人文属性对主体的生存和发展需要的效用和满足，是一种应然的状态，法制教育的人文价值的实现是这种应然的状态变成已然的现实状态。前者研究的是可能性，后者研究的是现实性。就研究的内容而言，都是属于人的认识领域，但是，其内容却是不同的。

一　法制教育的人文价值实现的内涵

法制教育的人文价值的实现是指主体的需要已经得到满足或已经对主体产生效用。法制教育的人文价值的实现开始于客体对主体产生关系、满足的那一刻。法制教育的人文价值的实现是一个过程，这个过程或长或短，因法制教育的具体情况、主体的不同而不同。

如果说价值关系是对人与世界关系正确认识的开始，那么，价值的实现则是价值基础上更为彻底的研究，而我们在过去却忽略了这一点。"人类与周围世界的关系就目前的看法来说有三种：实践关系（改造与被改造）、认识关系、价值关系。价值关系的提出超越了旧唯物主义以及前苏联模式的马克思主义哲学的机械论性质，但在实际的研究和实际的活动中，价值关系的贯彻是不彻底的。因为价值关系并不限于价值是实践活动和认识活动的根本目的这一范围，它还包括理念层面的价值对待关系，甚至可以说，价值对待关系才是人类与周围世界真理性内容的原始前提，关于这一点黑格尔和马克思都作了深刻论述，只是我们没有重视过。"① 也就是说，要研究价值对待关系，把价值关系贯彻到底，这就不能不探讨价值的实现，因此，法制教育的人文价值理论探讨的最后落脚点是法制教育的人文价值的实现。

法制教育的人文价值的实现的主体是人。这里的主体，主要是指法制教育的对象，即受教育者，其次，是指从事法制教育的教育者。教育者在教育活动中也要受到教育，教育是相互的。而我们往往忽视的是教育者也受教育。法制教育的人文价值的实现的主体包不包括国家、集体、机关、组织和团体呢？传统的看法，应该包括，理由是法制教育的人文价值的实现，不仅离不开国家、集体等，而且国家和社会组织还肩负着实现法制教育的人文价值的职责。其实，这是一种表面的看法，没有理解价值是什么的看法，也是一种没有找到国家和社会组织如何发挥在法制教育人文价值的实现中的正确作用的看法。问题的实质在于，价值是与人联系的价值，人是具体的人、历史的人，把国家和社会组织当成实现价值的主体，只能使认识不清，不能正确发挥国家和社会组织的作用。国家和社会组织只能是法制教育的人文价值的实现的客体，在价值的实现过程中起着重要的保障作用，比如，资金投入、制度保障、人员培训、鼓励引导等作用。要认清这种客体的地位，才有利于加强制度建设，保证法制教育的人文价值的实现。

法制教育的人文价值的实现与法制教育客体属性的实现不同。客体属性的实现可以不顾及具体的、现实的人，而法制教育的人文价值的实现则必须与现实的、具体的人联系起来。在日常生活中人们所说的某物、某人、某领域、某方面的价值，往往是用客体的效用来定义价值，这是一种对价值的感性认识。而不少学者在著述中一方面在研究价值的本质和内涵，而另一方面在具体谈论某样东西的价值，说某物、某事值不值的时

---

① 晏辉：《价值哲学的现代转向》，《湖南师范大学社会科学学报》2004 年第 5 期。

候，又滑向了客体价值论，也就说，认识和研究价值不仅要与人联系起来，而且要彻底联系起来，并不容易做到。这也是社会实践中不重视人、不尊重人，不把人的物质利益和精神利益放在重要地位的根本原因。

把价值等同于属性，视客体为直接的价值，这就是价值的"唯客体主义"。"唯客体主义"尽管坚持认为价值是一个关系范畴，但是坚持得并不彻底，更不能解决主体的需要究竟是主观的还是客观的疑问和困境①。价值的唯客体主义在法制教育中的体现就是，把法制教育与人分离，把社会、群体、法律、制度、教育、教育者要求的实现，当成法制教育价值的实现，其结果是法制教育失去了人的尺度。

可见，法制教育的人文价值的实现的实质就是人的需要的满足，就是人的价值的实现。

二　法制教育的人文价值实现的特征

（一）法制教育的人文价值实现的过程性

主体从接受法制教育那一刻起，法制教育活动的人文属性就对人产生效用。这个效用要对人的生存和发展起作用，有一个内化和外化的过程。

所谓内化是指法制教育的对象通过法制教育活动接受法制知识、法制观点、法律规范和制度设计，转化为个体的意识，作为自己的生活实践准则和行为依据。内化要经过注意、理解和接受等环节。

所谓外化是指法制教育的对象将个体的法制意识转化为良好的守法、护法行为，并多次重复这些良好的行为使其成为行为习惯，产生良好的行为结果的过程。法制教育的人文价值的内化和外化是需要时间的，这是一个过程。

（二）法制教育的人文价值实现的复杂性

这是讲法制教育的人文价值的实现的条件的复杂性、组成因素和过程的复杂性。

首先，法制教育实现的条件是复杂的，法制教育的实现面临着一系列复杂的社会、政治、经济、文化、传统和现实的因素，这些因素本身是复杂的，同时，又相互联系、相互作用，共同对法制教育的人文价值的实现

---

① 余在海、张传开：《价值哲学的困境及其出路——价值哲学研究评述》，《巢湖学院学报》2006 年第 2 期。

产生作用。

其次，法制教育的人文价值的组成因素是复杂的。这也导致了法制教育的人文价值的实现的复杂性。法制教育的人文价值是由法制主体、主体需要、客体、客体属性、主客关系因素组成。作为法制教育主体的人，不仅具有自然性，而且具有社会性，自然性是人的基础，社会性是人的本质。人的产生、进化以及人生活的社会是复杂的。作为法制教育的人，其需要是多种多样的；不同的人，有不同的需要；不同的社会，人的需要不同；就是相同的社会，人的需要也不同，有时甚至是对立的；就是在同一个社会里的同一个人，其需要也是发展的、变化的。法制教育活动是具体的、历史的，因而，也是多样的、复杂的。法制教育客体的属性，即法制教育活动的人文属性的复杂性缘于人文本身就是个体性、地缘性、历史性很强的概念，因而，其人文属性复杂。总之，法制教育的人文价值的组成因素不仅众多，而且每一个因素是复杂的。

再次，法制教育的人文价值的过程的复杂性，不仅体现在法制教育的人文价值的实现的进程上，而且体现在每一个具体环节之间的联系上，以及这些环节与周围环境的联系上。这也带来了法制教育的人文价值实现的复杂性。法制教育的内化和外化，既涉及主体一系列复杂的心理过程，也涉及周围环境的复杂的联系。

（三）法制教育的人文价值实现的主体性

这是指法制教育的人文价值的实现需要人的积极努力，充分发挥主观能动性。法制教育的人文价值的实现的主体性，既不是单独指教育者的主体性，也不是单独指受教育者的主体性，而是两者的综合，是一种共同的主体性，"活动的主体性是教育者与受教育者主体性的整合"。[①] 因为不论是法制教育的教育者、受教育者，还是法制教育的决策者，都是现实的、具体的人，都有自己的经历、地位、背景、经验、观念。因此，他们对法制教育都有自己的认识和评价，所以他们总是根据社会的现实发展和自己的生存需要两个尺度，有意识、有目地选择法制教育活动。法制教育的人文价值的实现，既离不开教育者的引领、促进、鼓励和帮助，也离不开受教育者一方的能动性、自主性和创造性。

———————————

① 张耀灿、郑永廷、吴潜涛、骆郁廷等：《现代思想政治教育学》，人民出版社 2006 年版，第 279 页。

（四）法制教育的人文价值实现的社会性

法制教育的人文价值的实现是一种社会性活动，它既离不开制度设计、精神引领，也离不开物质设施建设和投资。

首先，法制教育的人文价值的实现取决于法律和制度的设计。一个国家的宪法对公民的人权、民主、自由、公平、正义、个人生存和发展的规定是法制教育的人文价值的实现的根本依据。基本法律，如刑法、民法、行政法、刑事诉讼法、民事诉讼法、行政诉讼法对公民基本权利的规定，是法制教育的人文价值的实现的基本保证。一个国家的政党制度、社会制度、经济制度、文化制度、教育制度的具体设计，是法制教育的人文价值的实现的具体落实，比如对以人为本的规定，对文化建设的重视，都需要在制度的操作层面进行详细的设计。

其次，法制教育的人文价值的实现需要社会的精神引领。在整个社会应形成重视人、尊重人、为了人的风气；要把人的物质利益和精神利益放在第一位；要正确处理个人与集体、社会、国家的关系；要通过思想政治教育、伦理道德教育，塑造个人崇高的思想政治素质和高尚的道德情操，建设和谐社会、人文社区，提高社会的文明程度，为法制教育的人文价值的实现打下扎实的基础。

再次，要大力发展生产力，加大投入的力度，建设和健全物质技术设施。因为法制教育的人文价值的实现是建立在一定的物质和经济条件的基础上的。正如马克思指出："物质生活的生产方式制约着整个社会生活、政治生活和精神生活的过程。不是人们的意识决定人们的存在，相反，是人们的社会存在决定人们的意识。"①

三　法制教育的人文价值实现的原则

法制教育的人文价值实现的原则，是指贯穿于其价值实现过程的思想、方针、规范和准则。即，在法制教育的人文价值的实现的各个环节贯彻始终的思想。这些原则体现了法制教育的人文价值实现的本质。

（一）关怀原则

对关怀理论较有研究的是美国教育家内尔·诺丁斯，"诺丁斯引出了关怀的两种基本含义：其一，关怀与责任感相似，如果一个人操心某事或

---

① 《马克思恩格斯选集》（第2卷），人民出版社1995年版，第32页。

感到自己应该为之做点什么，他就是在关怀这件事；其二，如果一个人对某人有期望或关注，他就是在关怀这个人"。① 法制教育人文价值的关怀，是指法制教育制度的设计和教育活动对人的生存和发展的善良期望和关照。

关怀既体现在制度层面，也体现在人的实践层面。关怀是一种道德伦理，法制教育的人文价值的实现的制度设计和人的实践应体现对人的关怀和同情，把人的利益放在第一位，进行善的制度设计，用善的制度来约束法制教育中的人。关怀原则就是在价值实现的情境里，选择法制教育这个特定的视角来关涉人的美好生活，增进人的福祉，促进人的发展。这就是说，关怀原则注重对教育对象的尊重，重视人的体验、感受、认同和用榜样去影响教育对象。同时，关怀原则还意味着在法制教育实践中，力戒空谈，注重情感，引导教育对象关心自己、他人、国家和集体。也就是说，关怀原则不仅有制度和教育者的关怀问题还有受教育者的关怀问题。而在实践中，人们往往忽视后一种关怀。

可见，关怀原则的实质就是法制教育的人文价值的实现的人性化、合理化。人作为目的，而不是作为手段，诚如康德所言，"人类，以及一般地说来的每一个理性存在者，都是作为自身即目的而存在着，而不是作为由这个或那个意志随意使用的一个手段而存在着"。②

总之，法制教育，不仅要教育人不要轻易放弃权利，同时还要把权利和义务统一起来；在制度层面，要切实降低个人的诉讼成本；把法律的选择建立在现实的条件的基础上，增加法制教育的内在说服力。

（二）共生原则

如果把法制教育的人文价值的实现理解为人的一种生存方式的话，那么，共生原则正是缘于现代人类的总体存在方式的转变。人的存在方式的转变发端于现实生活，20 世纪 50 年代以后，由于全球化、信息化的影响，人与人交往的时空关系发生了巨大的变化，跨时空的关系表现为时空的分隔与社会的剥离，过去人的交往受"在场"的限定，而现在人们在交往中可以"缺场"，人们的交往时常表现为"在场"与"缺场"的交

---

① 侯晶晶、朱小蔓：《诺丁斯以关怀为核心的道德教育理论及其启示》，《教育研究》2004 年第 3 期。

② 康德：《道德形而上学基础》，孙少伟译，中国社会科学出版社 2009 年版，第 58 页。

叉，即交往的时空发生了明显的变化。这就是说，"不论个体生活于何种时空条件下，他决非是孤立的、自我封闭的，而必定是与他人相互联系的，更突出地表现为人和人是一种共生性的存在"。①

可见，在现代社会，法制教育过程中的人不再是一种单子式的存在，法制教育的教育者与受教育者、法制教育中的人与环境、法制教育的人与制度，等等，不是彼此分离的、对立的，而是存在着密切的联系。法制教育的人文价值的实现就是在这一系列复杂的关系中实现的。公平、正义的法律有利于人的生存和发展；而人的自由和全面发展又促进良好制度的建构以及人与社会的协调。通过两方面的努力达到共生：一方面，从制度层面，要鼓励和规范人参与法律和制度的设计，为人提高法律素质提供制度保障；另一方面，每一人也应面向社会，主动进入法制教育的角色，参与教育改革，用法制教育为自己的生存和发展服务。也就是说，在当今社会，单子式的自我中心主义、利己主义的法制教育的人文价值的机制会引发人与社会的冲突，导致社会矛盾的激化；同样，用社群主义取代个体利益，把个体沦落为纯粹的工具，也会遭致人的激烈反对。协商、沟通、利益共享、共荣、共生是当代法制教育的人文价值实现的趋向。

（三）未来原则

法制教育的人文价值实现的未来原则是指，法制教育不是现在就能彻底达到预期目的的教育活动。法制教育影响人的整体成长，是一个过程。也就是说，法制教育的人文价值的实现面向整体的人、今后的人，教育的工作是在现在完成，而效果是在以后产生。这是由教育的规律决定的。诚如美国教育家杜威讲的，"教育在它最广的意义上就是这种生活的社会延续"。② 杜威认为的"未成熟性"、"生长"和"生活"，其实就蕴含着人发展的未来性。"现在，教育在历史上第一次为一个尚未存在的社会培养着新人"。③

法制教育的人文价值的面向未来，因为人是不确定的，有很多可能，在法制教育的人文价值的实现的机制里，要体现人发展的不确定性，要用这种不确定性来认识、分析、评价现在进行的法律知识教育和法律技能的

---

① 鲁洁：《关系中的人：当代道德教育的一种人学探寻》，《教育研究》2002 年第 1 期。
② 杜威：《民主主义与教育》，王承绪译，人民教育出版社 2001 年版，第 7 页。
③ 联合国教科文组织国际教育发展委员会编著：《学会生存——教育世界的今天和明天》，教育科学出版社 2008 年版，第 36 页。

训练。比如，对以人为本、执法为民理念的培养，对人的法律信仰的确立，等等，都要有未来的眼光。

重要的是要有未来意识，"我们必须把未来置于一个男女老少的共同体中，置于我们之中，好像未生的胎儿在母亲的子宫里一样。他已经在这儿了，已经需要哺育、援助和保护，已经需要许多的东西。如果这些东西在他出生以前还没有准备好，那就嫌太迟了。所以正如青年们所说的，未来就是现在"。①

不仅如此，还要有面向未来的行动。因为未来的经济、社会、政治、文化和社会特点决定了，必须在现在就做好未来的准备，"教育要面向现代化、面向世界，面向未来"。② 这是法制教育的人文价值的实现机制在建构时不得不注意的。

四 法制教育的人文价值实现的机制

法制教育的人文价值的实现依赖于一定的机制。机制使法制教育的人文价值的实现，由本能、自发，走向自觉、深刻、高效。不研究实现的机制，法制教育的人文价值的实现就找不到逻辑归宿。没有机制指导的法制教育，是低层次的法制教育，当然也不能适应社会和人的发展。

"机制"这个词最早在希腊文中出现，指机器的构造和机器的动作原理，机制主要是研究机器的构成部分和各个部分怎样工作。"机制"的英语称谓是 Mechanism，指机械的装置、部件和结构。在汉语里"机"与"机制"相通。后来"机制"一词引伸到自然和社会科学的研究中，成为一个日常的用语——机制。人们用机制来说明自然和社会的运动规律以及人的行为对自然和社会各个领域的影响。所以，不难看出，机制的本意是指事物的变化、原因、规律；外部因素对事物的作用方式和影响规律以及事物的变化趋势。机制的词源意义，对法制教育的人文价值的实现机制的建立有一定的启示。

法制教育的人文价值的实现机制，指法制教育的人文价值的实现的工作原理。研究法制教育的人文价值的实现机制的目的是，建立一个良好的

---

① 玛格丽特·米德：《文化与业务，对时代鸿沟的研究》，道布尔戴出版社 1970 年版，转引自，联合国教科文组织国际教育发展委员会编著：《学会生存——教育世界的今天和明天》，教育科学出版社 2008 年版，第 36 页。

② 《邓小平文选》（第 3 卷），人民出版社 1993 年版，第 35 页。

法制教育的人文价值的实现机制。所谓良好的法制教育的人文价值的实现机制就是使法制教育活动遵循客观规律，在外部条件发生变化时，能根据变化了的客观情况，以法制教育满足人的生存和发展需要为目的，迅速地、自动地作出反应，调整原来的策略和措施，优化目标，成为一个基本上能够自适应的系统。

法制教育的人文价值的实现的运行机制包括：

其一，计划机制。法制教育的人文价值的实现首先要有计划。计划包括大计划、中计划和小计划。大计划就是国家的宪法、法律、法规、部门规章、制度设计、体制安排，比如，宪法对公民权利、自由的规定，对个人全面发展的规定，法律对保护个人权利的具体规定，以人为本的社会发展观的制度安排，等等。这是法制教育的人文价值的实现的大前提。中计划和小计划是指部门、小单位、团体对法制教育的人文价值的实现的规定。小计划是指个体的人的法制教育需要的诉求打算。国家和社会主要是从大计划和中计划入手，建立法制教育的人文价值的实现的计划机制。

其二，引领机制。法制教育的人文价值的实现需要引领。引领机制是运行机制的重要组成部分，它的性质是监督和服务，以引导和服务的方式去协调法制教育的人文价值的实现的各个组成部分之间的关系。比如，协调人与人的关系。人与人的关系不仅仅是指教育者与受教育者之间的关系，还包括教育者与教育者之间、受教育者之间的关系，人与制度、人与法律、人与教育之间的关系。协商、立法、批评、建议是协调，具体的思想工作、激励和惩罚也是协调。也就是说，协调是多种层面的协调。协调既有制度层面的，也有日常生活层面的。

其三，监督机制。即以监督和指导的方式去协调法制教育的人文价值的各个组成之间的关系。法制教育的人文价值的实现的情况如何，需要评估、反馈，把结果再次输入法制教育的人文价值的实现的系统里，以利于优化系统的运行。所以，法制教育的人文价值的实现的运行机制里面少不了监督机制。监督机制也是一种协调机制，但是在协调的具体内容和方式上与前两种方式不同。监督机制可以分为人员监督、制度监督和效果监督。人员监督就是监督法制教育活动的目的，是不是为了人的生存和发展，是不是把人作为教育的目的价值。制度监督就是监督法制教育的各个层面，是不是有一套可行的法制教育的人文价值的实现的制度，这套制度是不是体现了以人为本的时代精神，是不是把人民的幸福和安康放在核心地位。效果监督就是看教育的结果,是不是增进了人的幸福指数、人的发展潜力;尤其是看增强的法律素质是把人作为目的,还是把人作为工具;教育的最终结果,是不是增强了人的自由程度和解放程度。

运行机制的三种划分是相对的,计划中有引领也有监督,而引领也离不开计划和监督,监督也可以说是一种特殊的计划和引领。计划机制也可以说是保障机制,而引领机制实际上也是激励机制,监督机制又何尝不是一种制约机制。正如列宁指出:"辩证法是活生生的、多方面的(方面的数目永远增加着的)认识,其中包含着无数的各式各样观察现实、接近现实的成分(包含着从每个成分发展成整体的哲学体系)。"① 可见,法制教育的人文价值的实现的运行机制是辩证的、活生生的机制,而不是死的机制。

第二节 实现的背景

法制教育的人文价值的实现是在一定境遇中的实现,离开了具体的境遇,法制教育的人文价值的实现就会因抽象而在理论上虚置,在实践中也会因为没有针对性而毫无意义。所以,法制教育的人文价值实现的境遇,是一个在理论上和实践中都不能回避的问题。法制教育的人文价值实现的境遇是指在特定的教育时空里,历史与现在、过去与未来、人文与地理的交会。体现在全球化、传统文化、马克思主义中国化、网络时代等特定情境,对法制教育的人文价值实现的影响。

一 法制教育的人文价值的实现的全球化境遇

由于生产力的发展,资本输出引起国与国之间的联系加强,由此带来的政治、经济、文化、教育等各种因素的联系更为密切。在全球化时代,生产力与生产关系突破了时空限制。在吉登斯看来,全球化"使在场和缺场纠缠在一起,让远距离的社会事件和社会关系与地方性场景交织在一起"。② 全球化是当代各国的物与物之间、人与人之间以及人与物之间的紧密联系。全球化既包括一种有形的联系,也包括一种无形的联系;既指

---

① 《列宁选集》第2卷,人民出版社1995年版,第559页。
② 安东尼·吉登斯:《现代性与自我认同》,三联书店1998年版,第23页。

国与国之间的联系，也指国际联系的加强推动国内联系更为密切。不仅如此，全球化还意味着一种崭新的思维方式。全球化是不能回避的，因为人类面临着共同的环境、生态、和平、战争、恐怖、毒品、犯罪等问题。正如学者俞可平指出："全球化既是一种客观事实，也是一种发展趋势，无论承认与否，它都无情地影响着世界的历史进程，无疑也影响着中国的历史进展。"[①] 教育全球化是国家间、国内间有关教育的各种要素的密切联系。教育全球化，既包括人员的交往，也包括物质、设施的共享，还包括教育制度、方法、思想、理念的相互交流、碰撞、渗透、融合。教育全球化不是孤立的，它受经济、政治、文化、生态等全球化的影响，教育全球化意味着新的思维方式。教育全球化正在扩散到教育的各个领域和各个层次。

（一）全球化给法制教育的人文价值的实现带来的挑战

由于西方国家在综合实力上的强势地位，必然在全球化的进程中不可避免地处于强势地位，这就给我们带来了许多的忧虑。学者沈湘平称之为全球化"存在着意识形态的陷阱"[②]，这种陷阱也可以说是全球化的负面影响，全球化的负面影响众多，不仅仅体现在意识形态方面。全球化对法制教育的人文价值的实现的影响主要有：

第一，西方人权思想的影响。法制教育的人文价值的实现首先体现在对人权的重视和保护上。在法制教育的过程中，不可能不涉及人权思想，由于西方的民主、自由、人权的传统对世界各国的影响很深，在进行法制教育时，该如何来对待这种影响和冲击，这是不能回避的问题。

第二，西方"三权"分离思想的冲击。"三权"分离是西方的政体，它是指国家的立法、行政、司法三种权力分离。"三权"分离与我国的政体、国体有何不同？在全球化的视野里，两种制度相互之间有何影响，发展的趋势是什么，等等，是法制教育需要分析和客观地回答的。

第三，西方维权方式的挑战。在西方，公民的权利受到侵犯，在大多数情况下，通过法律途径的方式就可以解决（当然也有其他救济方式，但其他救济方式不是主要的救济方式），而在中国如果权利受到侵犯，人

[①] 俞可平：《全球化主题书系总序》，俞可平、谭君久、谢曙光主编：《全球化与当代治本主义国际论坛文集》，社会科学出版社 2005 年版，第 1 页。

[②] 沈湘平：《全球化的意识形态陷阱》，《现代哲学》1999 年第 2 期。

们除了司法救济之外，还会依靠有关组织和团体的救济，尤其是上访这种特有的中国式权利救济方式的存在。在全球化的时代背景下，该怎样面对外来维权方式的冲击？这是法制教育遇到的问题。

第四，西方教育思想的碰撞。以美国为代表的西方社会受杜威的民主主义教育思想影响甚深。杜威强调教育即生活，教育即成长，强调在活动中加强学习，即做中学。而中国传统的师道尊严的思想对现代教育影响很深，在教育过程中，突出教育者的作用，忽视受教育者的作用。在全球化时代，两种教育思想、理念和方法的交锋难以避免。

（二）全球化给法制教育的人文价值的实现带来的机遇

全球化同样带来了积极的因素，这些因素为法制教育的人文价值的实现提供了许多的机会。

第一，全球化带来了更加开放的教育理念和教育方式。在全球化时代，西方社会开放的教育理念和注重发挥受教育者积极性的教育方式，对我国的法制教育将产生越来越大的影响。世界各国的法制教育理念、教育内容、教育方式将更加开放。这给我国的法制教育的内容的更新和教育方式的变革提供了许多学习的榜样和学习的机会。

第二，全球化带来了更为广阔的视野。全球化从新的角度、新的思维方式，审视法制教育和法制教育的人文价值的实现。全球化把法制教育的人文价值的实现，从狭小的法制教育空间提升到马克思主义理论教育的空间，使法制教育的人文价值的实现能更好地与国家、人民和世界联系起来。

第三，全球化带来了更加包容的胸怀。全球化不仅使国与国的经济发展方式相互借鉴，相互包容，而且使各国的政治、文化、社会和生态的发展相互吸引、相互融合。总的趋势是：不同而相通，人与自然、人与人更为和谐。这就使得法制教育的人文价值的实现，具备了人类发展的大胸怀、大气度。这种大胸怀、大气度，以理解、包容的方式看待法制教育与各门社会科学、自然科学的联系；以包容的态度对待与法制教育的人文价值紧密相联系的法制教育的工具价值。

第四，全球化带来了更为鲜明的特色化。在全球化时代，全球化的趋势越强，特色化的趋势也越明显，全球化与特色化紧密相连、不可分割。也就是说，全球化并不排斥本土化，正如英国舍费尔德大学教授安凯·胡格威特教授指出："如果全球化确实有一种排斥逻辑，那么我们必须以创造性的和具有想象力的方式，为那些生活在世界经济排斥地区的几十亿人口找到一个可以保证他们生活与发展的前途。他们怎样才能与现有的经济进步重新融合呢？这里，本土化就变得格外重要了。"① 由于全球化的范围不仅仅是指经济，所以，本土化也不限于经济领域。可见，全球化为法制教育的特色化的发展提供了新的机遇。

（三）法制教育的人文价值的实现怎样面对全球化

法制教育的人文价值的实现，面临挑战，也同时面临机遇，而且面临的机遇是矛盾的主要方面。全球化是一种发展总趋势，问题的实质不是全球化存不存在，而是我们对全球化应持一个什么态度。所以，法制教育的人文价值的实现，"既要充分利用、吸收国际化进程中的积极因素，也要防止和抵制消极负面影响"。② 只有这样，法制教育才能在新的时代，提高人的法律素质，促进人的全面发展。

第一，满怀信心，迎接全球化。全球化是社会生产力发展的必然现象，面对全球化，别无选择，在法制教育中，我们只有满怀信心，兴利除弊，既不崇洋媚外，也不闭关自守；要清醒地认识西方的人权思想、三权分离思想、维权方式以及教育理念和教育方式对我国的法制教育的影响；要在批判西方法制文化和教育文化的基础上，努力学习别国的先进经验，不断丰富我国的法制教育的理论。

第二，克服困难，抓住机遇，迎接全球化。由于西方国家在政治、经济、文化、科技等方面的强势地位，这就势必使全球化在一定程度上表现为西化。这给我国的法制教育在提供开放的理念、广阔的视野、包容的胸怀、鲜明的特色的同时，势必带来困难。这些困难有的是理论上的，有的是实践中的。我们一定要抓住千载难逢的机会，努力研究法制教育的人文价值实现的理论，深入开展法制教育的人文价值实现的实践活动，使我们的理论更为开放、视野更为广阔、胸怀更为包容、特色更为鲜明，从而在迎接全球化的进程中，处于有利地位。

第三，建立中国特色的法制教育体系。全球化和特色化是紧密相连的，越是特色化，也就越是全球化；相反，越是全球化，也越需要特色

---

① 俞可平、谭君久、谢曙光主编：《全球化与当代资本主义国际论坛文集》，社会科学文献出版社 2005 年版，第 21 页。

② 张耀灿、郑永廷、吴潜涛、骆郁廷等：《现代思想政治教育学》，人民出版社 2006 年版，第 464 页。

化。中国特色的法制教育体系，既是马克思主义的法制教育理论中国化的产物，也是中国社会法制教育实践的产物；同时也体现了中国传统的法制教育文化影响；中国特色的法制教育体系还与我国的社会主义法治进程密切相关。因此，我们需要加强马克思主义研究，潜心法制教育实践，把马克思主义的法制教育理论与中国文化相结合，加快社会主义法治的步伐，把依法治国与以德治国结合起来，建立和完善中国特色的法制教育体系。只有这样，才能增强在全球化中的话语权。

第四，用社会主义核心价值引领法制教育的人文价值的实现。社会主义核心价值观体现了中国人民的利益，它反映了中国法制教育的本质。因此，在法制教育的人文价值的实现中，要用社会主义的核心价值来引领法制教育实践，才能在全球化的进程中，不迷失方向；否则，在全球化中，就会对西方的人权、三权分离等思想，失去比较、鉴别，全球化就会变成西化。用社会主义核心价值引领法制教育的实质，就是在全球化中，坚持马克思主义的立场、观点和方法。

二　法制教育的人文价值的实现的中国传统文化境遇

中国传统文化是反映中华民族特征和风貌的各种思想、观念的总体表征。中国传统文化是中华民族创造的、世代相传的文化，它的核心是儒家文化，此外，还包括道家、佛教文化，等等。中国传统文化对法制教育的人文价值的实现有深刻的影响。辩证地认识和把握中国传统文化的影响，无论在理论上，还是在实践中，都意义重大。

（一）中国传统文化中的爱民思想的影响

以儒家思想为核心的中华民族文化有深厚的爱民传统。在处理民众与君王的关系上，认为：民贵君轻。孟子的经典表述是："民为贵，社稷次之，君为轻。是故得乎丘民而为天子，得乎天子为诸侯，得乎诸侯为大夫。"（《孟子·尽心下》）这说明古人对统治者和人民的关系有很深的认识。在今天，我们一直徘徊在社会本位和个人本位关系的认识上，少数人利用窃取的党和国家的权力，打着社会本位的旗帜，即使是再好的政策、法律和利国利民的改革措施，也被巧妙地用来结党营私、贪污腐败、残酷地打击迫害各类人才，无所不用其极，还每每自封为社会的代表，以谋求个人和小集团的私利，导致贫富差距拉大。社会的局部不公正，古人的思想，即便在今天看来，也是很有针对性的。

荀子认为："马骇舆，则君子不安舆；庶人骇政，则君子不安位。马骇舆，则莫若静之；庶人骇政，则莫若惠之。选贤良，举笃敬，兴孝悌，收孤寡，补贫穷，如是，则庶人安政矣；庶人安政，然后君子安位。传曰：'君者，舟也，庶人者，水也；水则载舟，水则覆舟'，此之谓也。"（《荀子·王制》）荀子重民，爱民，惠民，选贤用能，重视道德建设和加强社会保障。他看到了君和民是一个利益的共同体，君的利益和民的利益是相互促进的。荀子还认为："天之生民，非为君也。天之立君，以为民也。故古者列地建国，非以贵诸侯而已；列官职，差爵禄，非以尊大夫而已。"（《荀子·大略》）荀子的这些思想正确地认识了统治者和人民的关系，鲜明地指出，是君为民，而不是民为君，这是极有时代价值的，对法制教育的人文价值的实现有教育材料上的借鉴作用。

（二）中国传统的主体间性思想影响

在中国传统文化中，已经存在着对人的主体性的承认，孔子的"仁"就是对人的尊重。他认为："己所不欲，勿施于人"（《论语·颜渊》）、"己欲立而立人，己欲达而达人"（《论语·雍也》）、"天下有道，则庶人不议"（《论语·季氏》），孔子的思想已经包含了对人尊重的意思。尊重人，就是对他人的主体性在一定程度上的承认，庶人对天下的议或者不议，包含了人民与统治阶级之间的互动。孔子的思想实际上存在两个互相对立的方面，除了"仁"的思想，也有"君君，臣臣，父父，子子"，即主体之间不平等的思想。如果说孔子的"仁"是爱有差等的话，那么，墨子则认为："远施周遍"，"贵贤罚暴，勿有亲戚弟兄之所阿"（《兼爱·下》），他认为："兼以异别"（《兼爱·下》），"兼"就是不分远近，"别"即是分远近和人己。"仁人之所以为事者，必兴天下之利"（《兼爱·中》），可见，墨子的"兼相爱"不但已经包含丰富的主体间性思想，而且通过利他来实现自身的利益。这些主体间性思想对法制教育的方法论有很大的启示意义。

（三）中国传统文化的"天人合一"思想的影响

中国传统文化长期以"天人合一"的思想为主导。这个思想对后世的思想文化、政治教育、社会体制等产生了广泛的影响。老子认为："人法地，地法天，天法道，道法自然。"（《老子·上篇》）庄子认为："生非汝有，是天地之委和也。性命非汝有，是天地之委顺也。孙子非汝有，是天地之委蜕也。"（《庄子·知北游（外篇）》）这实际上就是"天地与我并生而万物与我为一"（《庄子·齐物论》）的天人合一的境界，这个境界超越一切欲望、功利、知识和人己的区分。这就是说，从"本我"出发，就会放弃事物彼此之间的僵化对立，不坚持"自我"与他人的对立，就会有广阔的胸襟，体悟到"本我"只不过是宇宙之网上的一个交叉点。正如张载所言："民吾同胞，物吾与也。"（《西铭》）"民胞"、"物与"是指消除"自我"与他人、他物的僵硬对立，进入天人合一的境界，"大其心则能体天下之物。物有未体，则心为有外。世人之心，止于闻见之狭。圣人尽性，不以闻见梏其心，其视天下，无一物非我。孟子谓尽心则知性知天以此。天大无外，故有外之心不足以合天心。见闻之知，乃物交而知，非德性所知。德性所知，不萌于见闻"（《正蒙·大心篇》）。当然，同是"天人合一"，孟子的主张有道德意义，这与王阳明讲的"一念发动处便是行"（《传习录》）的"知行统一"有相似之处。而老庄的"天人合一"则是"道法自然"、"心斋"、"坐忘"。"天人合一"的思想对提高当代人的精神境界具有重要意义。在学者张世英看来："如果我们能经常给儿童和青少年一种'万物一体'、'民胞物与'的精神熏陶，我想对于改变整个时代人们普遍的精神境界将会有不可估量的作用。"① 不仅如此，在法制教育的人文价值的实现中，"天人合一"的思想有助于我们加强对法律、制度的认同和包容，使法制教育真正成为和谐的法制教育，这无疑是很有意义的。

（四）辩证地对待传统文化的影响

在当今社会，我国传统文化对法制教育的人文价值的实现的影响要辩证地理解。也就是说，传统文化的消极面也很明显，如"重刑轻民"、"重实体轻程序"、"重人治轻法治"、"严刑峻法"、"亲亲相隐"，没有民主和法制传统，等等。

问题的关键不是传统文化有没有消极面，而是我们对待传统文化的态度、对待中国传统文化的信心、有多大的信心以及什么样的信心的问题。其实，任何事物都有两面性，都是辩证的，即使是传统文化的积极面，也不是在任何情况下都是积极的，传统文化的消极面，也不是在任何情况下都是消极的。

中国的"人治"传统，在今天基本被人否定，可是我们想过没有，

---

① 张世英：《哲学导论》，北京大学出版社 2002 年版，第 88 页。

为什么"人治"延续了华夏五千年的文明而有那么大的生命力呢？有人总是抱着"法治"的良好愿望，可是"法治"为什么总是碰壁？为什么立法总是赶不上变化的社会现实生活？法律为什么对人的权利的保护总是显得无能为力？而行走于法律之上的法律职业人员为什么又最看不起法律？

建设社会主义和谐社会的理论，是对中华传统文化"天人合一"精神的继承，为我们找到了社会治理的良好道路。在当代中国，我们要加强思想政治教育，继续探索中国特色的社会治理之路，而不是唯西方的"法治社会"、"公民社会"、"民主政治"是瞻。这也是法制教育的人文价值的实现要解决的问题。

三 法制教育的人文价值的实现的马克思主义中国化境遇

马克思主义中国化，就是马克思主义的普遍真理同中国的具体实际相结合。中国社会是向前发展的，马克思主义中国化也是一个永不停止的过程。在这个历史进程产生了不同的理论形态：毛泽东思想、邓小平理论、"三个代表"的重要思想、科学发展观。今后还将产生更多的思想。马克思主义中国化，就是用马克思主义解决中国革命、建设的问题，把中国的实践经验上升为科学理论，使马克思主义具有中国民族特点和民族形式。

马克思主义中国化的主体是人民。包括：一大批杰出的无产阶级革命家、建设者和专家学者。在各个重要的历史时期，革命领袖是其杰出代表。马克思主义中国化不断产生出伟大的理论成果，这些成果不仅在宏观上具有重大意义，而且在微观上，对各个具体的实践领域也具有重大意义。因此，马克思主义中国化的理论成果是法制教育的人文价值实现的理论基础。

（一）毛泽东对法制教育的人文价值的实现的理论贡献及其影响

以毛泽东为代表的中国人，围绕什么是新民主主义革命、怎样进行新民主主义革命以及社会主义的建设问题，进行了艰辛探索，产生了毛泽东思想。

第一，确立依宪治国和法制的目标导向。他指出："用宪法这样一个根本大法的形式，把人民民主和社会主义原则固定下来，使全国人民有一条清楚的轨道，使全国人民感到有一条清楚的明确的和正确的道路可走，就可以提高全国人民的积极性。"① 宪法有至上的权威和最高的法律效力。宪法的实质是实行民主宪政，依宪治国。法律是人民自己制定的，它是维护革命秩序、保护人民利益、保护社会主义的经济基础和社会生产力的。"一定要守法，不要破坏革命的法制"；"我们要求所有的人都遵守革命法制"。②

第二，坚持人民民主专政的制度。毛泽东领导制定和颁布的新中国第一部《宪法》，确认人民主权原则，明确主权在民的国家制度。从国体和政体上确立了无产阶级专政（即人民民主专政）和人民代表大会。国家刑法是维护人民民主专政的有力武器。在他看来，刑法的任务和作用是同反革命分子和其他刑事犯罪分子做斗争，保卫人民政权，维护人民的生命财产和民主权利，保障社会主义建设顺利进行。因此，"按照不同情况，给反革命分子不同的处理，是必要的"。③

第三，强调政策和群众运动在国家治理上的重要性。毛泽东指出："政策和策略是党的生命，各级领导同志务必充分注意，万万不可粗心大意。"④ 他把群众斗争、群众运动当成党的政治优势和传统法宝。

毛泽东对社会主义法制建设既有重要的贡献也有严重的失误。总的来说，未能超越"人治"的传统思维定式。给我们的启示是：法制教育的人文价值的实现不能走极端，不能把个人利益强调到不恰当的地步，更不能搞群众运动。毛泽东有关发挥和保护人的积极性的思想正是我们应该努力做到的。毛泽东的许多好的设想现在有了实现的基础，应加以研究，贯彻执行。

（二）邓小平对法制教育的人文价值的实现的理论贡献及其影响

以邓小平为代表的中国人民，围绕什么是社会主义，如何建设社会主义的主题，开创了马克思主义中国化的新境界。邓小平理论是其理论形态。邓小平理论对法制教育的人文价值的实现有重要的指导意义。

第一，邓小平提出"根本问题是教育人"。他指出："加强法制重要的是要进行教育，根本问题是教育人。"⑤ 这是对国际、国内经验教训的

① 《毛泽东文集》（第6卷），人民出版社1999年版，第328页。
② 《毛泽东文集》（第7卷），人民出版社1999年版，第197—198页。
③ 同上书，第36—37页。
④ 《毛泽东选集》（第4卷），人民出版社1991年版，第1298页。
⑤ 《邓小平文选》（第3卷），人民出版社1993年版，第163页。

总结，对中国历史传统的反思，要"有法可依、有法必依、执法必严、违法必究"。①

第二，培养全面发展的人。邓小平指出："我们的学校是为社会主义建设培养人才的地方。培养人才有没有质量标准呢？有的。这就是毛泽东同志说的，应该使受教育者在德育、智育、体育几方面都得到发展，成为有社会主义觉悟的有文化的劳动者。"② 他指出："教育全国人民做到有理想、有道德、有文化、有纪律。这四条里面，理想和纪律特别重要。"③ 他认为："我们要大力在青少年中提倡勤奋学习，遵守纪律，热爱劳动，助人为乐，艰苦奋斗，英勇对敌的革命风尚，把青少年培养成为忠于社会主义祖国，忠于无产阶级革命事业，忠于马克思列宁主义毛泽东思想的优秀人才……"④

第三，正确处理法制教育与文化教育的关系。邓小平提出了培养"法制观念"⑤ 的概念。"法制观念与人们的文化素质有关。"⑥ 因此，要加强文化建设，在一定的文化环境中培养法制观念，要"真正使人人懂得法律"⑦。

第四，法制教育要从小抓起。邓小平还指出："法制教育要从娃娃抓起。"⑧ 法制观念的培养是个长期的过程，"我们小学、中学都要进行这个教育。社会上也要进行这个教育"。⑨

邓小平法制教育思想可以说是因为人、培养人、为了人的思想。人是他的法制教育思想的中心。这对法制教育的人文价值的实现有极大的指导意义。

（三）江泽民对法制教育的人文价值的实现的理论贡献及其影响

以江泽民为代表的中国共产党人，围绕建设一个什么样的党，怎样建设党的问题，提出了"三个代表"的重要思想。"三个代表"的重要思想

---

① 《邓小平文选》（第2卷），人民出版社1994年版，第147页。
② 同上书，第103页。
③ 《邓小平文选》（第3卷），人民出版社1993年版，第110页。
④ 《邓小平文选》（第2卷），人民出版社1994年版，第106页。
⑤ 《邓小平文选》（第3卷），人民出版社1993年版，第163页。
⑥ 同上书，第110页。
⑦ 《邓小平文选》（第2卷），人民出版社1994年版，第255页。
⑧ 《邓小平文选》（第3卷），人民出版社1993年版，第163页。
⑨ 同上书，第163页。

有丰富的法制教育内容，对法制教育的人文价值的实现有重要影响。

第一，整体教育思想。即培养有理想、有文化、有道德、有纪律的社会主义新人。这是讲目标的整体性。他提出："培养有理想、有道德、有文化、有纪律的新人，是建设社会主义精神文明的根本目标。要围绕这个目标，在人民群众特别是青少年中加强……普及法律基本知识教育。"[①]"正确引导和帮助青少年学生健康成长，使他们能够德智体美全面发展，是一个关系我国教育发展方向的重大问题。"[②]

第二，系统教育思想。他指出："教育是一个系统工程，要不断提高教育质量和教育水平，不仅要加强对学生的文化知识教育，而且要切实加强对学生的思想政治教育、品德教育、纪律教育、法制教育。"[③]"加强和改进教育工作，不只是学校和教育部门的事，家庭、社会各个方面都要一起来关心和支持。只有加强综合管理，多管齐下，形成一种有利于青少年身心健康发展的社会环境，年轻一代才能茁壮成长起来。"[④]"我之所以说教育是一个系统的工程，就是说对教育事业，全社会都要来关心和支持。"[⑤]

第三，体验教育思想。他指出："要把民主法制实践和民主法制教育结合起来，不断增强广大干部群众的民主意识和法制观念。"[⑥]"不能整天把青少年禁锢在书本上和屋子里，要让他们参加一些社会实践，打开他们的视野，增长他们的社会经验。"[⑦]体验的过程就是让人在社会生活中学习法律的过程。

第四，自我教育思想。他指出："青年们自己也要注重思想道德修养，不断提高自身素质。"[⑧]江泽民还指出："在学校接受的还只是基本教育，尽管这个基本教育十分重要，但毕竟不是人生所受教育的全部，做到老、学到老，人才的成长最终要在社会的伟大实践和自身的不断努力中来

---

①　中共中央文献研究室：《十四大以来重要文献汇编》（上），人民出版社 1996 年版，第654 页。

②　《江泽民文选》（第 2 卷），人民出版社 2006 年版，第 587 页。

③　同上书，第 588 页。

④　同上。

⑤　《江泽民文选》（第 2 卷），人民出版社 2006 年版，第 590 页。

⑥　《江泽民文选》（第 1 卷），人民出版社 2006 年版，第 236 页。

⑦　《江泽民文选》（第 2 卷），人民出版社 2006 年版，第 589 页。

⑧　江泽民：《坚持解放思想和事实求是的统一》，《人民日报》1992—10—14。

实现。"①

可见，江泽民法制教育思想的核心就是以人为法制教育的出发点和最后的归属点。他的思想为法制教育的人文价值的实现指明了根本方向。

（四）科学发展观战略思想的影响

科学发展观，是马克思主义中国化在当代中国的理论形态。"科学发展观，第一要义是发展，核心是以人为本，基本要求是全面协调可持续，根本方法是统筹兼顾。"② 可见，科学发展观的内涵十分丰富。

第一，法制教育具有重要地位。科学发展观明确指出："深入开展法制宣传教育，弘扬法治精神，形成自觉学法守法用法的社会氛围。"③

第二，完善中国特色的社会主义法律体系。主要是通过"科学立法、民主立法"④ 来实现。目的是"全面落实依法治国基本方略，加快社会主义法治国家"。⑤

第三，保护人权。"尊重和保障人权，依法保证全体社会成员平等参与、平等发展的权利。"⑥

第四，树立社会主义的法治理念。其要求是以依法治国为核心内容；以执政为民为本质要求；以公平正义为价值追求；以服务大局为重要使命；以党的领导为根本保证。

科学发展观是我们这个时代的哲学精华，它第一次明确地提出了以人为本的光辉思想，不仅为建设社会主义和谐社会指明了方向，而且对人的发展也有直接的指导作用，它的历史意义和现实意义是巨大的。以人为本既是法制教育的人文价值的理论基础，也是法制教育的人文价值的实现的目的。

四　法制教育的人文价值的实现的网络时代境遇

整个世界已经连接到各种各样的信息网络上，不论是国家、组织，还是个体的人，都扮演着各种信息节点的角色。信息的流动和处理形成的复

---

① 《江泽民文选》（第 2 卷），人民出版社 2006 年版，第 590 页。

② 中共中央文献研究室：《中国共产党第十七次全国代表大会文件汇编》，人民出版社 2007 年版，第 14 页。

③ 同上书，第 30 页。

④ 同上。

⑤ 同上。

⑥ 同上。

杂关系，构成了法制教育的人文价值的实现的环境。

第一，网络时代法制教育的显著特点是流动性。在学者曼纽尔·卡斯特看来："流动不仅是社会组织里的一个要素而已：流动是支配了我们的经济、政治与象征生活之过程的表现。"① 在网络时代，我们的社会生活经历了结构性的转变，空间就是社会，但又不是社会的复制，网络在实质上是社会结构的动态塑造，更具有复杂性。这就是说，在网络时代，法制教育的人文价值的实现更具有复杂性，往往是真实与虚拟的相互渗透。法制教育的教育者和受教育者以及各种物质支持，如法制教育的教材、设施等构成了这种流动性的层次。在网络时代，"时间越来越有弹性，地方越来越独特，人群则以越来越流动的模式徘徊其间"。② 法制教育的人文价值的实现无时不受这种流动性的影响。

第二，网络时代法制的超现实性。在网络时代，法制教育除了在现实中进行外，还在虚拟中进行。法制教育的方式发生了变化，教育者利用虚拟技术模拟出实际上并不存在但又与现实相似的网上法庭、网上监狱、网上犯罪、网上处罚，创造出逼真、仿真、甚至超真的法制教育环境，加深教育对象的法制教育体验。法制教育的空间也有别于现实空间，如网上校园、网上教室、网上图书馆、网上法制教育基地，等等。网上法制教育不同于现实，具有超现实性，是一个新的虚拟的法制教育平台。网络虚拟环境的智能化、多媒体化、快捷化、超链化，能使法制教育对象感同身受客观真实世界无法达到的效果。因此，应积极地研究和利用这个平台。

第三，网络时代的法制教育的融合性。在网络时代，法制教育不为专业人员所独有，普通大众可以接受法科学生一样的教育，法制教育可以利用网络的手段向大众化、终身化、国际化融合。这是因为，在新的时代，人的流动性更强，每个人可能多次转换工作，甚至改换职业，这就需要不断调整与此相适应的法律素质；同时，随着社会的发展，新的法律、制度不断产生，每个人需要不断更新自己的法制知识，提高自己的法律能力和制度修养水平，才能适应社会的发展，满足自己的生存和发展的需要。

网络时代崭新的教育方式，以其跨地域、跨时空的方式，满足人随时

---

① ［美］曼纽尔·卡斯特：《网络社会的崛起》，夏铸九、王志宏等译，社会科学文献出版社 2006 年版，第 383 页。

② 同上书，372 页。

学习法律的要求，以其学习的趣味性、丰富性与快捷性吸引越来越多的学习者，与此同时，网络以其巨大的潜力不断丰富法制教育的内容和教育方式，为法制教育的人文价值的实现提供新的资源，把法制教育的各种形式融合在一起。

第四，网络时代法制教育的交往特点。法制教育的人文价值的实现是在人与人的交往中实现的，网络时代人与人之间的交往与传统时代不同，网络环境里的法制教育，受教育者有更大的接受教育的空间，他们能够利用网络资源自主地学习或者与他人合作学习，同时接受教师的指导和帮助。这给受教育者提出了新的要求，受教育者要学会学习，在法制教育中自我选择、自我识别、自我培养、自我控制、自我评价，受教育者既是法制教育活动的参加者，也是法制教育活动的管理者。而教育者则既是法制教育活动的指导者、咨询者，又是鼓励者，同时也是学习者。虽然在传统的法制教育活动中，也可以这样做，但是，网络却提供了更便捷的条件，在实现的方式上也是崭新的。

第五，网络对法制教育影响的两面性。网络在给法制教育提供巨大的优越条件时，也带来了不可忽视的挑战性。这些挑战使法制教育的人文价值的实现面临许多困难。由于网络数字化的特点，在给人们提供便利的同时，也催生了网络犯罪。诸如，利用网络泄露他人的隐私，损害他人名誉；建立色情网站或匿名的个人色情网页；入侵他人网站以指令、程序或其他工具开启未经许可的文档，窥视、窃取、修改其内容；制造、传播计算机病毒，使他人的计算机文档毁损或信息丢失、硬盘格式化，甚至造成整个系统无法使用；盗窃他人上网账号、进行网上传销、窃取他人的智力成果、侵犯知识产权等。因此，必须研究网络时代法制教育的两面性，有针对性地开展法制教育。"要规范我们的网络道德，就必须加强社会主义道德建设，真正确立符合社会主义市场经济发展要求的，符合社会主义现代化建设事业要求的，全国人民普遍认同和自觉遵守的行为规范。"① 可见，只有注意和防范网络带来的消极影响，才能真正发挥网络的积极作用，也才谈得上法制教育的人文价值的实现。

总之，网络时代法制教育的人文价值的实现的问题不仅仅是网络的问题，而根本的问题是人的问题。以具体的人为切入点，一切因为人，一切

① 谢海光主编：《互联网与思想政治工作概论》，复旦大学出版社 2000 年版，第 182 页。

为了人，这就抓住了网络时代法制教育的实质。正如，"美国在线"总裁史提夫·可兹说："互联网带来的信息革命，本质上不是单纯的'科技'进步事件，而是一种社会、政治与文化的现象，是'人'本身的问题。"①

第三节　实现的规律

法制教育的人文价值的实现的规律，是法制教育的人文价值的实现的内在的、本质的、必然的联系。它是法制教育的人文价值的实现的方法的依据。重视和研究法制教育的人文价值的实现的规律，不仅是对概念研究的深化，具有理论意义；而且是对法制教育活动的有力指导，具有实践意义。

一　合规律性与合目的性统一的规律

在列宁看来，规律就是关系。哲学上所指的规律就是事物发展中本身固有的本质的、必然的、稳定的联系。法制教育的人文价值的实现的规律，是指法制教育的人文价值的实现过程中固有的、本质的、内在的、必然的联系。这种联系体现了法制教育的人文价值与社会、教育和人本身的联系。法制教育的人文价值的实现的合规律性包括三个方面：一是合符人类社会的发展规律，二是合符法制教育规律，三是合符人的成长规律。

法制教育的人文价值的实现的合目的性，是指法制教育的人文价值的实现，应体现人的根本利益，有利于人的生存和发展。换言之，就是有利于人的自由、幸福和解放。有利于人占有自己的全面本质，把对象世界还给人。但是人的本质并不是黑格尔所言的精神本质和精神世界，而是现实的人的本质和现实的人的世界。也就是说，法制教育的人文价值的实现所追求的合目的性，既有终极性，也有历史性、现实性，是对人的终极关怀与现实关怀的结合；既有利于共产主义伟大目的的实现，也有利于达到人的现实目的。简言之，法制教育的人文价值的实现的合目的性就是合符使人成为人的根本要求，即"是人的本质的或作为某种现实东西的人的本质的现实的生成，对人来说的真正的实现"。②

---

① 谢海光主编：《互联网与思想政治工作概论》，复旦大学出版社 2000 年版，封二。
② 马克思：《1844 年经济学哲学手稿》，人民出版社 2000 年版，第 113 页。

法制教育的人文价值的实现，既要合规律性，也要合目的性，是合规律性与合目的性的统一。合规律性是前提、基础，合目的性是价值取向、追求。法制教育的人文价值要得到实现，要把合规律性与合目的性两个尺度统一起来，既要考虑事物的发展规律，也要考虑到主体的目的。既要对现实的主体的需要有一个清醒的认识和把握，同时也要对客体和客体属性的规律有正确的认识。同时，要明白这种统一是法制教育的人文价值的实现的过程中的统一，它必然随着实践和人的变化而变化。

二 主体与客体互动的规律

法制教育的人文价值的实现的主体与客体互动的内涵是丰富的，既包括广义的主体与客体的互动，也包括狭义的主体与客体的互动。

从广义而言，是指主体对客体的介入和客体对主体的回应。法制教育的人文价值的主体是人，客体是法制教育活动。法制教育的人文价值要实现，首先必须有人介入法制教育活动，否则，根本谈不上法制教育的人文价值的实现。法制教育的人文价值的主体介入有主动介入和被动介入。无论是哪种介入方式都是法制教育的人文价值的实现必不可少的方式。法制教育活动的回应是指，法制教育的人文属性对人的生存和发展需要的满足。既包括制度体系、教育方式、教育内容和目标的回应，也包括人的回应，即教育者的回应。

法制教育的人文价值的实现离不开广义的主体与客体的互动。研究法制教育的人文价值的实现原则，如果不研究广义的主体与客体互动，势必视域狭窄，限于理论上的片面性。而理论上的片面，将无力对法制教育实践作有效的指导。

从狭义而言，主体与客体的互动是指法制教育过程中人与人的互动。传统的教育观，把教育者视为教育的主体，把受教育者视为教育的客体，教育者在教育中起主动作用，受教育者在教育中起被动作用，所以往往把受教育者当成无知的容器，教育方法以"灌输"、训斥、惩罚、威胁、晓之以利害关系等见长，所以，教育者与受教育者的关系称为主体与客体的关系。而就现代教育观而言，更强调对教育规律的遵循和发挥受教育者的积极性、主动性，因此，教育者与受教育者往往被称之为双主体，主体与客体的关系由此演变为主体与主体之间的"主体间"关系。主体间互动也是人与人的互动，但是与传统教育观的互动有本质的区别。

现代的主体与客体的互动关系，在海德格尔看来，是主体与主体之间的共在，在伽达默尔看来，是解读活动中读者与作者之间的首肯，是"视域交融"，在哈贝马斯看来，是人与人在语言交往中的相互"理解"与"共识"。根据我国学者张耀灿等人对主体间性思想政治教育的阐释，法制教育中的主体与客体的互动，作相似的理解，包括两种关系的统一。一种关系是，教育者和受教育者作为法制教育的主体，二者构成"主体——主体"关系；另一种关系是，教育者和受教育者都是法制教育的主体，构成复数的主体，他们把法制教育资料作为共同的客体，与法制教育资料构成"主体——客体"关系。① 前一种关系直接地体现了人与人之间的关系，后一种关系间接地体现了人与人之间关系，即在人与人之间的合作、互动关系的基础上，人共同与物的关系。

互动规律要求，在法制教育过程中，教育者与受教育者之间相互影响、相互促进、共同生成法制教育的意义，力戒居高临下的训诫式教育。它是面向人的美好生活和未来的法制教育原则，具有人文关怀、宽容过失、教育者也是学习者的丰富内涵。互动特别强调教育者学习受教育者在接受法制教育过程中表现出来的优点、特长和闪光点。总之，法制教育的人文价值的实现的互动，是"思想与思想的碰撞，是心灵与心灵的交流，是生命与生命的对话"。②

三 科学价值与人文价值的一致性规律

如果认为科学价值就是工具价值，人文价值就是目的价值，那么，法制教育的人文价值的实现是工具价值与目的价值的统一。这种统一是建立在科学与人文一致的基础上的。法制教育的人文价值的实现应坚持科学与人文一致的原则。人文与科学的关系体现在：人文离不开科学的支撑，没有科学作为物质技术基础，人文就是空中楼阁，好像是飘浮在天空中的羽毛，因此，人文价值与科学价值总是相伴而生，人文价值的实现是与科学价值的实现联系在一起的。

法制教育的科学价值也称法制教育的工具价值。在习惯中，人们认为法制教育为统治阶级的利益服务，是统治阶级统治被统治阶级的工具、手

① 张耀灿等：《思想政治教育学前沿》，人民出版社 2006 年版，第 359 页。
② 张素玲、巴兆成、秦敬民：《生命教育》，中国石油大学出版社 2007 版，第 184 页。

段。这种把法制教育对统治阶级的意义和作用称为工具价值。

"任何一个时代的统治思想始终都不过是统治阶级的思想。"① 法制教育作为统治阶级内容的重要形式，自然要宣传和强制人们接受统治阶级的法治理念，公平、正义观等。但是，我们不要忘了，法制教育的工具价值严格地说是法制教育的功能和作用。因为价值总是与人联系在一起的，离开了人无所谓价值。社会发展的总的趋势是：统治阶级越来越重视法制反映人民的意志；统治阶级为了自身的利益也要考虑统治的基础，适当兼顾人民的利益，这就为法制教育实现人民的利益、尤其是个人的利益提供了一定的前提。正如恩格斯表达的，"政治统治到处都是以执行某种社会职能为基础，而且政治统治只有在它执行了它的这种社会职能时才能持续下去"。② 也就是说，在法制教育的人文价值的实现中，科学和人文的一致性有一定的前提。

人文价值意味着，人通过法制教育不仅满足个体生存和发展的需要，而且追求意义的存在，全面占有自己的本质。黑格尔认为："人生活在两个世界中：在一个世界中人具有它的现实性（实在性），这方面是要消逝的，这也就是他的自然性、他的舍己性、他的暂时性；在另一个世界中，人具有他的绝对长住性，他认识到自己是绝对的本质。"③ 在这里，黑格尔把目的价值等同于终极价值。马克思认为，"历史不过是追求着自己目的的人的活动而已"。④ 可见，法制教育的人文价值的实现中，是存在人的目的价值的，不管这种价值的表述如何，都是一种客观存在。问题是，人是社会的人，社会性是人的本质属性，人不是抽象的，正如马克思在批判费尔巴哈时指出："费尔巴哈没有看到，'宗教感情'本身是社会的产物，而且他所分析的抽象的个人，实际上是属于一定的社会形式的。"⑤ 因此，在法制教育中，人的目的价值的实现不可能回避统治阶级、回避社会、集体、他人，也就是说，人的目的价值的实现是与工具价值的实现紧密相连的，具有内在的一致性。

---

① 《马克思恩格斯选集》（第 1 卷），人民出版社 1995 年版，第 292 页。
② 《马克思恩格斯选集》（第 3 卷），人民出版社 1995 年版，第 523 页。
③ 张世英：《论黑格尔的精神哲学》，上海人民出版社 1986 年版，第 273 页。
④ 《马克思恩格斯全集》（第 2 卷），人民出版社 1957 年版，第 118—119 页。
⑤ 《马克思恩格斯选集》（第 1 卷），人民出版社 1995 年版，第 60 页。

四　要素之间的整体优化规律

法制教育的人文价值的实现，应遵循要素之间整体优化的规律，把法制教育的人文价值的实现看成一个整体。法制教育的人文价值的实现是由相互联系、相互制约的诸要素组成的具有特定功能的整体，要使法制教育的人文价值的实现卓有成效，必须对整体的每一个系统和系统的每一个要素以及系统间、要素间的关系进行分析、研究、实验、整合和优化。法制教育的人文价值的实现要整体优化，是因为法制教育的人文价值的组成要素：主体、客体、主体需要、客体属性、主体与客体之间的关系等要素，不仅要发挥自己的特征，而且要注意这个特征的部分特征与其他要素之间可以构成的良好关系，以追求法制教育的人文价值这一系统中整体更强的功能，从而达到实现法制教育的人文价值的目的。

这就是说，法制教育的人文价值的各个要素之间要进行沟通、协调、分工和密切合作，因为系统中每一要素的问题没有很好地解决，就会影响到法制教育的人文价值的实现的整体功能。比如，主体的需要，如果没有法制教育活动属性的满足，法制教育的人文价值就不能实现；同样，主体的需要过多、过强，而法制教育活动的属性也不能满足；而主体的需要不足，放弃自己的权利，也会导致法制教育活动的浪费。这说明，整体优化是必要的。

在法制教育的人文价值的实现过程中，不仅要有联系的意识，还要通过调查研究、比较分析、优化实施，最大化地实现法制教育的人文价值。可见，法制教育的人文价值的实现是一个有机联系的整体，法制教育的阶段、法制教育的各个方面、法制教育的各个因素，是密不可分的、具有整体的性质。正如恩格斯在《反杜林论》中指出："当我们深思熟虑地考察自然界或人类历史或我们自己的精神活动的时候，首先呈现在我们眼前的，是一幅由种种联系和相互作用无穷无尽地交织起来的画面。"① 因此，法制教育的人文价值的实现应遵循整体优化的规律。

第四节　实现的方法

法制教育的人文价值的实现的方法，体现了法制教育的人文价值的特

---

① 《马克思恩格斯选集》（第 3 卷），人民出版社 1995 年版，第 359 页。

征，反映了法制教育人文价值实现的规律。方法是一个重要的问题，毛泽东指出："我们不但要提出任务，而且要解决完成任务的方法问题。我们的任务是过河，但是没有桥或没有船就不能过。不解决桥或船的问题，过河就是一句空话。不解决方法问题，任务也只是瞎说一顿。"① 列宁在《哲学笔记》摘录过黑格尔的话，"在探索的认识中，方法也就是工具，是在主体方面的某个手段，主体方面通过这个手段和客体相联系"。② 法制教育的人文价值的实现的方法，是法制教育的人文价值的实现的具体手段、办法。法制教育的人文价值的实现的方法可以从教育者的角度探索，也可以从受教育者的角度探索。方法的内容是相对稳定的，而方法的表现形式则可以是多种多样的，人文价值的方法对教育者而言，主要是引导、启发，而对受教育者而言，主要是自学、体验和感悟。一些方法，教育者和受教育者是可以通用的、多视角的方法。

一　以人的利益为法制教育的人文价值实现的驱动力量

利益是法制教育的人文价值的实现的驱动力量。法制教育的人文价值的实现，应从人的利益入手，关心人的利益，把人的利益放在核心的地位，正如马克思在《第六届莱茵省议会的论辩（第一篇论文）》中指出："人们奋斗所争取的一切，都同他们的利益有关。"③ 可见，利益问题是法制教育的人文价值的实现的关键问题。利益是法制教育的人文价值实现的驱动力。在实践唯物主义看来，实践唯物主义从活动出发，而利益引起活动。正如学者谭培文指出："利益是表示人们活动目的、动机、过程、结果这样一个发展过程。人们活动总是动机、目的、意志的活动。但这种动机、目的和意志不是先验的。"④ 也就是说，建立在利益基础之上的法制教育的人文价值的实现，是唯物史观的内在要求。在法制教育人文价值的实现中，如何发挥利益的驱动力量呢？具体讲：

第一，帮助人们分析利益。用法制教育的方式帮助人们分析自己存在的权利。尽管宪法和法律规定了人们在政治、经济、文化、社会等各个方

---

① 《毛泽东选集》（第 1 卷），人民出版社 1991 年版，第 139 页。
② 《列宁全集》（第 55 卷），人民出版社 1990 年版，第 189 页。
③ 《马克思恩格斯全集》（第 1 卷），人民出版社 1956 版，第 82 页。
④ 谭培文：《马克思主义的利益理论——当代历史唯物主义的重构》，人民出版社 2002 年版，第 175—176 页。

面享有的广泛的权利，但是，这些权利并不是被每一个人所知。有的人即使知道了自己享有的权利，也又不知道怎样去行使自己的权利。面对纷繁复杂的社会现实，权利的行使和自己的权利受到侵犯后如何维护权利是一个最具有挑战性的现实问题。所以，法制教育应有使命意识，应担当起帮助人们分析利益的重任。只有这样，法制教育的人文价值的实现才有坚实的基础。

第二，在法制教育活动中实现人的利益。一方面，在法制教育活动中把人的利益放在首要位置，切实联系人的实际，指导人用法律武器保护自己的利益。通过法制教育的方式对人进行动机引导和行为引导，让人积极行动起来，自觉为自己的实际利益努力，特别是要教育人不要轻易放弃自己的利益。另一方面，接受法制教育，提高个体的法律素质、树立坚定的法治理念、养成守法、护法、执法为民的行为习惯是人的重要利益。法制教育活动要重视实现人这方面的利益，即法制教育本身存在的利益。这是人从法制教育的角度看人存在的直接利益，是前一种间接利益实现的基础。

第三，在法制教育活动中协调人的利益。其一，当个人的利益与集体和国家的利益发生冲突时，要通过法制教育启发人，正确地处理个人利益与国家、集体利益之间的矛盾，在必要时牺牲个人利益，自觉地服从国家和集体的长远利益。其二，当人与人的利益发生矛盾时，法制教育要教育人用法律处理利益关系，用制度协调利益。其三，要教育人用高尚的道德境界来对待利益冲突，把不放弃自己的利益与关心他人的利益统一起来。

第四，正确评估人的利益在法制教育活动中的实现效果。法制教育实现人的利益到底起了多大的作用，尤其是在社会依法办事的习惯没有普遍形成的情况下，是需要正确评估的。对法制教育实现人的利益的评估不仅关系到法制教育活动能否继续，还关系到人们对法律和现行的社会制度的态度。其一，法制教育对人们利益的实现一定是能起作用的，但是法制教育又不是万能的，因为法律和教育本身就不是万能的。但是，我们也不能忽视法制教育在实现人的利益中所起的重要作用。其二，对法制教育实现人的利益的评估要与具体的人和具体的社会环境联系起来。其三，要考虑到法制教育对人的利益的实现既有短时的、直接的、显现的效果，也有长期的、间接的、隐含的效果。

二 发挥制度在实现法制教育的人文价值中的保障作用

法制教育的人文价值要真正变为现实，脱离个案，具有普遍性，就需要制度的安排。建立制度是法制教育的人文价值的实现的关键。"离开了某种制度，它也就仅仅是一种理念，是人类不失天真的一个理想，甚至仿佛是一个回荡在旷野中的人类软弱无力的呼声，缺乏现实的力量和现实的根据。它要转化为一种现实的人的生存状态，必须通过某种具体的制度才有可能。"① 可见，只有在制度上作出较好的安排，法制教育才能对人的生存和发展有所助益。如何才能发挥制度的保障作用呢？

第一，确立建立制度的目的。法制教育的人文价值的实现要有制度保障，这是比较容易达成共识的。问题是建立什么样的制度，人们往往有分歧。最值得研究的是有良好的出发点，而建立的制度又让人在无意中误入歧途，损害人。为了使人文价值的本质得到体现，要建立的制度是尊重人、为了人，把人的利益放在第一位的制度，正如学者吴向东指出："从发生学的角度看，制度是人创造的，是属于人的，是人的制度。"② "制度要以人为本意味着制度的设计、安排和运行以现实的人为中心；是制度为人而存在，而不是人为制度而存在。"③

第二，考察社会的经济基础。因为社会的物质生产和经济条件是建立制度的基础。"在生产、交换和消费发展的一定阶段上，就会有相应的社会制度、相应的家庭、等级或阶级组织。"④ 什么是法制教育的人文价值的实现的制度，以及怎样建立制度，建立的制度得是否恰当，只能与一定的社会生产相联系，在经济基础上作出选择。影响制度建立的因素：从本质上讲，法制教育是由经济基础决定的，这是最大的影响因素；上层建筑中的政治、哲学、宗教、文学、艺术，等等，对法制教育有重要的影响；而一个国家整体的教育制度，对法制教育起着直接的影响作用。在建立制度时，必须综合考虑这些影响因素，既要有所作为，又要遵循客观规律。

第三，建立一般的制度。一般的制度，是指以人为本的政治结构并对经济和社会作出恰当安排。建立的一般制度的形式，既反映在宪法、基本

---

① 吴向东：《制度与人的全面发展》，《哲学研究》2004 年第 8 期。

② 同上。

③ 同上。

④ 《马克思恩格斯选集》（第 4 卷），人民出版社 1995 年版，第 532 页。

法律、法规和规章之中，也反映在政党制度、组织章程中，主要反映在教育的中、长期规划和教育、教学的有关法律、法规中。一般制度相当于主要制度，"所谓主要制度，我的理解是政治结构和主要的经济和社会安排"。① 建立一般制度，使法制教育的人文价值的实现，能够从社会安排中得到有力的支撑。

第四，把一般的制度具体化。把基本的制度具体化，制度才有可操作性。否则，抽象肯定，具体否定，人文价值不可能通过建立制度实现，很有可能在制度的操作过程中又回到制度本位或者社会本位，这样，就彻底把抽象的社会与具体的个人对立起来，这不是事实求是的唯物主义的态度。

这就是说，制度是具体的制度，不是制定出来给国外人看和给本国人看，作为标榜的制度，而是反映法制教育的人文价值的实现的实际的制度。这实际上是一个制度正义的问题，正如罗尔斯对普遍地考虑制度和社会实践的正义没有兴趣，"对我们来说，正义的主要问题是社会的基本结构，或更准确地说，是社会主要制度分配基本权利和义务，决定由社会合作产生的利益之划分的方式"。② 可见，要以人为本，从具体的社会结构入手，才能真正解决人的利益问题。这就是说，制度具体化，制度才有实际意义。

第五，实施和完善制度。制度的重点在于落实，制度不能落实，既说明制度本身有缺陷，也说明实施制度比建立制度面临的情况更为复杂。实施制度要发挥人的主观能动性。因为再完善、再好的制度，不可能解决在实践中遇到的所有问题。尤其是法制教育的人文价值的实现面临的，不仅是表面的教育和法律的问题，而且也是深层次的政治、经济、社会和文化问题，只有充分发挥人的主观能动性，才能最大限度地克服困难，达到目的。发挥主观能动性，就是要主动分析复杂的社会背景，根据一个国家法治进程的情况、教育改革的形势、素质教育取得的成效、尤其是教育评价的变化，主动的、积极地、满怀信心地去实施制度，并在实施中努力完善制度。只有这样，才能使法制教育的人文价值最终得到实现。

---

① ［美］约翰·罗尔斯：《正义论》，何怀宏、何包钢、廖申白译，中国社会科学出版社1988年版，第7页。

② 同上。

三　从提高教师自身的人文素质入手

法制教育的人文价值的实现离不开物的因素和人的因素。物的因素，诸如制度、设施、材料、媒体、手段，等等。人的因素指教师和学生，即教育者和受教育者。人的因素说明，法制教育活动是因为人和为了人的活动。法制教育的人文价值的实现离不开教师自身具有一定的人文素质。从哪几个方面保证教师自身的人文素质呢？

第一，教师的选拔。教师的选拔包括非学校法制教育教师的选拔和学校法制教育的教师选拔。教师的选拔是法制教育的人文价值的实现的开端。法制教育教师的选拔是一项十分复杂的工作。因为法制教育教师的选拔，不仅是选拔学校法制教育的教师，还要选拔能够胜任领导部门、尤其是党的领导部门，公检法、司法行政、狱政部门、国家安全部门、反腐、防腐部门、保密部门等关键部门的法制教育的教师。实践也说明，对党的各级部门和政府部门主要负责人即一把手和主持日常工作人员的法制教育是重中之重。选拔好对这些部门的人进行法制教育的教师，不仅关系到法制教育的人文价值的实现，也关系到党和国家事业的成败。

对选拔法制教育的教师的认识到位，这是第一步；第二步是制定选拔的标准。法制教育的教师的选拔，既要政治素质过硬，又要业务素质过硬，不但要懂法律、懂政治，而且要懂教育学、心理学。懂是初步的要求，还要有由懂到熟练再到精深的内在潜质。第三步是开展以公开招聘和竞争择优为导向的教师选拔，严把法制教育教师队伍的入口关，要严格考查教师的人文素养、人本意识、人文水平。要把法律、政治、教育、心理等多方面的要求与人文要求结合起来，这是保证法制教育的人文价值的实现的前提。

学校法制教育教师的选拔包括大、中、小学等各级各类学校教师的选拔。学校教师的选拔要与整体的学校教育、教学结合起来，要密切结合国家的教育发展、教育改革、新课程改革、教材建设、学科发展的总趋势。非学校法制教育教师的选拔的各个方面、各个环节，同样要注意全面贯彻人文要求。

第二，教师的培训。教师的选拔是法制教育的人文价值的实现的第一步，在选拔的基础上，还需要对教师进行培训。教师培训的目的，是为了使法制教育的教师真正实现专业化。因为"教师职业是一种专门职业，教学工作是一种专业工作，教学工作专业化水平的提高有赖于教师的专业发展"。① 没有教师的专业化，法制教育就会陷入随意性、低水平、低层次、不能适应社会发展和人的发展。因此，必须重视法制教育教师的培训。培训的内容包括法制教育教师的知识、才能和情意三个方面。培训的方式是知识学习、能力锻炼和情意陶冶。在培训的始终，要贯穿人文知识、人文精神、人文方法的要求。

第三，教师的使用。使用是选拔和培训的目的。选拔和培训的工作做得怎样，只能通过教师的使用得到检验。要在教师的使用中，进一步完善教师的选拔和培训工作。逐步建立以优化结构，满足各种层次、各个方面的法制教育需要的教师的使用机制。要使用好教师，必须信任教师。如果对教师不信任，又谈何去实现法制教育的人文价值呢？对教师使用的人性化，才谈得上教师的作用的发挥。在使用中，要解决教师的各种切身问题，才能有效使用。比如教师的编制、晋级、晋职、待遇，等等。要从教育效果评价的导向上，把人的利益、人的尊严放在第一位，用以人为本引领教师的使用和评价教师法制教育的成效。

四　通过"感悟、体验和沟通"发挥受教育者的积极性②

感悟法。感悟是指人对特定事物或生活经历产生的感叹、怀想、体悟。感悟分渐悟、顿悟。渐悟是逐渐的领悟，顿悟是瞬间的开悟。法制教育的人文价值在人对生活、社会、世界、法律、制度的感悟中实现。感悟是实践中的感悟，"社会生活在本质上是实践的"。③ 通过亲身实践，感悟社会，深刻理解法律，激发对法治社会的信心。

感悟是对灌输的超越。法制教育的感悟是心灵的自我开放，是人自我的真诚剖析。感悟有助于理解悟法律的真谛。一切感悟都建立在自我意识的基础上，只有不断建构良好的自我，没有成见，或少有成见，才能真正提高感悟的水平，使感悟有质和量上的飞跃。感悟是悟性的体现和表达，是深刻的，而不是肤浅的，是"感性与理性的统一，是直接性与间接性、

---

① 袁振国主编：《当代教育学》，教育科学出版社 2004 年版，第 88 页。

② 该部分的主要内容，以"青少年法制教育方法的人文向度"为题，发表在《思想理论教育》2010 年第 24 期。

③ 《马克思恩格斯选集》（第 1 卷），人民出版社 1995 年版，第 60 页。

具体性与抽象性、生动性与深刻性、多样性与统一性的融合"。①

感悟是有层次的，按照内容分为三层：一是感悟法律知识，二是感悟法律精神，三是感悟生命成长。三种感悟阶段是由低级到高级发展的过程。也就是说，感悟知识是基础，感悟精神是中间环节，感悟成长是归宿。

第一，感悟法律知识。这是指，由于法律知识与生存有密切的关系，法制教育主体主动学习、理解法律知识，把法律知识内化为心理结构。感悟法律知识，虽然只是感悟的第一个阶段，却是很重要的基础阶段。没有知识的感悟，就没有精神的提升，也没有健康的成长。对知识的感悟是一种主体活动，这种主体活动并非与外界没有关系，所以，感悟知识也需要教育者的开悟、启发，需要社会良好的教育环境。

第二，感悟法律精神。这是感悟的第二个层次。法律知识的学习需要上升到精神层面，才能对个人和社会产生持久的动力。感悟法律精神，包括感悟法治精神、民主精神、正义精神、公平精神等。其载体：既可以是知识，也可以是现实生活中的具体案例、司法人员在执法过程中彰显的正义精神、普通公民的守法、护法行为，还可以是传统的或现代的法制文化。

第三，感悟生命成长。促进生命的健康成长，是法制教育的目的。在法制教育活动中感悟法律蕴含的公平和正义，给自己蓬蓬向上的成长带来生命的悸动。通过对司法中种种不公平和不正义的现实的感悟，激扬起生命成长中与假、丑、恶斗争的坚强意志。感悟生命的成长，是有具体差异的。同样的事，不同的人感悟是不同的。感悟生命的成长，是一种灵动的感悟、一种鲜活的感悟、一种动态的感悟。可见，法制教育的感悟，是人文价值实现的基础，它把人作为法制教育的中心，使法制教育围绕人开展，处处体现法制教育张扬人的个性，使人成为真正的人的核心理念。

体验法。从法制教育的实效性讲，只有在体验中，人才能加深对法律的理解。体验法反映了法制教育的人文价值的体验性特征。正如毛泽东指出的："你要知道梨子的滋味，你就得变革梨子，亲口吃一吃。你要知道原子的组织同性质，你就得实行物理学和化学的实验，变革原子的情况。

① 庞正元、董德刚主编：《马克思主义哲学前沿问题研究》，中共中央党校出版社 2004 年版，第 123 页。

你要知道革命的理论和方法，你就得参加革命。一切真知都是从直接经验发源的。"①

人的真知灼见，只能通过实践中的体验才能获得。就实践性而言，体验法与感悟法有相通之处，但是它们实践的具体内涵有所不同。体验的方法按照与实际生活的融合程度，分为以下三种：

第一，感同身受式体验。这是一种主体进入对象，在特定的情况下与对象的视域短暂相融，从对象的视域出发达到对周围环境的理解。"过去那种不讲生活、体验的道德说教，以纪律形式的训诫、评价和奖惩都不是真正的道德教育，而只是道德监督。"② 感同身受式体验不是一种训诫式、监督式的法制教育。这种教育方式印象深刻，让人从患难中体验出结论。例如，有位青少年在有关各方的同意下，在劳教所经历了一天。在这一天里，他与劳教人员一同学习、劳动、训练、生活、写体会。刚开始，觉得很新鲜，后来感到凡事都要请示报告、失去基本人身自由的痛苦。

第二，身在其中式体验。这种方式的法制教育，是主体与对象合二为一，主体面对具体的生活实践，主体的视域与制度设计者的视域完全一致，这对培养法律精神、树立法律信仰，无疑是最有效的教育方式。通过亲身实践，深刻地感受法律的力量，增强对法律的信心。比如，有位家长为了照顾生意，不上孩子上学，这位同学依据在学校学习的义务教育法知识，找乡政府申诉，最后在政府的帮助下，家长认识了错误，这位同学维护了自己的受教育的权利。这就是身在其中式体验。

第三，置身事外式体验。与前两种方式相比，这种体验方式，人与法律客体的距离远一些。也就是说，主体进入客体，与客体的交融程度不如前两种深。具体表现的形式有：通过调查，走访法院、检察院、公安局、监狱等有关法律部门，结合对具体案件的分析，把法律的规定、法律的理念与法律的实施结合起来，获得体验，增进对法律和制度的了解。其优点在于：通过实地考察，感悟案件的具体处理过程，了解违法的后果、遵守法律的利益，有利于提升主体对法律的理解。置身事外式体验，之所以是法制教育的人文价值的实现的好形式，是因为体验的对象、时间、对体验

① 《毛泽东选集》（第1卷），人民出版社1991年版，第287页。
② 吴一凡、庞正元主编：《初中思想品德新课程教学法》，《首都师范大学出版》2004年版。

的理解和结论，完全依赖于人自身，这是高度主体性的表现，是人生存和发展之旅的自觉行动。

沟通法。沟通是人与人之间、人与群体之间，思想与感情的相互交流。法制教育的人文价值能否实现，取决于是否有效的沟通。有效沟通的标志是：思想上的共识和情感上的通畅。沟通分为：语言沟通和非语言沟通。语言沟通包括口头语言沟通和书面语言沟通两种形式。通过对法制知识的讲解、法制理念的阐释、法律条文的准确说明、对生活和社会事件的法律分析，与受教育者达成共识，这是法制教育的语言沟通。在沟通的要素中，就其影响力讲，内容占 7%，影响最小，沟通的动作占 55%，影响最大，沟通的方法占 38%，影响次之。所以，不难看出，在法制教育中，身教重于言教，教育者的模范行为，是法制教育中沟通的最好方式。

如何才能做到有效沟通呢？

第一，正确阐述信息。正确地阐述信息，不仅仅是知识上的要求，而且也是对教育对象的人文关怀。清晰、明白，是正确阐述信息的要求，即用受教育者听得懂的语言阐述法律理念、法律条文、法律知识，回避晦涩拗口的学术语言。如果教育者的信息没有清晰表达，教育对象就谈不上正确地加工信息，法制教育的人文价值的实现就无从谈起。

第二，聆听教育对象的心声。在沟通时，要真诚地启发教育对象乐于思考，乐于回答问题，对教育对象的回答要真诚地聆听。这就是说，"参与对话的双方，其态度必须开放，必须认真；用中国传统的语言就是真诚，唯有真诚才能面对问题、面对自己，也唯有真诚才能交换意见，而不须害怕暴露自己，甚至失去自己的利益"。①

教育者应注意教育对象的信息反馈，敏锐地发现沟通中的不当之处，随时反省、调节沟通的内容、方法和动作。在教育对象发表自己对法律的理解和看法时，教育者要专心听取他们的意见，根据情况，教育者还可以适当发问，以激发教育对象的积极性。进一步讲，要有一个向教育对象学习的态度，不能心不在焉，一边交流，一边做其他的事。

第三，尊重教育对象。我们应有这样的认识：尊重人是整个法制教育的支撑点。正如毛泽东指出的："世间一切事物中，人是第一个可宝贵

---

① 霍韬晦：《新教育·新文化》，中国人民大学出版社 2010 年版，第 191 页。

的。"① 对教育对象的尊重体现在许多细节上。着装要适当。教育者着装过于时尚，不拘礼节，这对阐述严肃的法律内容而言，效果肯定是不好的。语言措辞要恰当。

第四，把沟通当作一门艺术。教育者用眼睛看着对方的眼睛；当人数众多时，用眼睛不时来回会意所有教育对象，不能让教育对象感觉忽略了其中的某一部分，而又过于关注某一部分。面带微笑，张开双手，让人感到你非常热心正进行的教育。恰到好处地对部分内容强调，让人感到既有重点，又不致疲倦。声音要讲究，低沉的声音使人觉得庄重严肃，而经过调控的声音又使人愉快，轻重缓急的语调和适当的停顿不仅给人带来美的享受，而且还让人作短暂的思考。可见，在法制教育中，沟通应作为一门艺术来追求。

此外，法制教育的人文价值的实现的方法还有诸如感染法、激励法、反思法、整体法、陶冶法、引导法、疏通法等。凡是能体现人文性的方法都是法制教育的人文价值的实现的方法。随着法制教育实践的发展、社会需求和人的全面发展需要的丰富、人的认识能力和实践能力的增强，法制教育的人文价值的实现的方法将更为丰富。可见，法制教育的人文价值的实现的方法是个开放的系统，将永远处于不断创新中。

法制教育的人文价值的实现的多种方法是交叉渗透，共同发生作用的，在法制教育实践中，人们往往综合运用各种方法，或者以其中一种或者几种方法为主兼用其他方法。单一、孤立地运用某种方法的情况少见。

---

① 《毛泽东选集》（第 4 卷），人民出版社 1991 年版，第 1512 页。

结　　论

　　法制教育的人文价值是探讨法制教育的人文性与人的关系问题。法制教育的人文价值是法制价值的核心价值。法制教育的人文价值的实现是一个复杂的机制，它涉及利益、制度、教师等方面。把法制教育的人文价值放在多层面和多角度进行考察，目的是把法制教育与国家、民族、社会、文化和人类的未来关联起来。

一　人文价值:法制教育的核心价值

　　法制教育的人文价值的研究和实践，离不开社会转型的时代背景。在社会转型时期，现代化的进程发生了巨大变化，而人们的思想却没有突破原来的定式。法制教育要有所作为，必须使人的转型与社会的转型同步，因此，法制教育的人文价值的研究由此而生。因为，在马克思看来"整个人类历史也无非是人类本性的不断改变而已"。[①]人的全面发展和使人成为真正的人是法制教育的目的。人的全面发展实际上就是人的转型，正如学者鲁洁所言："将人的转型作为在整个新世纪中思考和实践的主题，这正是教育的自觉意识的表现。"[②]

　　人文价值作为法制教育的核心价值针对的是法制教育的现状。目前的法制教育工具价值盛行。依法治国基本方略的确立，是法制建设和法制教育的重大进步，但是，依法治国需要与人文价值结合才能获得持久动力。人的需要、人的生存、人的发展，才是法制建设和法制教育的目的。通俗地讲，人民是否满意才是检验法制建设和法制教育效果的唯一标准，此

---

　　①　《马克思恩格斯选集》第1卷，人民出版社1995年版，第172页。
　　②　鲁洁:《走向世界历史的人》，《教育研究》1999年第11期。

外，没有其他的任何终极标准。

就法制教育的具体情况而言，教育形式单一，很多都是教育者高高在上的宣讲，多数时候都是自说自话的、脱离教育对象和没有多少针对性的"独语"；内容简单、生硬、强制，基本上是强制定做的菜单；没有沟通，只有心理压制和威胁；官方语言、民众需要和法学家的见解并没有形成交流和互动；教育效果是看教育者满不满意，而很多时候又是看上级机关和上级领导是否满意；法制教育任务的完成与否，是看司法行政部门规定的法制宣传任务是否完成，比如，举办了多少次讲座，宣讲了多少部法律，出版了多少次宣传专栏，有多少人次参加普法，完成了多少份普法试卷，违法犯罪率降低了多少，等等。总之，在目前的法制教育中，只见法制宣传教育的方针、政策、社会的要求，不见人。"人文教育的目的是教育人成为一个'人'，而不仅仅是成为一个'公民'（或'劳动者'）。"① 也就是说，真正的法制教育是使人首先成为一个真正的人，然后成为一个好公民。

二 人权为本：法制教育的人文价值的追求

随着社会主义市场经济的发展，人的权利意识和权利要求越来越强烈，但是，目前我国的法治观念和法制水平又不能满足和适应人们的权利要求。在一些部门和部门的工作人员看来，依法治国就是依法治民，甚至把立法、实施法律、制度设计、法治研究当成显示权力、获取个人和部门利益的手段，把法律和制度对人民的保护当成对人民的恩赐，把为人民服务替换成为人民为部门和个人的升迁荣辱服务。在法律实施和制度的执行过程中，权大于法、以权代法、以罚代法、有法不依、执法不严，制度虚设不同程度存在，宪法和法律以及制度规定的人权原则没能充分实现、规定的权利没能认真落实。群众对乱收费、乱罚款、执法违法等普遍存在的、有恃无恐的现象敢怒而不敢言。这都与法制教育缺乏应有的权利意识教育有极大的关系。

一方面，要确立和践行法制教育的核心价值即人文价值，通过法制宣传和其他手段唤醒法制教育对象的人权意识，努力维护自己的合法权利。

---

① 石中英：《知识转型与教育改革》，教育科学出版社2001年版，第310页。

只有每一个人都对自己的权利关心、并在现实中得到切实的维护，才有整个社会人权的普遍实现。这就是马克思说的，"首先应当避免重新把'社会'当作抽象的东西同个人对立起来。个人是社会存在物"。①

另一方面，在法制教育活动中，要教育好国家机关和工作人员把自己的位置放在为人民服务的位置上，让他们理解人民才是国家的主人，而他们是人民的"公仆"，不能把"公仆"与主人的位置搞颠倒了，更不能把自己放在执法主体的优越地位，丧失人文，缺乏良知，游离于守法主体之外。

人权的问题在中国就是：权为民所赋，权为民所用，官为民所选、官为民所免、情为民所系，利为民所谋的问题。也就是说，在社会生活中，面对各种矛盾和冲突，不是权大、也不是法大，而是老百姓的"从土地、劳动问题，到柴米油盐问题"② 最大，要以人为本，"以人为本的司法理念是控制司法权'恶'的有力武器"。③ 人民的切身利益、人民的生存和发展无小事，是压倒一切的中心，此外，没有别的中心。

三 人的积极性：法制教育的人文价值的总纲

在社会转型时期，社会生活变化剧烈，人的主体性存在成为时代的特征。因此，法制教育的人文价值的理论研究和实践的目的就在于发挥人的积极性。不论是教育者的积极性，还是受教育者的积极性都应调动起来，尤其是要调动受教育者的积极性。要在法制教育的各个方面、各个环节、各个时空领域，注意调动人的积极性。要变被动灌输为主动学习，把"让我学法"变为"我要学法"。

传统的法制教育是"主体——客体型"法制教育，而现代法制教育发展的方向是"主体——主体型"法制教育。前者重视守法教育而轻视用法教育，是一种简单的宣传灌输，不要求受教育者反馈教育感受，更谈不上沟通和对话，把"无讼"和"稳定"作为法制教育的直接目的；而后者把受教育者当成平等的主体，尊重对方，用真心、诚心、耐心和信

---

① 《马克思恩格斯全集》（第42卷），人民出版社1979年版，第123页。
② 《毛泽东选集》（第1卷），人民出版社1991年版，第138页。
③ 吕世伦、周世中：《以人为本与社会主义法治》，中国大百科全书出版社2006年版，第183页。

心，支撑法制教育过程的进行，使法制教育成为快乐的人生经历，教育的直接目的是使人成为真正的人。"人，既是现代化建设的主体，又是现代化建设的目标。作为主体，只有现代化的人才能担当现代化建设的重任，作为目标，只有实现人的现代化才能真正体现现代化的价值。"① 这就是说，现代社会，唯有把人既作为法制教育的主体，又作为法制教育的目标，才能找到法制教育的真谛。

要调动人的积极性，关键是让法制教育回归人的日常生活，也就是说，法制教育除了让人关心政治生活之外，还必须走出院校、走出机关、走出标语口号、走出论文和专著，走进人民大众的日常生活，让法制教育成为人的生活方式，在生活中焕发法制教育的无限生机。

法制教育走进生活，在路径上走自上而下与自下而上的法制教育方式并重的道路。实现法制教育的官方主导与民间参与的双重格局。调动一切积极性，建立一个由国家、社会和大众广泛参与的"大法制教育格局"。这样，法制教育的实效性就大为增强，实现毛泽东所言要把"一切积极因素调动起来，为社会主义事业服务"②，不断满足人的生存和发展的需要，这就是法制教育的人文价值的理论研究和实践活动的全部旨归。

---

① 郑永廷等：《人的现代化理论与实践》，人民出版社 2006 年版，第 1 页。
② 《毛泽东文集》（第 7 卷），人民出版社 1999 年版，第 23 页。

主要参考文献

一 中文部分

（一）著作类

［1］马克思、恩格斯：《马克思恩格斯全集》第 1 卷，人民出版社 1956 年版。

［2］马克思、恩格斯：《马克思恩格斯全集》第 19 卷，人民出版社 1963 年版。

［3］马克思、恩格斯：《马克思恩格斯全集》第 42 卷，人民出版社 1979 年版。

［4］马克思、恩格斯：《马克思恩格斯全集》第 46 卷（上），人民出版社 1979 年版。

［5］马克思、恩格斯：《马克思恩格斯选集》第 1 卷，人民出版社 1995 年版。

［6］马克思、恩格斯：《马克思恩格斯选集》第 2 卷，人民出版社 1995 年版。

［7］马克思、恩格斯：《马克思恩格斯选集》第 3 卷，人民出版社 1995 年版。

［8］马克思、恩格斯：《马克思恩格斯选集》第 4 卷，人民出版社 1995 年版。

［9］马克思：《1844 年经济学哲学手稿》，人民出版社 2000 年版。

［10］列宁：《列宁选集》第 1 卷，人民出版社 1995 年版。

［11］列宁：《列宁选集》第 2 卷，人民出版社 1995 年版。

［12］列宁：《列宁选集》第 3 卷，人民出版社 1995 年版。

［13］列宁：《列宁选集》第 4 卷，人民出版社 1995 年版。

[14] 毛泽东:《毛泽东选集》第 1 卷,人民出版社 1991 年版。

[15] 毛泽东:《毛泽东选集》第 2 卷,人民出版社 1991 年版。

[16] 毛泽东:《毛泽东选集》第 3 卷,人民出版社 1991 年版。

[17] 毛泽东:《毛泽东选集》第 4 卷,人民出版社 1991 年版。

[18] 邓小平:《邓小平文选》第 1 卷,人民出版社 1994 年版。

[19] 邓小平:《邓小平文选》第 2 卷,人民出版社 1994 年版。

[20] 邓小平:《邓小平文选》第 3 卷,人民出版社 1993 年版。

[21] 江泽民:《江泽民文选》第 1 卷,人民出版社 2006 年版。

[22] 江泽民:《江泽民文选》第 2 卷,人民出版社 2006 年版。

[23] 江泽民:《江泽民文选》第 3 卷,人民出版社 2006 年版。

[24] [古希腊] 柏拉图:《理想国》,郭斌和、张竹明译,商务印书馆 1986 年版。

[25] [德] 伊曼努尔·康德:《道德形而上学基础》,孙少伟译,中国社会科学出版社 2009 年版。

[26] [德] 恩斯特·卡西尔:《论人——人类文化哲学导论》,刘述先译,广西师范大学出版社 2006 年版。

[27] [德] 米歇尔·鲍曼:《道德的市场》,肖君、黄承业译,中国社会科学出版社 2003 年版。

[28] [法] 卢梭:《爱弥儿》上、下卷,李平沤译,商务印书馆 1978 年版。

[29] [法] 卢梭:《论人类不平等的起源和基础》,李常上译,商务印书馆 1982 年版。

[30] [法] 孟德斯鸠:《论法的精神》上,孙立坚、孙丕强、樊瑞庆译,陕西人民出版社 2001 年版。

[31] [捷] 夸美纽斯:《大教学论》,傅任敢译,教育科学出版社 1999 年版。

[32] [美] 道格拉斯·C. 诺斯:《制度、制度变迁与经济绩效》,杭行译,上海人民出版社 2008 年版。

[33] [美] 罗斯科·庞德:《法理学》第 3 卷,廖德宇译,法律出版社 2007 年版。

[34] [美] 约翰·杜威:《民主主义与教育》,王承绪译,人民教育出版社 2001 年版。

［35］［美］约翰·杜威:《人的问题》,傅统先、邱椿译,江苏教育出版社 2006 年版。

［36］［美］约翰·罗尔斯:《正义论》,何怀宏等译,中国社会科学出版社 1988 年版。

［37］［美］伯尔曼:《法律与宗教》,梁治平译,中国政法大学出版社 2003 年版。

［38］［美］赫伯特·马尔库塞:《单向度的人——发达工业社会意识形态研究》,刘继译,上海译文出版社 2008 年版。

［39］［美］夏铸九:《网络社会的崛起》,王志宏等译,社会科学文献出版社 2006 年版。

［40］［美］尼葛洛庞帝:《数字化生存》,胡泳、范海燕译,海南出版社 1997 年版。

［41］［美］阿列克斯·英克尔斯,戴维·H. 史密斯:《从传统人到现代人——六个发展中国家中的个人变化》,顾昕译,中国人民大学出版社 1992 年版。

［42］［美］塞缪尔·亨廷顿:《文明的冲突与世界秩序的重建》,周琪等译,新华出版社 2002 年版。

［43］［美］罗兰·斯特龙伯格（Roland N. Stromberg）:《西方现代思想史》,刘北成、赵国新译,中央编译出版社 2005 年版。

［44］［美］杰弗里斯·麦克沃特等:《危机中的青少年》,寇彧等译,人民邮电出版社 2005 年版。

［45］［苏］B. A. 苏霍姆林斯基:《育人三部曲》,毕淑芝等译,人民教育出版社 1998 年版。

［46］［匈］卢卡奇:《历史与阶级意识》,杜章志等译,商务印书馆 1999 年版。

［47］［英］约翰·洛克:《教育漫话》,杨汉麟译,人民教育出版社 2006 年版。

［48］［英］韦恩·莫里森:《法理学——从古希腊到后现代》,李桂林、李清伟、侯键、郑云瑞译,武汉大学出版社 2000 年版。

［49］［汉］班固:《汉书》,中华书局 1962 年版。

［50］［汉］董仲舒:《春秋繁露义证》,苏舆撰,钟哲点校,中华书局 1992 年版。

[51]［汉］杨雄：《太玄集注》，［宋］司马光集注，刘韶军点校，中华书局1998年版。

[52]［汉］杨雄：《法言义疏》，汪荣宝疏，陈仲夫点校，中华书局1987年版。

[53]［宋］朱熹：《四书章句集注》，中华书局1983年版。

[54]［南朝宋］范晔：《后汉书》，中华书局1962年版。

[55]［清］戴震：《孟子字以疏正》，何文光整理，中华书局1982年版。

[56]庞世伟：《论"完整的人"——马克思人学生成论研究》，中央编译出版社2009年版。

[57]陈秉公：《思想政治教育学原理》，高等教育出版社2006年版。

[58]陈桂生：《教育原理》，华东师范大学出版社2000年版。

[59]杜时中：《人文教育论》，江苏教育出版社1999年版。

[60]费孝通：《乡土中国》，上海人民出版社2005年版。

[61]冯建军：《生命与教育》，教育科学出版社2004年版。

[62]胡适：《中国哲学史大纲》，团结出版社2006年版。

[63]胡永君：《法律的政治分析》，北京大学出版社2005年版。

[64]葛洪义：《法理学导论》，法律出版社1996年版。

[65]黄枬森：《哲学的科学化——黄枬森自选集》，首都师范大学出版社2008年版。

[66]黄济：《教育哲学通论》，山西教育出版社2005年版。

[67]黄教珍、张停云：《社会转型期青少年犯罪的心理预防与教育对策》，法律出版社2008年版。

[68]韩庆祥：《马克思主义人学思想发微》，中国社会科学出版社2004年版。

[69]韩庆祥、张洪春：《论以人为本——从物到人》，江苏人民出版社2006年版。

[70]项久雨：《思想政治教育价值论》，中国社会科学出版社2003年版。

[71]何清涟：《现代化的陷阱——当代中国的经济社会问题》，今日中国出版社1998年版。

[72]霍韬晦：《新教育·新文化》，中国人民大学出版社2010年版。

[73]郝敬之：《整体马克思》，东方出版社2002年版。

[74]侯晶晶：《关怀德育论》，人民教育出版社2005年版。

［75］何旭明：《科学与人文：课程的一体两面》，中国人事出版社 2005 年版。

［76］季卫东：《法治秩序的建构》，中国政法大学出版社 1999 年版。

［77］刘惠：《生命德育论》，人民教育出版社 2005 年版。

［78］刘森林：《重思发展——马克思发展理论的当代价值》，人民出版社 2003 年版。

［79］刘惊铎：《道德体验论》，人民教育出版社 2003 年版。

［80］李连科：《价值哲学引论》，商务印书馆 1999 年版。

［81］李德顺：《价值论》，中国人民大学出版社 1987 年版。

［82］骆郁廷：《精神动力论》，武汉大学出版社 2003 年版。

［83］乔长路：《中国人本思潮与人生哲学研究》，人民出版社 2008 年版。

［84］靖国平：《价值多元化背景下学校德育环境建设》，江苏教育出版社 2009 年版。

［85］将传光：《邓小平法制思想概论》，人民出版社 2009 年版。

［86］阮青：《价值哲学》，中共中央党校出版社 2004 年版。

［87］孙正聿：《探索真善美》，吉林人民出版社 2007 年版。

［88］孙正聿：《属人的世界》，吉林人民出版社 2007 年版。

［89］孙承叔：《真正的马克思》，人民出版社 2009 年版。

［90］石亚军、赵伶俐等：《人文素质教育：制度变迁与路径选择》，中国人民大学出版社 2008 年版。

［91］石中英：《知识转型与教育改革》，教育科学出版社 2001 年版。

［92］孙晓楼：《法律教育》，中国政法大学出版社 1997 年版。

［93］谭培文：《马克思主义的利益理论——当代历史唯物主义的重构》，人民出版社 2002 年版。

［94］谭培文、肖祥：《从底线伦理到终极关怀——社会主义和谐价值观研究》，广西师范大学出版社 2009 年版。

［95］唐君毅：《中国人文精神之发展》，广西师范大学出版社 2005 年版。

［96］檀传宝：《学校道德教育原理》修订版，教育科学出版社 2003 年版。

［97］万俊人：《现代西方伦理学史》上、下，北京大学出版社 1992 年版。

［98］万光侠等：《思想政治教育的人学基础》，人民出版社 2006 年版。

［99］王泽应：《20 世纪中国马克思主义伦理思想研究》，人民出版社 2008 年版。

［100］王立仁：《道德价值论》，中国社会科学出版社 2004 年版。

［101］王玄武等：《比较德育学》，武汉大学出版社 2000 年版。

［102］王小锡等：《中国伦理学 60 年》，上海人民出版社 2009 年版。

［103］王建：《中国近代的法律教育》，中国政法大学出版社 2001 年版。

［104］王成兵：《当代认同危机的人学解读》，中国社会科学出版社 2004 年版。

［105］汪凤炎：《中国传统德育心理学思想及其现代意义》，黑龙江教育出版社 2002 年版。

［106］薛晓阳：《希望德育论》，人民教育出版社 2003 年版。

［107］徐继超：《公民道德教育与公民法制教育》，中国社会出版社 2003 年版。

［108］辛自强、池丽萍：《社会变迁中的青少年》，北京师范大学出版社 2008 年版。

［109］袁贵仁：《马克思的人学思想》，北京师范大学出版社 1996 年版。

［110］袁贵仁：《价值学引论》，北京师范大学出版社 1991 年版。

［111］袁本新、王丽荣等：《人本德育论》，人民出版社 2007 年版。

［112］袁振国：《教育新理念》，教育科学出版社 2004 年版。

［113］于伟：《现代性与教育》，北京师范大学出版社 2008 年版。

［114］郑永廷等：《人的现代化理论与实践》，人民出版社 2006 年版。

［115］郑永廷、江传月等：《主导德育论》，人民出版社 2008 年版。

［116］张岱年：《中国哲学史方法论发凡》，中华书局出版社 2003 年版。

［117］张岱年：《中国哲学大纲》，江苏教育出版社 2005 年版。

［118］张世英：《哲学导论》，北京大学出版社 2002 年版。

［119］张耀灿、郑永廷、吴潜涛、骆郁廷等：《现代思想政治教育学》，人民出版社 2006 年版。

［120］张耀灿等：《思想政治教育学前沿》，人民出版社 2006 年版。

［121］张楚廷：《课程与教学哲学》，人民教育出版社 2003 年版。

［122］张祥龙：《从现象学到孔夫子》，商务印书馆 2001 年版。

［123］张澍军：《道德哲学引论》，中国社会科学出版社 2008 年版。

［124］张瑞生、杨玉梅、曹玲莹：《邓小平法制思想研究》，西安出版社

　　1995 年版。

［125］张文显：《法哲学范畴研究》，中国政法大学出版社 2001 年版。

［126］宗白华：《美学散步》，上海人民出版社 1981 年版。

［127］周炽成：《荀·韩人性论与社会历史哲学》，中山大学出版社 2009
　　　年版。

［128］周世中、倪叶群：《法学教育与法科学生实践能力的培养》，中国
　　　法制出版社 2004 年版。

［129］周世中等：《西南少数民族民间法的变迁与现实作用——以黔桂瑶
　　　族、侗族、苗族民间法为例》，法律出版社 2010 年版。

［130］卓泽渊：《法的价值论》，法律出版社 1999 年版。

［131］庄福龄：《马克思主义中国化伟大理论成果》，人民出版社 2004
　　　年版。

［132］赵海英：《主体性：与历史同行》，首都师范大学出版社 2008
　　　年版。

［133］朱小曼：《情感德育论》，人民教育出版社 2005 年版。

［134］班华：《现代德育论》，安徽人民出版社 2009 年版。

［135］庞正元、董德刚：《马克思主义哲学前沿问题研究》，中共中央党
　　　校出版社 2004 年版。

［136］北京市社会科学院哲学所：《中外人文精神钩沉》，河南大学出版
　　　社 2005 年版。

［137］陈瑛：《中国伦理思想史》，湖南教育出版社 2004 年版。

［138］当代大学生思想道德教育研究课题组：《当代大学生思想道德教育
　　　的理论与方法》，北京大学出版社 2007 年版。

［139］樊浩、成中英：《伦理学研究》（道德哲学卷），东南大学出版社
　　　2007 年版。

［140］郭成伟：《法学教育的现状与未来》，中国法制出版社 2000 年版。

［141］高志明：《法律与权利》，中国社会出版社 2004 年版。

［142］高放、李景治、蒲国良：《科学社会主义的理论与实践》，中国人
　　　民大学出版社 2005 年版。

［143］贺卫方：《中国法律教育之路》，中国政法大学出版社 1997 年版。

［144］黄济、王策三：《现代教育论》，人民教育出版社 1996 年版。

［145］黄枬森：《马克思主义哲学史》，高等教育出版社 1998 年版。

［146］黄枬森：《马克思主义哲学体系的当代建构》上、下册，人民教育出版社 2011 年版。

［147］罗国杰：《马克思主义思想政治教育理论基础》，高等教育出版社 2002 年版。

［148］罗国杰等：《思想道德修养与法律基础》，高等教育出版社 2006 年版。

［149］罗国杰：《中国伦理思想史》上、下卷，中国人民大学出版社 2008 年版。

［150］吕世伦、周世中：《以人为本与社会主义法治》，中国大百科全书出版社 2006 年版。

［151］李龙：《法理学》，人民法院出版社 2003 年版。

［152］刘放桐等：《现代西方哲学》修订本，人民出版社 1990 年版。

［153］鲁洁：《德育社会学》，福建教育出版社 1998 年版。

［154］鲁洁、王逢贤：《德育新论》（新世纪版），江苏教育出版社 2002 年版。

［155］林泰：《唯物史观通论》，高等教育出版社 2001 年版。

［156］林来樊：《法律与人文》，法律出版社 2007 年版。

［157］联合国教科文组织国际教育发展委员会：《学会生存——教育世界的今天和明天》，教育科学出版社 2008 年版。

［158］陆挺、徐宏：《人文通识讲演录哲学卷（二）》，文化艺术出版社 2008 年版。

［159］马抗美：《中国公民人文素质比较研究》，中国人民大学出版社 2008 年版。

［160］瞿葆奎：《教育学文集联邦德国教育改革》，人民教育出版社 1991 年版。

［161］宋希仁：《西方伦理思想史》，中国人民大学出版社 2004 年版。

［162］孙伯鍨、张一兵：《走进马克思》，江苏人民出版社 2008 年版。

［163］沈壮海：《思想政治教育发展报告 2009》，高等教育出版社 2009 年版。

［164］陶德麟、汪信砚：《马克思主义哲学的当地论域》，人民教育出版社 2005 年版。

［165］唐凯麟：《西方伦理学名著提要》，江西人民出版社 2000 年版。

［166］王瑞荪：《比较思想政治教育学》，高等教育出版社 2001 年版。

[167] 万俊人:《20世纪西方伦理学经典——伦理学基础:原理与论理》第1卷,中国人民大学出版社2004年版。

[168] 万俊人:《20世纪西方伦理学经典——伦理学主题:价值与人生》第2卷,中国人民大学出版社2004年版。

[169] 万俊人:《20世纪西方伦理学经典——伦理学限阈:道德与宗教》第3卷,中国人民大学出版社2004年版。

[170] 许章润:《法律信仰:中国语境及其意义》,广西师范大学出版社2003年版。

[171] 谢海光:《互联网与思想政治工作概论》,复旦大学出版社2000年版。

[172] 杨欣欣:《法学教育与诊所式教学方法》,法律出版社2002年版。

[173] 袁振国:《当代教育学》,教育科学出版社2004年版。

[174] 朱贻庭:《中国传统伦理思想史》增订本,华东师范大学出版社2003年版。

[175] 张焕庭:《西方资产阶级教育论著选》,人民教育出版社1979年版。

[176] 张孝宜、李萍、钟明华:《人生观通论》,高等教育出版社2001年版。

[177] 张志伟:《西方哲学史》,中国人民大学出版社2002年版。

[178] 张耀灿:《中国共产党思想政治教育史论》,高等教育出版社2006年版。

(二)论文类

[1] 敖刚:《关于教育人文价值失落的思考》,《教学与管理》2001年第5期。

[2] 郭思乐:《课堂:从短期指标回到人的发展》,《人民教育》2009年第15—16期。

[3] 高清海:《主体呼唤的历史根据和时代内涵》,《中国社会科学》1994年第4期。

[4] 鲁洁:《走向世界历史的人——论人的转型与教育》,《教育研究》1999年第11期。

[5] 林崇德、李庆安:《青少年期身心发展特点》,《北京师范大学学报》

（社会科学版）2005 年第 1 期。

[6] 林春逸：《论通识教育对思想政治教育发展的推动作用》，《思想教育研究》2006 年第 10 期。

[7] 卢岚：《现代思想政治教育社会生态论》，《思想政治教育》（人大复印报刊资料）2008 年第 4 期。

[8] 李俊：《个人社会化理论视野下的青少年法制教育探析》，《毛泽东邓小平理论研究》2009 年第 8 期。

[9] 沈湘平、王葎：《简析"人的根本就是人本身"对思想政治教育的启示意义》，《思想理论教育导刊》2006 年第 1 期。

[10] 石中英：《人文世界、人文知识与人文教育》，《教育理论与实践》2001 年第 6 期。

[11] 石中英：《关于当前我国中小学价值教育几个问题的思考》，《人民教育》2010 年第 8 期。

[12] 石磊：《试论中国当代法律教育的人文价值》，《首都师范大学》硕士论文 2003 年。

[13] 檀传宝：《教育是人类价值生命的中介——论价值与教育中的价值问题》，《教育研究》2000 年第 3 期。

[14] 王啸：《"人是价值的存在"及其教育学意蕴》，《高等教育研究》2001 年第 9 期。

[15] 王玉樑：《百年价值哲学的反思》，《学术研究》2006 年第 4 期。

[16] 王利民：《民法的人文关怀》，《中国社会科学》2011 年第 4 期。

[17] 吴向东：《制度与人的全面发展》，《哲学研究》2004 年第 8 期。

[18] 吴潜涛：《改革开放以来我国青少年道德教育理念变迁的主要特点》，《道德与文明究》2008 年第 5 期。

[19] 薛军：《人的保护：中国民法典编撰的价值基础》，《中国社会科学》2006 年第 4 期。

[20] 徐显明：《以人为本与中国法治问题研究》，《学习与探索》2006 年第 6 期。

[21] 叶澜：《让课堂焕发出生命活力——论中小学教学改革的深化》，《教育研究》1997 年第 9 期。

[22] 叶澜：《教育创新呼唤"具体个人"意识》，《中国社会科学》2003 年第 1 期。

［23］颜湘颖：《论青少年法制教育体系的建构》，《青少年犯罪问题》
2003 年第 5 期。

［24］张曙光：《人的存在的历史性及其现代境遇——对马克思关于人的
存在的重新解读》（上），《学术研究》2005 年第 1 期。

［25］张应凯：《马克思主义视域下中国传统文化的人文价值》，《武汉大
学学报》（人文科学版）2008 年第 5 期。

［26］张小虎、臧北燕：《青少年法制教育价值目标考究》，《学习论坛》
2004 年第 7 期。

［27］王堃：《拓宽青少年法制教育途径》，《光明日报》2007 年 6 月
20 日。

二　外文部分

［1］Cooper, David E., ed., *Education, Values and Mind: Essays for R. S. Peters*, London, Routledge & Kegan Paul, 1986.

［2］Edward J, *Power Philosophy of Education*, Prentic Hall, Inc. 1982.

［3］Freir, Paulo, *The Politics of Education: Culture, Power and Liberation*, tr. by Donaldo Macedo, London, Manedo, London, Macmilllan, 1985.

［4］Gill, jerry H., *Learning to Learn: Toward a Philolsophy of Education*, New Jersey, Humanities Press, 1993.

［5］James Bowen, *A History of Western Education*, St. Martin's Press, 1972.

［6］John. I. Elis, *Moral Education: Secular and Religious*, Florida, Robert E. Krieger Publishing Company, 1989.

［7］John Dewey, *Human Nature and Conduct: An Introduction to Social Psychology*, New York, The Modern Library, 1930.

［8］Noel Lyon, *Inside Law School: Two Dialogues About Legal Education*, University of Calgary Press 1999.

［9］Ruhela, Satya Pal, ed., *Human Values and Education*, New Delhi, 1986.

［10］Reid, lonis Arnaud, *Ways of Understanding and Education*, London, Heinemann Educational Books, 1986.

［11］T. C. Decoste, *On Coming to Law – An Introduction to Law in Liberal So-*

cieties, Butterworths Canada Ltd. 2001.

[12] Tarrow, N, B. , ed. , *Human Rights and Education*, Oxford, Pergamon Press, 1987.

[13] Alan Watson, *Legal Education Reform*: *Modest Suggestions*, Journal of Legal Education, Volume 51, March 2001 Numbers 1.

[14] Janeen Kerper, *Let's Space Out*: *Rethinking the Design of Law School Texts* [J], Journal of Legal Education, Volume 51, June 2001 Numbers 2.

[15] Gordon T. Butler, *The Law School Mission Statement*: *A Survival Guide for the Twenty – first Century*, Journal of Legal Education, Volume 50, June 2000 Numbers 2.

后　记

　　桂林山水甲天下，童年时，就有耳闻，成年了，亲眼目睹，我为有幸在桂林这座世界文明的旅游历史文化名城完成学业感到荣幸！

　　只记得桂花飘香，我开始动笔写论文。累了，站在阳台出神，一阵阵风过，衣襟翻飞，看那丛修竹，想起求学的艰辛，双眼挂满泪珠……写不下去了，徜徉在桂林山水里，理清了思路；困惑了，饮下一口桂林三花酒，找回了灵感。而我印象最深的是饮水机上的亮晶晶的水桶，大约每喝完一桶水，就要写完一章，看着不断下降的水位，一章还没写完，心里那份着急，是很少有人能体会到的。转眼间，桂花又快飘香了，当兴奋地敲下最后一键，论文的初稿终于完成了。

　　刚进校，我的博士导师周世中教授就嘱咐我围绕选题写文章，发文章，在平时的交往中，周老师给了许多难忘的信任和鼓励。进校的第一个教师节，与同学一起去拜访谭培文教授，我就汇报了选题，他教我多比较，并赠书签名勉励我。在开题报告会上，钟瑞添教授、黄瑞雄教授，提出了宝贵的意见。在预答辩会上，林春逸教授、汤志华教授、李恩来教授、韦冬雪教授提出了宝贵的意见。在正式答辩会上，南京大学的唐正东教授、云南大学的陈国新教授、广西师范大学的陈洪江教授提出了宝贵的意见。尤其是五位匿名专家的论文评审书，提出了针对性强的建议，对论文的进一步修改起了很大的作用，在此表示真诚的谢意！

　　上课时，得到了麦永雄教授、刘琼豪教授、关永平教授、蔡马兰教授的启示。师母吴国萍教授给予了鼓励。师姐刘琳博士、师兄刘胜良博士、符长喜博士，师弟宣杰博士、师妹宋卫琴博士给予了帮助。同学朱继胜博士、莫凡博士、马宁博士、许昌林博士、袁张帆博士、熊琴博士、王徽博士、唐园梦博士、严丹博士、赵晓刚博士、田世红博士、文学院的张自华博士给予了鼓励。

在校期间，有幸聆听华中师范大学张耀灿教授、中山大学郑永廷教授、李萍教授、教育部田心铭教授、中国人民大学梁树发教授、秦宣教授、北京大学贺卫方教授、王东教授、黑龙江大学张奎良教授、复旦大学邱柏生教授、中央党校严书翰教授、江西师范大学祝黄河教授、国家教育行政学院黄百炼教授、河海大学孙其昂教授的教诲。

入学之初，北京师范大学研究生院副院长原硕士导师张志斌副教授，吩咐我一定要尽快写出博士论文，这使我有宝贵的时间在各地访学、参加教学实践活动、并进一步修改和充实论文；感谢北京青年政治学院党委副书记原硕士副导师祝文燕副教授对怎样读博士给予的建议；感谢北京师范大学杨耕教授、吴向东教授、张曙光教授、晏辉教授、刘孝廷教授、李晓东副教授、许惠英副教授的鼓励。在读博期间，还得到了中央电视台的好友曹绪中编导、中国人民公安大学的好友王平原博士、中国农业大学的好友杨述兴副教授的鼓励。

论文初稿的完成仅仅是迈开的第一步，随后，我开始了艰辛的访学，在北京师范大学、中国社会科学院、北京大学、清华大学、中国人民大学、复旦大学、武汉大学、中山大学、华东师范大学、华中师范大学、陕西社会科学院见到了尊敬的老师、真诚的朋友和友好的同学，感谢他们的热情接待和对论文的选题、修改提出的珍贵意见。

感谢广西师大马克思主义学院研究生教学秘书钟小钰老师、苏杰初老师，辅导员陆茜老师、雷安娜老师，办公室的苏威老师以及图书馆和政治与行政学院资料室的有关老师，他们对论文的完成提供了帮助。

短言重书：感谢我的父母、家人、乡亲，他们是我上进的力量之源！

我本是小县城毕业的中师生，是那样卑微！一个最爱读铁凝的作品，深受北岛、舒婷、顾城影响长大的文学青年。如果说铁凝是我的文学榜样，那么张海迪是我自强不息的榜样。过去一同读书的同学有的已经是名校有影响的学者或者学界的掌门；而我，当年同学心中的"校园诗人"却屡屡受挫。但是，生活给我的不只是陷阱、打击和排挤，更多的是：让我感动和受到激励的崇高人性。走过的路如金子般珍贵，再多的财富也不能比拟，而再多的财富我也不能回到从前。岁月既给了我艰辛、无奈和不幸，也馈赠了淡定与平和。在我成长的历程里，感谢南充师范学院政治系（现西华师范大学马克思主义学院）、四川教育学院（现成都师范学院）思想政治教育系，西南政法学院法律系（现西南政法大学法学系）、山东师范大学中文系（现文学院）、南京青春文学院散文诗歌专业，辽宁《当代诗歌》诗歌专业、吉林《诗人》诗歌专业、北京《诗刊》诗歌专业等①各位老师，在我函授学习、自学考试、离职学习期间给予的指导和帮助。感谢民间武术家吴显权老师、王国学老师、黄老五老师的培养。

博士毕业后，我在博士论文的基础上，参考硕士论文和近年来发表的相关成果，结合钦州学院的学科建设特点，开始了本研究的提升工作。三年里，得到了原社科部主任官秀成教授的大力支持，得到了科技处、组织部、宣传部、人事处、统战部、教务处等部门的帮助。还采纳了许多同事提出的合理建议。感谢钦州学院学术著作出版基金资助出版。

感谢中国社会科学出版社各位领导的大力支持，才使本书顺利出版。感谢责任编辑徐申博士，他的敬业精神，使本书的质量提高不少。

再好的制度设计，总是离不开人来运作，如果没有人文价值取向的法制教育，哪还有人存在的空间呢？我是天地间的一粒微尘，但是，论文选题的现实性使我感到沉甸甸的担当，我只好不顾水平低，一路努力下去。就如诗人艾青的名句，"为什么我的眼里常含泪水，因为我对这土地爱得深沉"。我没有过人的资质，但我坚持着，努力着，唯有尽力！

---

① 上述诗歌函授专业多为 20 世纪 80 年代存在。